KB186654

역사는 누구를 위한 것인가?

DU PASSE, FAISONS TABLE RASE?

By Jean CHESNEAUX

© Editions La Découverte, Paris, 1976

All rights reserved.

No part of this book may be used or reproduced in any manner whatever without written permission, except in the case of brief quotations embodied in critical articles or reviews.

Korean Translation Copyright © 2023 by For book Publishing Co.

This translation published by agreement with EDITIONS LA DECOUVERTE s.a.s. through BC Agency, Seoul.

이 책의 한국어판 저작권은 BC 에이전시를 통한 저작권자와의 독점 계약으로 출판사 포북에 있습니다. 저작권법에 의해 한국 내에서 보호받는 저작물이므로 무단 전재와 무단 복제를 금합니다.

역사는 누구를 위한 것인가?

What is history for?

쟝 세 노 지음 ─ 주진오 옮김

행동하라! 지금의 우리가 역사다!

출판사 포북

차례

이 책은 프랑스의 역사학자 장 셰노가 1976년에 출간한 책『과거를 없애 버릴 것인가?(Du passé faisons table rase?)』를, 영국에서 1978년에 번역해서 출간한『Pasts and futures or What is history for?』를 대본으로 하였다. 1985년에 처음 번역했을 때는 제목을 '실천을 위한 역사학'으로 정했으나, 38년 만에 전면개정판을 출간하면서 영문판 제목에 따라 '역사는 누구를 위한 것인가?'로 바꾸게 되었다.

장 셰노는 1922년 파리에서 출생하여 2007년에 세상을 떠난, 중국과 베트남의 근대사를 연구한 역사학자로서 파리 7대학 디드로 캠퍼스에서 교수를 지냈다. 동시에 그는 평생을 현실 문제에 직접 참여했던 실천적 지식인이었다. 나치 점령하에서는 레지스탕스 활동을 했으며, 전후에는 프랑스의 베트남 지배를 반대하였다. 노년에는 그린피스 대표를 맡아 환경 운동과 평화 운동가로서 적극적인 활동을 하였다.

E. H 카는 '역사란 무엇인가?'를 묻고 있다. 그에 비해서 장 셰노는 이 책에서 역사는 누구를 위한 것인지, 그리고 무엇을 위한

것인지를 묻고 있다. 또한 역사는 민중을 위한 것이어야 하며, 현실 변혁으로 나아가는 실천을 위한 것이라고 그는 주장한다. 1985년에 이 책의 제목을 '실천을 위한 역사학'이라고 정했던 이유가 거기에 있었다.

나는 이 책을 석사 과정 수업에서 처음 알게 되었다. 영어 문장도 너무 어려웠지만, 책에 나오는 인명, 지명, 개념, 역사적 사실들이 한국사를 전공하는 사람에게 너무도 생소한 것이 많았다. 그럼에도 불구하고 이 책을 번역하겠다고 마음먹었던 이유는, 너무도 생생한 문제의식을 던져 주었기 때문이다. 말하자면 이 책은 내 인생의 책이 되었고, 역사학자로서의 삶을 안내해 준 책이기도 했다.

일찍 대학 교수가 되어서도 안주하지 않고 역사의 대중화, 역사 콘텐츠, 공공 역사 그리고 한국 현재사에 이르기까지 학문으로서의 역사학을 현실의 요구와 접목시켜 보려는 노력을 꾸준히 해 왔던 힘도 이 책에서 나왔다고 할 수 있다. 그리고 국정교과서 반대 운동을 비롯해 여러 현실적 문제에 직접 나서게 된 원동력이 되기도 했다.

이제 20대 후반의 시간 강사는 35년의 교수 생활을 마치고 대학에서 정년을 맞이 하였다. 처음 출판할 때의 편집자 공지영 씨는 인기 작가가 되었다. 그런데 지금 굳이 이 책의 전면개정판을 출간하기로 마음먹은 이유는, 그가 제시한 문제의식이 오늘날에도 여전히 살아 있기 때문이다. 그리고 새 정권이 들어선 이후,

또다시 역사 부정론자들이 활개 치면서 과거사를 왜곡하는 일들이 벌어지고 있는 때문이기도 하다. 바로 이럴 때일수록 우리에게 역사가 필요하다. 하지만 역사에 대한 기존의 잘못된 사고를 가지고는 제대로 대처해 나가기 어렵다.

세노가 이 책을 쓴 목적은 현실에서 진행 중인 다양한 저항 세력들의 투쟁을 격려하고, 지배 체제가 만들어 놓은 역사적 지식을 거부하는 것이었다. 그리고 역사를 전문가들의 영역으로 국한시키지 않고, 민중이 '역사의 창조'에 능동적으로 참여할 수 있는 능력을 고양시키기 위함이었다.

독자들은 이 책을 통해서 평소에 한 번쯤 의문을 가져 보았지만, 체계적으로 정리하지 못했던 문제들을 다시 생각해 볼 수 있게 될 것이다. 특히 역사에 있어서의 민족적 '소속'의 문제나 자연사와 사회사의 융합, 지정학, 범학문적 접근법, 자본주의의 역사 등에 대해서 여전히 살아 있는 혜안을 발견할 수 있을 것이다. 아울러 관념적인 마르크스주의자들에 대한 신랄한 비판과 함께, 마르크스의 문제의식을 받아들이면서도 그가 가지고 있었던 시대적 한계를 지적한 점은 깊이 새길 만한 내용이다. 물론 이 책이 출간된 시점에는 소련 및 동구권이 해체되지 않았고, 중국이 개혁 개방과 시장 경제를 도입하기 이전이었다. 따라서 그의 많은 생각들이 이러한 현실 속에서 어떤 태도를 취했을지는 알 수가 없다. 특히 사회주의, 혁명, 민중에 대한 그의 지나친 낙관적 기대는 논쟁의 여지가 있다. 따라서 그러한 점들을 감안해서 읽어 주기 바란다.

　이 책은 반드시 순서대로 읽어 나갈 필요는 없고, 서장 다음에는 독자들께서 흥미를 느끼는 장을 먼저 읽어도 무방하다. 현실에 대한 절망이 깊어 갈수록, 또한 변혁의 요구가 깊어질수록 '역사에 대한 깊은 갈망'이 나타날 수밖에 없다. 역사학의 역할은 미래로의 문을 활짝 여는 데 있다. 과거는 미래와 관련을 가질 때에만 중요한 것이며, 현실은 과거를 필요로 한다. 과거에 의미를 부여하는 것은 현재에 의해서만 비로소 가능하다. 결국 역사 지식의 목적은 미래를 위한 우리의 실제적 행동이다. 역사는 역사학자들에게만 내맡겨지기에는 너무도 중요한 문제인 것이다.

2023년 5월
주진오

이 책은 역사적 진실(historical truth)과 어디로 튈지 모르는 못난 자매인 역사적 신화(historical myth)에 관한 책이다. 덧붙여 말하면, 이 책은 역사철학에 대하여 논리적으로 분석한 책이 아니며, 역사학자가 안락의자에 앉아 자신의 작업을 곰곰이 돌아본 일관성 없는 성과물도 아니다. 사실, 장 셰노는 근대의 중국과 베트남 역사를 연구한 전문 역사학자로서 학계의 지도적 위치에까지 오른 인물이다. 하지만 그는 자신의 그러한 과거를 인생에 있어서 닫혀 있었던 시기로 남겨 두고자 했으며, 그 이유는 이 책에서 설명될 것이다.

만일 이 책이 단지 '전통 역사학의 위기'에 관한 또 하나의 주장이라면, 그 진부하고도 이미 다 알려진 주제에 대해 더 언급할 게 뭐가 남아 있느냐고 물을 수도 있다. 그러나 셰노가 이 책에서 말하고자 하는 바는 전혀 다른 것이다.

이 책은 자전적(自傳的)이라 할 수 있을 만큼 강렬한 개인적인 기록으로서 '자기 비판적인 작업'이며, 자신이 가지고 있었던 '불확실성의 표현'이다. 아주 객관적인 안목에서 볼 때, 이 책은 일종의 정치적인 기록이기도 하다. 사실 그의 가장 기본적인 입장 중의 하나는 역사와 정치는 서로 별개의 영역이 아니라는 것이다. 역사학자는 냉정하게 분쟁을 초월한 곳에 서 있어야만 하며, 장외(場外)에서 공정하고 객관적으로 사실을 해석해야 한다는 주장을 거부한다.

그는 운명적인 해였던 1968년에 한 정치 집단에 소속되어 있었다. 이 책은 1968년의 경험과 고뇌가 세노 자신의 역사, 정치, 21년 동안 당원으로 있었던 공산당, 그리고 기성 역사학(History Establishment)에 대한 그의 태도와 시각을 어떻게 변화시켰는지를 보여준다.

체제와 타협하여 행정직이나 언론기관과 같이 안정되고 일상적인 직업 속에 조용히 안주하고 있는 다른 1968년의 '역전의 용사'들과는 달리, 그는 아직도 분노하고 있으며 불만을 가지고 있다. 가장 먼저, 자신이 그토록 오랫동안 '당(party)'과 '경력(career)'이라는 '이중적 조건'을 받아들였다는 것에 대해서, 그리고 '고도의 기술관료적 자본주의의 자발적인 공범자'인 '기성 역사학'에 대해 더욱더 분노를 느낀다. 하지만 무엇보다도 그가 가장 분노를 느끼는 것은 현실로서의 역사(history as it is)와 역사가 할 수 있는, 그리고 해야 하는 역할(history as it can and should be) 사이에는 커다란 격차가 있다는 점이다.

셰노에게 있어서 학교나 대학에서 교육되고 있으며, 역사 서적으로 나와 있는 역사란 최고가를 부르는 고객에게 팔려 가는 '매춘부'이고, 역사학자들이란 '포주들'보다 나을 게 없는 것이다. 따라서 분노에 차 있는 이 책은 친구를 만들기보다는 분명히 적을 더 많이 만들 것이다. 또한 이 책이 광신자나 기인의 작업으로 내몰릴 위험도 있다.

셰노는 우리로 하여금 과거에 대해 틀에 박힌 그림을 그리도록 한 왜곡과 은폐에 대해 분노한다. 그는 자신들의 독립을 위한 투쟁이 리슐리외(Richelieu), 루이 14세, 나폴레옹 등에 의해 형성된 '위대한 중앙집권적 프랑스 민족국가'라는 신화에 적합하지 않았기 때문에, 자신들의 역사를 박탈당한 남부 프랑스 옥시탕(Occitans)의 사례를 들고 있다. 또한 댐 건설 때문에 자신들의 역사 유적들 대부분이 물에 잠겨 버린 미국의 체로키(Cherokees) 인디언들 사례도 있다. 그리고 쿠크(James Cook) 선장이 도착하기 전까지 오스트레일리아에는 아무런 역사도 없었다는 듯이 거행된 '200주년 기념식(1976년)'을 억지로 지켜봐야만 했던 아보리진의 사례도 있었다.

이런 측면으로만 본다면, 역사란 한낱 승자의 선전물일 수밖에 없을 것이다. 그러나 역사에 대한 이러한 조작만이 최악은 아니다. 심지어는 역사학자들이 모아 놓은 '일차 사료(primary sources)' 조차도 오염되어 있고 의심스럽다. 우리의 역사에 대한 기억들은 '권력 구조'와 그것의 '거대한 기록 기계'에 의해 형성된다. 고대 바빌론 시대로부터 지금까지 그들의 조세 장부, 인구조사, 교구 등록부, 법정 기록들은 그들이 어떤 정보를 원하고 있었는지를 보여준다. 또는 필요하다면 중국의 사관(史官)들이 농민항쟁의 역사를 은폐했던 것처럼 서술을 보류할 수도 있다.

그렇다면 역사가란 전문적인 필경사이거나 위선자다! 그들의 언어는 이 점을 얼마나 잘 드러내고 있는가! 혁명가는 '선동가'로, 민중항쟁은 '무질서'로 표현되는 어법. 셰노는 이것을 그들의 '수사법(rhetoric)'이라고 불렀다. 어떤 형태의 항의나 현실에 대한 어떤 불만도 경시되고 극소화되는 것이 정부 측의 어법이다. 그러나 이보다 더 해로운 것은 역사가가 연속성에 대해 강박관념을 갖거나, 사회를 서로 연결하는 '교묘한 합금술'에 대해 경외심을 갖는 것이다. 그렇다면 도대체 연속성이란 억압 장치의 연속 이외에 무엇이란 말인가? 마치 역사는 단절, 혁명, 재난, 모래 속에 묻혀 버린 문명들로는 이루어지지 않는 것처럼!

어쨌든 연속성에 대한 강박관념은 그들을 현존 권력의 편에 서게 하여 의식적이든 무의식적이든 현상 유지의 지지자가 되게 한다. 또는 기껏해야 기존의 체제를 유지하는 범위 내에서의 점진적인 개량에는 머뭇거리면서 지지하겠지만, 결코 혁명적 변혁을 옹호하는 자가 되지는 않게 한다. 비록 그 끈이 수탈, 억압, 착취로 구성되었다 해도, 역사가가 세계 역사를 묶고 있는 마법의 끈을 잘라 버린다는 것은 가장 커다란 죄악이라고 생각하기 때문이다.

절반 정도만이 진실이고 나머지는 고의적으로 왜곡된 이런 잡동사니 신화에 대항하여, 셰노는 마르크스(Karl Marx)의 이론적 유산에 의해 직접적으로 영감을 받은 역사에 대한 전망을 제시한다. 과거의 많은 저술가들도 전통 역사학의 허세를 비판해 왔다. 니체(Friedrich Nietzsche)는 역사가들이 객관성을 주장하는 것에 대해 맹렬한 비판을 가한 바 있으며, 게르첸(Alexander Herzen)은 '미래를 과거에 구속시키는' 것을 목적으로 하는 역사가를 비난했다. 또한 매튜 아놀드(Matthew Arnold)는 역사를 '거대한 오류의 미시시피 강'으로 묘사했다.

그러나 셰노의 비판이 이들과 다른 점은 그의 지속적이고 일관된 마르크스주의와의 관련성에 있다. 물론 그것은 마르크스주의를 '경제결정론의 차원'으로 평가절하시킨 '속물적, 교조적인 마르크스주의'는 결코 아니다. 셰노에게 그런 마르크스주의는 경멸의 대상에 지나지 않는다.

그가 정확히 보았듯이 마르크스주의는 '역사 이론'이 아니라 실천에 대한 요구이며, 그러한 실천 속에서 역사는 생동감 있게 진행되어 가는 것이다. 역사는 '결코 중립적일 수 없으며, 결코 전투가 벌어지는 현장을 벗어난 곳에 있지 않다.' 셰노는 미래를 정의해 내기 위해서는 과거가 필요하다고 주장한다. 여기서 말하는 과거란 생명력 없는 객체가 아니라, '정치적 쟁점, 투쟁의 주제'인 것이다.

세노는 '과거에 대한 반동적인 숭배'와 대결하기 위해서는 과거에 대한 혁명적인 숭배가 필요하다고 주장한다. 그런데 이데올로기적 중립성 같은 것이 없다면, 또한 많이 떠벌려지는 역사적 객관성이 하나의 전설에 불과하다면, 왜 한쪽 편만이 역사를 독차지하도록 내버려 두어야만 하는가? 우익의 역사에 대항하여 좌익의 역사를 가져야만 하며, 유산 계급의 관점에서 써진 역사에 대항하여 무산 계급의 관점에서 써진 역사가 있어야만 한다는 그의 입장은 그럴듯하면서도 한편으로는 우려스럽기도 하다.

역사란 단지 서로 대립하는 두 집단 사이를 끊임없이 오가는 탁구공 같은 것인가? 세노의 대답은 오직 착취자만이 왜곡된 역사에서 무엇인가 얻을 것이 있으며, 노동 계급은 '아무것도 숨길 것이 없다'는 것이다. 그러나 나는, 만일 역사의 뮤즈인 클리오가 '탕녀'라면 그녀는 프롤레타리아 탕녀일 수도 있다고 생각한다. 그런 경우는 실제로 존재한다.

세노가 전문적인 역사가들이 과거는 '과거 그 자체'일 뿐이라는 선입관에 사로잡혀 있음을 비판할 때, 그는 보다 더 단단한 기반 위에 서 있다. 많은 사람들이 역사란 무엇에 대한 것인가를 묻지만, 세노는 역사는 누구를 '위한' 것인가를 묻는다. 이 질문에 대한 부르주아 역사학자의 대답은 전형적이다.

역사는 우리의 시야를 넓혀 주고 '개인적 경험의 영역을 넓혀

준다.' 그리고 새로운 통찰력과 '새로운 차원의 지혜'를 준다는 것이다. 이 모든 대답들이 사실일지도 모른다. 그러나 그것은 로마가 불타는 동안에도 수도원 안에서 영원을 찾으려 애쓰던 수도승을 연상시키는 정숙주의와 체념의 전형적인 표현이 아닐까?

세노가 말한 바와 같이, 과거는 그 과거를 만든 사람과 함께 사라졌다는 것이 옳다. 우리가 과거에 관심을 갖는 이유는 현재에 대한 통찰력을 얻고, 미래를 불확실하게나마 상상해 보기 위함이다. 그러나 그것은 오직 가능할 법한 미래일 뿐이며, 실제의 미래는 우리가 선택해서 만들어 나가는 것이다. 마르크스가 우리에게 경고했듯이 역사는 우리에게 아무런 해답도 제공하지 못하며, 우리가 해야 할 싸움을 대신해 주지도 않는다. 역사는 그 자체로서는 아무것도 하지 않는다. 결과는 그들의 이상을 위해 투쟁하는 인간들, 즉 '진정한, 살아있는 인간들'에게 달려 있는 것이다.

생각건대, 세노의 궁극적인 목적은 그러한 교훈을 납득시키려는 것으로 추측된다. 그 자신도 인정하듯이 이 책은 약간 어수선하고 아직 완성되지 않았지만, 전문적인 역사가들이 대답하기보다는 오히려 회피하고 싶은 문제들을 다루고 있는 불편한 책이다. 적어도 나에게 있어서 이 책은 역사의 중립성에 대한 미련을 말끔히 버리게 하였고, 우리가 무엇을 해야 하는지를 다시 생각하게 했다. 만일 출판사들이 계산 속에 넣고 있는 일반 독자들이 존재한다면, 그들에게 이 책은 어떤 의미를 갖게 될까?

과거의 역사를 깊이 성찰하기보다는 그들이, 즉 우리가 지금 살고 있는 현실 세계를 깊이 성찰하는 것이 더 중요하다는 점을 일깨워 줄 것이다. 역사를 모르면 현실 세계를 제대로 이해할 수 없다. 왜냐하면 과거는 '현재에 대한 근본적 비판'을 가능케 하고, '질적으로 다른 미래를 규정'할 수 있게 하는 기준점(reference-point)이기 때문이다. 하지만 그것은 겨우 입구에 발을 들여놓은 것에 불과하며, 중요한 것은 우리가 목적지에 도달했을 때 무엇을 하고 있는가에 있다.

- 제프리 바라클로프(Geoffrey Barraclough)*

* **제프리 바라클로프**(1908~1984) : 리버풀 대학교, 런던 대학교, 캘리포니아 대학교를 거쳐 1970년부터 1973년까지 옥스퍼드 대학 근대사 교수로 재임했다. 그는 비교 역사에 대한 역사적 방법을 개발하여, 현재의 문제에 대한 연구와 함께 그것의 기원을 찾아보는 방식을 통해 과거와 현재를 연결하는 역사적 실마리를 찾는 동시에 과거와 현재를 분리하는 불연 속성을 관찰했다. 바라클로프는 30여 권에 이르는 저서를 출판했는데, 그 중에서 『History in a Changing World』와 『An Introduction to Contemporary History』가 널리 알려져 있다. 그리고 『The Times Atlas of World History』의 편집자였으며, 『Library of European Civilization』 시리즈의 편집장이었다.

●

역사를 없애 버릴 것인가?

역사적 지식에 관한 이 책의 저자인 나는 대학이라는 울타리 안에 편안하게, 사실은 불편하게 자리 잡고 있는 전문 역사학자이다. 그러나 나는 '동료들'이 역사가의 전통적 '영역'과 담론 (discourse)의 세계라는 제한된 테두리를 벗어나려고 전혀 시도하지 않은 채로, 지난 몇 년간 의례적으로 출판해 왔던 역사에 대한 일반론의 범주를 한 번 뛰어넘어 보고 싶었다.

사회에서 역사적 지식의 역할은 무엇인가? 그것은 현존하는 사회 질서를 지지하는 입장인가? 아니면 그에 맞서고 있는가? 그것은 책, TV, 관광과 같은 수단을 통해 전문가들로부터 역사의 '소비자'들에게 일방적으로 전달되는 엘리트주의의 산물인가? 아니면 애초부터 '집단적인 필요성'에서 나온, 전체 사회에 영향을 미치는 과거에 대한 적극적 관계인가? 이러한 질문들은 확실하게 정치적이다.

나는 그런 이유에서 전적으로 반(反)자본주의적인 시각과 최근의 구체적인 투쟁에 개인적으로 참여했던 경험이라는 이중의 발판 위에서, 이런 문제들을 정치적인 관점으로부터 접근해 보고자 했다. 다시 말해서 비록 그 개념이 엉성하고 모호하기는 하지만, 마르크스주의자와 공산주의자의 두 입장을 가지고 동시에 접근하겠다는 것이다. 이런 식의 정치적 논의에 관여하는 사람이면 누구나 그렇겠지만, 나는 내가 처한 특권적인 학문 상황과 그에 수반되는 사회적 고립이라는 불리한 조건에도 불구하고 우리가 직면하고 있는 사회에 대해 역사적으로 판단해 보려고 했다.

아울러 역사 지식의 기본적 문제점들, 예컨대 지식의 과학성, 문헌 자료 및 그 처리 기술의 객관성과 한계성, 현재 벌어지고 있는 사건들과 거시적 안목 사이의 관계, 지정학적 공간과 자연 세계 속에서의 역사의 위치, 진정한 보편사(universal history)에 도달하는 데 있어서의 장애물 등에 대해 반성해 보았다.

이것이 바로 이 책이 다른 역사학자들의 저작을 학술적으로 인용하기보다는 정치적 현실이라든가, 실천적 투쟁을 더 많이 참고 자료로 제시하고 있는 이유이다. 그러한 투쟁들은 역사적 사고가 자랄 수 있는 토양이다. 그것이야말로 역사의 근본적인 존재 이유이며, 그것들만이 역사를 필요하고 정당한 것으로 만들 수 있다.

대부분의 내 '동료들'은 이중인격을 지닌 상태에서 기꺼이 살아가려고 하며, 심지어는 그렇게 살기를 열망한다. 그들은 역사가로서 중립적이고 객관적이며 과학적이다. 한편 그들의 직업 세계 안에서는 반(反)제국주의 투사가, 변절에 성공하여 CIA의 총애를 받는 전향한 공산주의자와 서로 교제하기도 한다. 오히려 모든 사람은 '독립된' 개인으로서, 이른바 동료들이 하나의 원리로서 존중하는 자신만의 정치적 '선택'을 가질 권리가 있다. 그리고 그 선택은 어쩌면 그의 '과학적 연구'와는 상관이 없는 것으로 여겨진다. 이 책에서는 이러한 학문 연구와 현실 정치에 대한 견해를 분리해 왔던 전통적 사고가 거부될 것이며, 신중하게 뒤집힐 것이다.

역사적 지식의 문제를 정치적으로 명백히 하려는 이 작업은, 다음과 같은 것들에 의해 고무받은 것이다. 하나의 도그마로서가 아닌, 그람시(Antonio Gramsci)*가 말한 바와 같은 '끊임없는 창

---

* **A. 그람시** (1891~1937) : 이탈리아 남부의 사르디냐 섬에서 태어나 네 살 때 사고로 척추 장애인이 되었다. 대학 시절에 처음 사회주의에 관심을 두어 언론 활동에 종사하였다. 그는 피에몬테에서 1920년에 일어난 총파업과 공장 점거를 지원하였으며, 이때 보여준 사회당의 무능력에 반발하여 1921년 공산당이 창당되었을 때 이에 가담하여 중앙위원이 되었다. 그 후 코민테른에서 봉직하였으며, 무솔리니 집권 이후 의원에 당선되어 면책특권이 생기자 귀국하였다. 그러나 파시스트 정권의 탄압으로 1926년 투옥되었고, 1929년부터 건강 악화로 1935년 가석방될 때까지 3천 매에 달하는 30편의『옥중수고』를 초인적으로 집필하였다.
그는 결국 1937년에 사망하였으나, 그의 저작은 모스크바에서『옥중서한(Letters from Prison)』이라는 제목으로 1947년 출판되었다. 그러나 이 책은 스탈린주의와 대립하는 그의 견해 때문에 철저한 검열을 당하다가 1965년에 와서야 비로소 삭제되지 않은 상태로 발간될 수 있었다. 그는 마르크스, 레닌 이후 가장 독창적인 마르크스주의 이론가의 한 사람으로 평가되고 있다. 그의 주된 관심은 유럽의 선진 자본주의 사회에 적용할 수 있는 혁명 전략을 모색하는 데 집중되어 있다. 그는 러시아 혁명을 기동전(war of movement)의 마지막 형태라 주장하고, 유럽에 있어서는 진지전(war of position)으로 전환해야만 한다고 주장하였다. 다음은 이 책에서도 자주 등장하는 그의 주요 개념 몇 가지를 소개한 것이다.

조 과정'으로서의 마르크스주의의 이론적 유산, 모순적이고 이론적 모호함에도 불구하고 중국 혁명이 준 공헌, 그리고 1968년 5월 이후의 프랑스 및 미국의 뉴 레프트 등과 같은 서구 좌파의 구체적인 경험 등이 바로 그것이다. 이제 이렇게 다양한 경험과 성과를 종합할 만한 시기가 되었으며, 아카데미즘에 젖어 있는 역사학자들 및 그들의 연구에 대한 나의 비판이 그러한 시도에 어느 정도 기여할 수 있기를 바란다.

물론 부분적이고 시험적인 기여일 뿐이지만, 분명한 것은 민중 투쟁과 민중의 구체적 요구로부터 안전거리를 확보한 채 끊임없이 이론적 구호를 떠들어 대거나, 학술적 참고 서적을 들추고 있는 탁상공론적 마르크스주의자(armchair Marxist)들의 교조적 정신에서 나오지는 않았다는 것이다. 이것은 또한 폭동의 형이상학 뒤에 숨어서 마르크스를 더러운 목욕물에 던져 버림으로써 모든 교조주의를 피해 보고자 하는 '환멸을 느낀 사람들'인 전(前) 좌파 지식인의 냉소주의와 파괴적 경멸의 정신에서 나온 것도 아니

---

① **기동전과 진지전** : 기동전이란 쉽게 구분되는 두 세력이 바리케이드를 사이에 두고 교전하다가 승부를 판가름내는 것. 그는 정치 권력이 매우 취약하고 노동조합, 압력 단체, 정당 조직이 발달하지 못한 상태에서는 이러한 전략이 유효하다고 주장하면서 대표적인 예로 파리코뮌, 러시아 혁명을 들고 있다. 그러나 선진 자본주의 사회에서는 그와 다른 진지전 혹은 일종의 정치적 참호전이 필요하다는 것이다. 진지전은 사회 조직과 문화적 영향력까지도 포괄하고 있는데, 여기에서 승리할 때 비로소 정면 공격 또는 기동전이 가능하다는 것이다.
② **유기적 지식인(organic intellectuals)** : 민중이 스스로 표현할 수 없는 진실한 경험과 감정을 표현하는 지식인을 말한다. 그러기 위해서는 민중과 같은 감정을 대신 지니는 것이 요구된다.
③ **헤게모니(hegemony)** : 한 사회 집단이 사회 전체를 지배하는 것에 대한 동의를 구하기 위해 타협하는 과정에서, 다른 사회 집단들에 영향력을 행사하는 방식. 그는 특히 문화적인 개념에 중점을 두어 노동자 계급이 스스로 헤게모니를 장악해야 한다고 주장한다.

다. 그들은 소위 프롤레타리아 이상주의를 거부함에 있어서 좌익 평론지『논리적 저항(Revoltes Logiques)』이 아주 적절히 표현했듯이 '자신들을 지적인 요술 장치 안으로 내던지거나 신비스러운 조명 속에 안주하기도 한다.'

중국의 사상가 루쉰(魯迅)은 '누구를 위해 쓰는가?'라고 물었다. 그것은 '근본적인 질문, 원칙적인 의문'이라고 베이징 서점의 포스터에 쓰여 있다. 그러나 대부분의 역사학자들은 연구 목적을 규정하려는 것으로부터 연구를 시작하지 않는다. 그들은 우선 자신들의 '동료'들을 위해, 그다음에는 직업적인 전문 역사학자들로부터 교육을 받으려고 하거나 받을 수 있는 지적인 '일반 독자'들을 위해 저술하고 있다고 생각한다.

나는 여기서 다른 역사학자들, 주로 자본주의 사회에 대해 불만을 느끼기 때문에 자신의 직업·학문 세계에서 만족하지 못하는 사람들을 위해 쓰고 있다. 그렇다고 해서 그들이 '조직된' 좌익이나 극좌의 구조 속에서 편안함을 느낀다는 의미는 아니다. 자신들이 기존 지배 질서와 어느 정도 잠재적인 대립 상태에 있다고 생각하는 지성인들은 대중적 투쟁에 있어서 해야 할 역할이 있다. 다른 지식인들과 마찬가지로 역사학자들도 자본주의 문화와 사회가 사라질 때까지 수동적으로 기다릴 수는 없다. 그들은 자신의 전문성과 정치적 투쟁에서의 위치에 대해서 스스로 문제를 제기해야만 한다. 그들이 자신들만의 폐쇄된 집단 내에서 안락하게 남아 있어서는 결코 이러한 과제를 수행할 수 없다.

역사는 매우 넓은 대중과 접촉하는 지적인 분야이다. 수백만의 학생들이 교과서를 가지고 공부하며, TV 시청자들은 방송 프로그램을 통해, 그리고 막대한 부수를 발행하는 잡지의 독자, 고성(古城)과 성당 등을 방문하는 여행자들이 있는 것이다.

물론 나는 그들에 대해서 견해를 표명해야 하며, 역사적 수사법의 덫에 대해 토론하는 일은 그들과 더불어 해야 한다. 그러나 기성 지배 질서 측에 속한 매체로부터 인정받는 소수를 제외하고는 우리 사회 대부분의 지식인이 민중과 격리되어 있다는 사실에 비추어 볼 때, 그것은 단지 희망 사항에 불과하다. 대학들의 보이지 않는 문은 공장, 주택 계획, 핵 발전소, 종합병원 같이 밀폐되어 있다.

과거는 현재 진행되고 있는 투쟁과 얽혀 있으며, 정치적 역학관계에 있어서 중요한 요소를 이룬다. 그런데도 '조직된' 투사들로서든, 또는 독립된 개인으로서든 간에 현 체제에 저항하는 모든 행위를 의미하는 '운동'에 있어서 현재 유행하고 있는 역사적 수사법의 함정에 대해서는 거의 주의를 돌리지 않는다.

'과거의 잔재를 말끔히 청산하자'는 말은 쉽게들 한다. 하지만 우리는 전통 역사학의 잘못된 가정들을 너무 쉽게 받아들인다. 예를 들면 과거의 경험을 연대기적으로 얇게 분할하는 것, 과거 시제로 이야기하는 취향, 기록된 문서의 권위, 자료들을 그것이 만들어진 상황으로부터 고립시키는 것, 전문가들의 연구를 비판 없이 수용하는 것이다.

나의 희망은 현재 진행 중인 노동자·생태학자·여성 등등의 투쟁을 격려하고, 지배 체제가 만들어 놓은 역사적 지식을 거부하는 것이다. 그들로 하여금 자신만의 과거를 근본적인 재고를 위한 출발점으로 삼고, 자신들이 함께 겪어 왔던 모든 공통의 경험과 필요에 기초하여 그들 나름의 과거에 대한 관계를 수립하도록 하자. 혁명적 투쟁이 요구하는 형태의 역사를 추구함에 있어 과거와 현재, 역사 전문가와 비전문가 사이의 위계질서 관계를 역전시키자.

오늘날 세계에서, 자신들의 작업과 생활환경의 사회적 상황 속에서 발생하는 지적 행위의 문제에 직면하고 있는 이들은 비단 역사학자들만이 아니다. 그들만이 엘리트주의적인 학문을 못마땅하게 여기고 근본적인 수정을 추구하고 있는 것도 아니다. 프랑스의 좌익 물리학자들은, 어떤 특정한 형태의 '과학'이 막다른 골목에 이르렀다는 그들의 견해를 표현하고자 『위기에 선 과학(Impascience)』이라는 잡지를 창간하였다.

그 잡지에서 지리학자들은, 선진적인 기술 관료 자본주의의 자발적인 협력자이며 행정이라는 수레바퀴의 능률적인 톱니들인 '관료와 전문가의 지리학'에 대한 비판에 초점을 맞추고 있다. 민족학자들은 지식의 전문 영역에 머물고 있는 민족학의 종식을 요구하고 있다. 경제학자들은 현실의 위기를 비판적으로 바라보면서 기술 관료들의 '응용' 경제학만큼이나 아카데미즘 경제학을 멀리하려 노력하고 있다. 프랑스의 치안판사 노조원들은 산업재

해에 있어서 고용주의 책임과 같은 문제에 대한 현행의 법률적 사고방식과 투쟁해 왔다.

이와 비슷한 근본적인 문제가 여러 분야에서 각각 다른 방식으로 돌출하고 있다. 이는 정치적 행동과 지식 사이의 새로운 관계를 규정하는 문제이다. 그런데 그 지식은 이데올로기적인 의미를 함축하고 있기 때문에, 정치적 행동의 중요한 현상 중 하나이다.

이 책은 이러한 모든 투쟁과 토론을 고려하는 동시에, 내가 겪었던 경험을 토대로 하고 있다. 우리는 어린 시절부터 '나'라고 말하는 것은 위험하다고 교육받아 왔으며, 깊게 뿌리박힌 이 태도는 고치기 힘들다. 나는 이 책을 쓰는 동안 마르크 블로크(Marc Bloch)*의 창의적 저작들과 프랑스에서 출판된 역사의 의미를 다룬 다른 책들을 비교해 보았다. 나는 그가 『역사를 위한 변명(Apologie pour l'Histoire)』에서 그렇게 쉽게 1인칭을 사용하고 있는 것에 놀라지 않을 수 없었다. 나 자신은 전통적인 역사학자들의 태도에 영향을 받은 탓에, 나의 감수성을 키워 주고 사고의 방향

---

* **마르크 블로크**(1886~1944) : 프랑스 리옹에서 태어난 그는 1919년에서 1936년까지 스트라스부르 대학에서 중세사를 강의하는 한편, 소르본 대학에서 『국왕과 농노』라는 제목의 논문으로 박사 학위를 받았다. 그의 전공 분야는 주로 중세사였지만 3분법적 시대 구분의 틀을 벗어나 시대를 일관하는 연구를 계속하였고, 인접 학문과의 교류를 통한 거시적 역사학의 체계를 세우기 위해 노력했다. 특히 그의 저서 『마술사로서의 왕』, 『프랑스 농촌사의 기본 성격』, 『봉건 사회』 등은 전 유럽 봉건 사회를 해명한 명저로 정평이 나 있다.
그리고 뤼시앵 페브르와 함께 아날학파의 모체가 된 『사회경제사연보(Annales d'histoire economique et sociale)』를 창간하기도 했다. 그는 53세의 노교수로 제2차 세계대전 때 대위로 종군하였으며, 이후 레지스탕스 운동에 참여했다가 나치에게 체포되어 고문 끝에 처형당하였다. 그의 이러한 현실 참여적인 생활 속에서 집필된 저서가 바로 『역사를 위한 변명』이다.

을 제시해 준 개인적인 경험 모두에 대해서 지금까지 침묵을 지켜 왔다는 생각이 떠올랐다. 예를 들면, 다음과 같은 것들이다.

① 이 책에서 자주 언급되는 중국과 베트남은 오랫동안 나의 주된 연구 분야였으며, 내 경력의 기초였다. 동시에 나 자신이 양국 민중과의 연대의식을 지니기 위해 여러 운동에 직접 참여하였던 정치적 행동의 영역이기도 했다. 아주 강력한 감정적인 유대라고 말할 수는 없다. 하지만 부르주아 사회와 기독교 문화 그리고 서구 문명과 근대적 기술 등과 같이, 어린 시절부터 강요당해 왔던 모든 것들에 대한 깊고도 본능적인 거부감에 기초를 둔 것임에는 틀림이 없다. 내가 학술적 역사학자들의 수사법을 수용하지 않게 되었을 때, 나는 이들 나라의 현대사에 대한 '전문가'로서의 역할을 역시 포기하였다. 그러한 결별은 중국과 베트남이 이미 역사학의 기존 체제와 결별했다는 사실에 의해 촉진되었다.

이들 나라의 민중은 과거와의 관계에 극도로 민감하지만, 세계적 명성을 지닌 학술 논문을 만들어 낸다든가, 서구에서 열리는 세미나와 학술회의에서 빛을 내거나 자본주의 세계의 전문 동양학자들의 서평이 실리는 것에 별 흥미를 느끼지 않는다. 이것은 아직도 그런 방향에서 아프리카나 아시아의 신생국에서 이루어지는 역사 연구의 수준을 확인하려고 하는 사람들에 대한 경고이다. 중국, 베트남, 캄보디아인들의 혁명적 투쟁은 서구 역사학자들의 통상적 수사법에 대한 적극적 비판과 많은 학술적 연구, 성공적인 학문 경력 등을 신랄하게 거부하고 있다. 그들의 혁명적 투쟁은 그러한 것들이 가치가 없음을 완전히 폭로해 버렸다.

② 장거리 여행을 누릴 기회를 가진 특권층에게 주어진 모든 것. 나는 대학에 재직할 동안 다른 사람들과 마찬가지로 개인적 접촉과 제도상으로 가능한 방법을 잘 이용해서 중국과 베트남, 소련과 미국, 오스트레일리아와 마다가스카르를 여러 차례 여행할 수 있었다. 그러한 여행은 전체로서의 지구와 물리적 접촉을 하는 효과를 낳는다. 비록 새로운 국제주의(internationalism)에 대한 정의가 아직 내려지지는 않았지만, 그러한 경험들은 인류의 공통된 과거 및 미래에 대한 기초로서의 역사를 비교 검토하는 데 큰 도움을 주었다.

③ 내 생애 중 21년간을 보낸 프랑스 공산당. 언젠가 그들이 나에게 준 기여와 트라우마에 대해 전체적으로 이야기하게 될 것이다. 그러나 그것을 생각하면 거의 모든 전(前) 공산당원, 특히 지식인들이 공산당에게 느끼는 정신적인 상처를 떠올리지 않을 수가 없다. 공산당은 현재에도 프랑스에서 하나의 정치적 실체로서 존재한다. 때때로 그들은 기성 체제에는 확실히 귀찮은 존재이다. 그들은 상당수의 노동 계급과 중산 계급으로부터 신뢰를 받고 있다. 하지만 우리들 대부분은 그들에 대해서 별로 흥미를 느끼지 못하고 있다. 왜냐하면 공산당 자신이 노동 계급과 급진

적인 중산 계급이 정력적으로 수행하고 있는 민중 투쟁에 대해서
별로 관심을 보이지 않기 때문이다.

공장에서의 저돌적인 행동, 개인적으로 습득한 지식을 통해
인간이 발전할 수 있다는 학문적 개념에 대한 비판, 정치적 과오
에 대한 새로운 사고, 성차별주의와 그것의 거점인 군대에 대한
비판, 폭군 같은 공장감독과 엘리트주의적인 관리자, 전문가들
의 태도에 대한 분노 등이 권력 구조에 의해 교묘히 조종되는 소
수 좌파 지식인들의 전유물이 될 수는 없다. 이것들은 공산당이
라는 정체성과는 아무런 관계없는 수많은 사람들의 체험인 것
이다. 프랑스 노조연맹의 공산당 지도자인 조르주 세기(Georges
Séguy)가 그것을 다음과 같이 매우 논리적이고 솔직하게 말한 바
있다. '사회는 의사나 교사를 필요로 하듯이 공장감독을 필요로
한다.' 그러나 그의 말은 '맨발의 의사', 개방 대학이나 모든 혁명
적 노조위원회 같은 것들은 필요 없다는 것처럼 들린다.

지배적인 이데올로기에 대한 비판을 거부함으로써, 관념적인
마르크스주의자들은 역사적 지식의 영역에서 주지주의, 생산주
의, 기술주의의 어법을 받아들이고 있다. 더욱이 그들은 학계의
구조 내에서 행해지는 것들을 명예와 매력으로 생각하고 받아들
이는 것이다. 이 책에서 이 점에 대해 여러 번 언급하게 되는데,
그 이유는 이러한 순종주의가 최근에 확대되고 있기 때문이다.

나는 1950년대 초반에 프랑스 공산당이 지식인들에게 기성 체
제의 제도와 견해에 적응하도록 이끄는 급전환의 분위기 속을 헤

처 왔다. 프랑스 공산당이 '부르주아 과학'과 '프롤레타리아 과학'에 대한 즈다노프(Andrei Zhdanov)*의 테제를 거부한 것이 바로 그때였다. 그때까지 프랑스 공산주의 지식인들은, 수년 동안 노동계급의 조직사업을 위해 눈에 띄지 않는 활동을 벌이다가 나치에 의해 살해된 조르주 폴리제르(Georges Politzer)와 자크 드쿠르(Jacques Decour)와 같은 투쟁적 공산당 작가들의 예를 따라 '학문적 경력'이라는 독을 지닌 영광에 대해 구조적으로 등을 돌려 왔다.

---

* **A. 즈다노프**(1896~1948) : 소련의 정치가, 이론가로서 스탈린주의의 적극적인 옹호자. 코민포름(Communist Information Bureau)의 총서기. 제2차 세계대전이 끝난 후 스탈린의 자유주의적 경향 일소 작업의 임무를 일선에서 수행하였다. 그는 이미 1934년에 유럽의 문학을 부르주아 문학이며, 비관주의에 빠져 있다고 비판하였다. 그에 반해 소련의 문학은 낙관주의적이며 미래지향적이고, 노동자와 농민을 위해 봉사해야 한다고 주장한 바 있었다.
그는 문학의 목적이 젊은이들을 애국심과 정열로 이끄는 것이며, 소련 국민의 위대성과 당의 절대성을 강조하는 것이 되어야 한다고 주장하였다. 그 결과 많은 작가들이 침묵을 강요당하였고, 스탈린과 소련 체제를 찬양하는 작품만이 활개를 치게 되었다. 또한 그는 음악 분야에도 화살을 돌려 러시아의 전통과 국민의 요구에 맞는 작품만 작곡할 것을 요구하였다.
그는 인류를 두 진영으로 구분하였다. 하나는 부패하고 퇴폐적인 제국주의 세계로서 그것은 자체 모순에 의해 곧 붕괴할 운명에 처해 있는 진영이며, 다른 하나는 진보의 보루로서 '평화로운 사회주의 진영'이라는 것이다. 여기서 부르주아 문화는 반동과 퇴폐로 특징지을 수 있으며, 계급의 적을 위해 봉사하는 것으로 여겨진다.
이 밖에도 철학사 분야에 비판의 눈을 돌려 철학사는 유물론의 형성과 발전의 역사가 되어야 할 것, 마르크스주의는 철학적 혁명으로서 그것은 철학을 지식인들의 손에서 빼앗아 대중의 재산으로 만든 사상이라는 것, '헤겔의 문제'는 이미 마르크스주의 안에 자리를 잡았으니, 더 이상 거기로 돌아갈 필요가 없다는 것 등이다. 그에 따라 소련의 철학자들은 철학의 역사를 유물론과 관념론의 갈등으로 파악하여 전자의 후자에 대한 우월성을 강조하는 작업을 추진하였다.
이러한 조류는 당시 세계 전역의 공산당에 대해 소련이 요구하였던 스탈린에 대한 절대적인 복종과 함께 널리 퍼졌다. 그로 인해 각 분야에서 스탈린—즈다노프적 작업이 속출하였다. 그것은 학문과 사상의 자유를 극도로 억압하는 것이었고, 그에 환멸을 느낀 학자들과 지식인들로 하여금 공산당을 떠나게 하는 계기가 되었다.

나는 1968년 5월 봉기* 이후 공산당과 기성 역사학계를 모두 멀리하였다. 그 과정은 서서히 진행되었고 심각한 갈등은 없었다. 사실 그로 말미암아 개인적으로 심각한 위기를 맞았음에도 불구하고, 이제는 거의 설명할 수 없을 정도로 너무나 자연스러

---

* **1968년 5월 봉기** : 1968년 5월 3일 낭테르(Nanterre)에 있는 소르본 대학의 인문학부 분교에서 처음 시작된 학생 봉기. 6월까지 계속되어 마침내 제2차 세계대전 이후 유럽에서 가장 안정된 체제로 인정받던 드골 체제를 전복시키는 데까지 이르렀다. 그것은 노동자, 주부, 지식인들까지 참가한 대규모 봉기였다.

이러한 봉기의 직접적인 원인은 전후 프랑스에서 채택한 교육제도 개편에 따라 대학 인구가 급증하게 되어 대학은 시장 바닥처럼 되고 말았으며, 교수와 학생 간의 유대감도 사라지게 된 현상이었다. 또한 프랑스 사회가 극도로 경직되고 온정주의적 간섭 노선을 걷고 있었으며, 당시 미국의 월남전 참전에 반대하는 학생 사회의 분위기가 결합함으로써 커다란 세력으로 확대되었다.

5월 3일에 시작된 학생들의 평화적 시위는 경찰들로부터 폭력적인 진압을 당하였으며, 많은 학생들이 연행되었다. 이러한 상황을 목격한 학생들이 투석을 시작함으로써 동료애로 많은 학생들을 뭉치게 하는 결과를 가져왔다. 학생들은 정부 당국의 대학 폐쇄에 항의하는 시위를 계속하였으며, 경찰의 폭력에 반대하는 전국의 학생들은 동맹 휴교를 단행하고 시위에 들어갔다. 이러한 상황은 1주일이 넘도록 계속되어 바리케이드를 사이에 둔 시가전의 양상을 띠었다.

13일에는 경찰의 폭력에 항의하는 80만 명의 시민들이 반정부 시위를 벌였다. 또한 노동자들이 봉기하여 22일에는 7백만의 노동자들이 파업 상태에 들어갔다. 소르본에서는 밤낮을 가리지 않고 각계 각층이 모여 그 자신의 이념을 주장하는 사람들의 연설을 방청하고 그에 대한 토론을 벌였다. 학생들의 주장은 프랑스 사회의 전반적인 변혁이었다. 이때를 이용해서 좌익 정당들은 정권을 장악할 것을 구상하고 있었다. 이러한 상황을 타개하기 위해 드골은 총선거 실시를 주장하였고, 공산주의의 침투를 막아야 한다는 것을 명분으로 내세웠다. 드골의 장기 집권을 비난하던 시민들은 총선거에서 드골 정권에게 압도적인 지지를 안겨 주었다.

이렇게 해서 정권을 연장한 드골은 선거 결과를 자신의 강력한 정책 집행을 원하는 국민적 감정의 표현이라고 생각하였다. 그러나 오히려 국민들은 드골이 5월 봉기에서 나타난 개혁의 열망을 수렴하여 새로운 정치를 해줄 것을 요구했던 것이다. 그럼에도 불구하고 드골은 일련의 권력 집중책을 추진하였다. 이러한 정책에 반발한 국민들은 드골이 1969년 4월 자신에 대한 권력 집중을 요구하는 법안을 국민투표에 붙였을 때 반대하였다. 드골은 이 결과에 승복하여 대통령 직을 내어놓았고, 다시는 정계에 발을 들여놓지 않았다.

운 과정이었다. 지금에 와서 그리도 오랜 세월 동안 '당'과 '경력'이라는 이중적인 조건을 어떻게 수용할 수 있었는지를 설명한다는 것은 결코 쉬운 일이 아니다.

왜냐하면 돈과 명성이라는 보상이 따르는 '관료들의 놀이'에 대해서 내가 너무도 잘 알고 있기 때문이다. 역사학자들의 작은 세계와 그 메커니즘에 대해 분석하게 될 때, 나는 무슨 말을 해야 할 것인지를 알고 있다. 하지만 그 구조와 결별한다는 것이, 단지 순종하지 않을 수 있는 특권자로 남아 있을 수 있는 관료로서의 경력에 있어 최종적인 상황을 뜻하는가? 확실히 종신 대학교수로서의 나의 지위는 현존하는 구조 안에서 진정한 자율성과 신분 보장을 갖게 해 준다. 내가 지배 체제에 저항하면서도 여전히 특권을 누리고 있음에 대해 비난하는 사람들이 있다. 그러나 그들은 다음의 간단한 질문에 대해서 해답을 제시한 적이 없었다.

왜 나와 같은 방식으로 특권을 사용하는 동료들이 별로 없는가? 그리고 어떤 현실적 관점에서 내가 파멸하였다고 말할 수 있는가? 나의 상황은 소박한 독립이라기보다는 편안한 자율성을 누리고 있는 정도이다. 나도 다른 수많은 지식인들과 마찬가지로 제도 안에 묶여 있는 죄수이다. 혼자 거기서 빠져나온들 무슨 소용이 있는가? 그러한 수많은 시도들은 비참한 실패로 끝나고 말았다. 따라서 나는 자격을 가진 자로서 교수로서의 강의를 수행하고, 내 몫으로 돌아오는 수입을 계속해서 챙길 것이다. 동시에 나의 학생들에게, 그동안 역사적 지식이라고 간주되었던 맛없는 음식과는 조금 다른 것을 먹여 주려고 노력할 것이다.

1968년 5월 봉기는 우리에게 중대한 의미를 지닌 사건이었다. '68세대'라는 냉소적인 표현이 지스카르 데스탱(Giscard d'Estaing) 대통령이 표방한 '선진적 자유주의' 아래에서 유행하게 된 것은 결코 우연이 아니다. 1968년 5월 봉기에 대한 신화를 만들어 낸다는 것은 위험한 일이다. 지배 체제 자신이 그것을 통해서 이득을 보게 되기 때문이다. 그들은 그 신화 속에다 새로운 피와 견해, 이전에 거부되었던 능력 있는 인물들을 주입함으로써 그들이 불가피하다고 생각하는 개혁에 도움을 얻을 수 있다.

환경 기구나 사회학적 마케팅, 기술 상담, 문화행정, 광고 등에 종사하고 있는 '회개한 68세대'들은 수없이 많다. '48세대' 그리고 1850~1960년대 제2 제정(帝政)의 상업적 투기에 봉사했던 생시몽(Claude Henri de Saint-Simon)의 충실한 후계자들이 그러했듯이! 그러나 '아름다운 5월'은 좀 더 나은 장래를 맞이하게 될 것이다. 그때 우리는 지난 과거의 신화를 돌이키거나 역전의 용사들에 대한 향수 속에 빠져 있어서는 안 된다. 1968년 5월 봉기는 하나의 돌파구로서, 그리고 하나의 단계로 평가될 수 있다. 앞으로 더욱 전진하기 위해서는 그것이 무엇 때문에 시작되었고, 무엇 때문에 표출되었는지를 역사적 전망 속에서 연구해야만 한다.

이 책의 아이디어들은 혼자서 해 온 연구 및 학생들과 해 왔던 세미나, 워크숍 등에서 수년 동안 깊이 생각해 본 내용들이다. 현재 프랑스에서는 전통 역사학을 비판하는 작업이 '역사 포럼

(History Forum)'의 활동을 통해 상당히 고양되고 있다. 이 모임은 급진적 사회비판주의 정신에 입각해서 역사에 접근하고자 하는 역사학자와 비 역사학자들의 운동이다.

비록 이 책이 내 개인의 업적이긴 하지만, 포럼에서 제시되었던 질문과 거기에 참여했던 사람들과의 의견 교환을 통해 큰 도움을 받았다. 대학 밖에서 이따금씩 역사학자의 '상품'을 팔 수 있도록 해 준 포럼에 감사를 드린다. 이 책이 풍부한 내용을 갖출수 있도록 원고를 다시 읽어 주거나, 강의실 내에서의 토론 혹은 브르타뉴(Brittany)나 옥시타니아에서의 유익한 대화를 통해 아이디어와 정보를 제공해 준 모든 이들에게 이 기회를 빌려 감사드린다.

일반적으로 심사숙고, 분석, 아이디어의 발전은 표면상 개인의 노력으로 보일 뿐이다. 하지만 '창작의 자유'에 대한 저자들의 환상에도 불구하고 모든 책은 주어진 사회, 환경, 정치 운동에 뿌리를 두고 있다. 그렇다면 왜 이 책에서 나의 이름을 명시하는가? 자신이 쓴 책에 자기 이름을 명시하는 것은 아주 당연하다고 본다. 독자는 책에다 딱지를 붙일 수 있고, 초심자는 유명해질 수 있으며, 출판사는 저자의 명성에 의해 수익을 올릴 수 있기 때문이다. 어떤 경우에도, 서구 자본주의의 개인주의적 도덕은 저자로 하여금 그의 연구에 대해 개인적으로 책임질 것을 요구한다. 지식인들에게도 '너의 서명을 존중하라'는 기본적인 상업 논리가 똑같이 적용되고 있다.

이 책을 포함해서 모든 책이 마치 저자가 전적으로 새로운 구상을 한 것처럼 보인다. 또한 그의 연구실에서 영광스럽게 고립되어 그 책에서 제공하는 정보, 제기한 분석, 의문들이 이루어진 것처럼 보인다. 그러나 저자는 다만 하나의 중개자일 뿐이며, 그의 저작은 하나의 그림자일 뿐이다. 하나의 책은 문제를 규정하고 그 문제들이 성숙해질 수 있도록 도와주는 것 이상의 역할을 할 수 없다. 그리고 그것이 바로 이 책의 목적이다.

그러나 그 책의 사실들, 분석들, 문제 제기들은 만일 그것들이 널리 유포되어 집단적인 의식 속에 존재하지 않았다면 이루어질 수 없었을 것이다. 왜냐하면 그것들은 모두 사회적 경험의 산물이기 때문이다. 이 경우에 있어서, 전통 역사학의 생산자나 소비자 모두가 위기를 겪고 있다. 만일 역사를 과거와의 능동적이고 집단적인 관계라고 정의한다면, 역사에 대한 숙고는 능동적이고 집단적일 수밖에 없는 것이다. 개인적인 업적은 그러한 형태의 역동적인 관계를 명확히 하고 강화하려는 시도일 때에만 의미를 지닌다.

아무튼 서명이란 개인주의적인 몸짓이다. 그것은 만연해 있는, 각광을 받고 싶어 하는 취향 때문에 생겨나는 것이다. 대부분의 저자들이 인세를 챙기는 것까지는 언급하지 않더라도, 교정을 보거나 자기 책에 대한 서평을 수집하고, 견본에다 서명하는 일에 열광하고 흥분하는 것을 생각해 보라. 우리가 우리 자신이나 책들이 주목받는 것을 좋아하는 이유는, 그것이 서구 자본주의에서는 사회적 경쟁으로 간주되기 때문이다. 최근에 발간된 책 표지 위의 자기 사진을 바라보는 즐거움을 마다할 저자는 거의 없을 것이다.

아마도 필명(筆名)을 사용하는 것이 다소 부끄러운 자기 과시주의로부터 보호받을 수 있는 최선의 방법일 것이다. 마르크스는 그의 '최대의 걸작'이라고 알려진 『공산당 선언(Communist Manifesto)』에서 자신의 이름을 밝히지 않았다. 왜냐하면 그의 의도는 분명히 하나의 연결 및 반성으로서의 역할을 하려는 것이었기 때문이다. 그는 의인 동맹(League of the Just)에 참여하고 있는 혁명적 노동자들이 아이디어와 시야를 넓힐 수 있도록 도와주려고 했던 것뿐이었다.

1920~1930년 사이에 중국 공산당을 창립한 젊은 좌익 지식인들도 계속적으로 필명을 사용했다. 그것은 신변 보호의 이유라기보다는 부르주아적 개인주의에 반기를 든다는 의미에서였다. 한때 중국 공산당의 총서기였으며, 1933년 국민당에 의해 살해된 평론가 취추바이(瞿秋白)는 전 생애 동안 53개의 다양한 필명을 사용했다고 한다. 좌익 과학자들이 발행한 잡지 『위기에 선 과학』에 실려 있는 논문들에는 단 한 편도 필자의 이름이 나타나지 않고 모두 무기명으로 되어 있다.

저자의 편에서 본 서명의 위험은 이쯤 해 두자. 독자의 편에서 볼 때도 비슷한 모호성에 부딪히게 된다. 독자는 자신이 저자와 그의 상표화된 이미지, 그의 경력 등에 대해 안다고 생각한다. 독자는 저자에 대해 이미 가지고 있는 생각, 자신의 사고방식과 의도 등을 참고해 가면서 최근작을 읽는다. 독자는 '그가 지금 무엇을 하고 있을까?'라는 의문을 가지고 서류철을 조사하고는, 20년 전의 부끄러운 인용 구절을 발견하게 된다. 많은 비평가에게 형사적 기질이 있는 것이 바로 그런 점이다.

더욱이 서명은 '관객 사회'라는 세속적 세계에서 상당한 광고 가치를 가지고 있다. 정치적 저술에도 역시 스타가 있으며, 모든 사람들이 마치 철학자 마르쿠제(Herbert Marcuse)나 알튀세르(Louis Althusser)의 최신작을 읽어 본 척한다. 어떤 사람이 저자에게 붙여진 딱지나 상표화된 이미지에 한 번 익숙해지면, 피상적으로 심지어 전혀 읽어 보지도 않은 책에 대해서 쉽게 이야기할 수 있다.

그러나 저자의 이름이 없는 책이라면, 독자는 오로지 그 내용과 고유의 가치에 대해서만 판단할 수 있을 것이다. 그리고 책을 정말로 읽지 않고서는 그 책의 주제를 거론조차 못 할 것이다. 그렇다면 어떤 책이 저자와 독자 모두에 있어서 쓸모없는 억측을 없애고, 사회적 실천의 반영으로서 또한 그 실천에 대한 기여로서의 이중적 역할을 할 수 있게 되려면 어떻게 해야 할까? 그에 대한 가장 좋은 해결책이 필명이나 무기명의 형태를 취하는 것이라는 결론을 내려야 할 것인가?

나는 오랜 망설임 끝에 현재로서는 불가피하게 개인이 쓴 책일 수밖에 없는 이 책에 내 이름을 명시하기로 결심했다. 왜냐하면 어떤 저작이든지, 그 책은 저자가 살면서 고통당하고 사랑하며, 거부하고 경멸하면서 믿어 왔던 모든 인생 경험의 산물이기 때문이다. 이 책에서 내 이름을 명시한다는 것은 주어를 '나'라고 했다는 것을 의미하는데, 그것은 그렇게 쉬운 일은 아니었다. 우리에게 그런 방식은 습관화되어 있지 않으며, 마르크 블로크 같은 위대한 학자도 교수로서의 지위에 심각한 위기를 맞고 난 다음에서야 비로소 그렇게 할 수 있었다.

이 책은 분명히 자아 비판적인 책이다. 책임을 지고 나의 이름을 밝힘으로써, 자랑스럽게 또는 후회스럽게 지금까지의 내 과거를 확인하였다. 그러나 책임을 진다는 것이 자기중심적인 나르시시즘(narcissism)을 의미할 필요는 없다.

'성공한' 사람들, 그리고 최근에 체제로부터 억압당했던 사람들의 개인적 회고록이 1970년대의 프랑스 출판계에서 유행하였다. 그러나 그 책들이 자아비판에 그친다면 별로 도움이 되지 않는다. 또한 지식인들은 일단 벽이 깨지면, 자신들에 대해서 말하기를 즐긴다. 그러면 우리는 별로 도움이 되지 않는 이러한 고백을 정치적인 힘으로 어떻게 전환할 수 있을까?

이 책이 미완성 상태라는 점은 주제들의 내용과도 부합된다. 생각은 돌고 돌아 마치 실이 감기고 얽힌 것 같으며, 똑같은 기본 주제가 여러 각도에서 접근되고 있다. 예를 들어 스탈린주의의 '역사발전 5단계설', 옥시탕 운동의 역사적 중요성, 강단(講壇) 마르크스주의에 대한 비판, 중국의 경험에 대한 복합적 기록 등이다. 이와 같이 사고의 방향이 일정치 못하고 매끄럽지 못한 것은 나 자신의 불확실성 때문이다. 그러나 역사는 역사학자들에게만 내맡겨지기에는 너무도 중요한 문제인 것이다.

1장

○

과거에 대한
역동적 관계로서의 역사

특별한 '영역' 또는 집단적 기억 / 역사에 대한 갈망 / 어느 편의 역
사적 지식인가? / 주지주의와 직업주의의 함정 / 거짓 팽창

이 시대의 역사가들 대부분이 자기만족적인 전문가주의에 빠
져 있다. 역사학은 그들의 '사업'*이며 '영역'**이다. 그들은 전문가
이며, 그 때문에 존경을 받고 있다. 신문과 잡지, 심지어 TV까지
도 과거에 대한 특권을 지닌 전문가라는 그들의 위치를 대중에게
심어 왔다. 이 같은 직업적 자기만족은 바로 그 '역사'라는 말의
모호성에 뿌리를 두고 있다.

역사(history)는 시간의 흐름 속에 내재되어 진행되는 사건들과
그것을 연구하는 것, 두 가지 모두를 의미한다. 생물학은 생명을,
천문학은 별을 연구 대상으로 하고 있다. 그러나 역사학(history)

---

* Marc Bloch, 『역사를 위한 변명(Apologie pour l'histoire ou le metier d'historien)』

** Emmanuel. Le Roy Ladurie, 『역사가의 영역(Le Territoire de l'historien)』

의 연구 대상은 '역사(history)'이다. 이렇게 한 단어 안에 두 가지 뜻이 담겨 있기 때문에, 지나친 독선이라는 치명적인 함정에 빠지게 될 가능성이 있는 것이다.

그러나 우리는 역사란 뭔가 매우 색다른 것이며, 우리 모두와 관련된 것이라 느끼고 있다. 우리가 일상적으로 사용하는 언어에는 역사에서 인용한 말들이 많이 있다. 아무 생각 없이 굴러가면서도 때로는 멈추고, 때로는 속력을 내는가 하면 방향을 바꾸기도 하는 '역사의 수레바퀴'라는 용어가 있다. 역사의 '아이러니', '속임수', '함정', '의도', 심지어 관음증이 있는 사람들을 위해서는 역사의 '이면(裏面)'이란 용어도 있다.

역사란 과거에 실제로 존재했던 인간, 날짜, 사실들을 '보존할' 수도, '지워 버릴' 수도 있는 거대한 자동 조절 장치인 것처럼 보인다. 그 장치는 너무도 잘 만들어져서 '쓰레기 처리 시설'까지도 있을 정도이다. 역사는 교훈을 줄 수도 있고, 역사의 무대에서 공연하는 연기자들에게 월계관을 씌워 줄 수도 있으며, 심지어 법관의 자리에 앉아 '판결'을 선고할 수도 있다. 그러면서 때로는 '비밀'을 유지하려고 침묵을 고집하기도 한다.

이러한 진부한 표현들 뒤에는 역사가들이 역사학의 독점권을 주장하는 것만큼이나 위험한 메시지가 있다. 그것은 역사는 인정하지 않으면 안 될 돌이킬 수 없는 과거이기 때문에 권위를 가지며, 따라서 인간을 지배하는 외부로부터의 강력한 힘이라는 생각이다. 그러므로 현재를 지배하는 것은 바로 과거라는 것이다.

그렇지만 마르크스가 말했듯이 '역사 자체는 어떠한 행동도 하지 않으며, 아무것도 소유하고 있지 않고, 아무런 투쟁도 하지 않는다. 실제로 행동하고 소유하며 투쟁하는 것은 살아 있는 인간인 것이다.'*

과거는 오직 그것이 우리에게 어떤 의미를 지니고 있을 때에만 가치가 있다. 과거는 우리 전체가 간직하고 있는 기억의 산물이며, 또 그 기억의 필수적인 요소를 구성하고 있다. 이는 사람들이 어쩔 수 없이 겪어야 했던 베르됭(Verdun) 전투, 1930년대의 대공황, 나치의 점령, 히로시마 원폭 투하 등에 대해서 뿐 아니라, 능동적으로 참여했던 프랑스의 인민전선(Popular Front), 레지스탕스, 1968년 5월 봉기 등에 대해서도 적용될 수 있는 말이다.

먼 옛날이든 최근의 일이든 간에, 과거는 우리에게 분명히 의미를 지니고 있다. 과거는 우리가 현재 살고 있는 사회를 이해하는 데 도움을 준다. 또한 과거 중에서 수호하고 보존할 가치가 있는 것은 무엇이며, 전복되거나 파괴되어야 할 것은 무엇인가를 알 수 있게 해준다. 역사는 과거에 대한 일종의 능동적인 관계이다. 과거는 사회적 경험의 모든 영역에 현존하고 있다. 직업적인 역사가들의 개별 전문 작업은, 과거에 대한 우리 사회의 이와 같은 집단적이면서도 상호 모순적인 관계에서 하나의 특징을 형성한다. 그러나 그것은 단지 '하나'의 측면에 불과한 것이며, 결코

---

* K. Marx, 『신성 가족(The Holy Family)』

가장 중요한 것도, 사회적 관계 및 지배적 이데올로기로부터 독립된 것도 아니다.

　과거에 대한 현 사회의 집단적인 관계와 능동적인 지식은 강제와 필요에 의해 이룩된다. 과거는 우리를 짓누르고 있으며, 우리는 그 구속에서 벗어나려고 애쓴다. "과거를 깨끗이 청산하자!"는 인터내셔널가의 가사는 아직도 호소력이 있다.

　동시에, 현대 프랑스의 '아마추어' 역사가인 클로드 망스롱(Claude Manceron)에 따르면, '사람들 사이에는 역사에 대한 깊은 갈망이 존재하고 있다.' 1974년 7월 26일 자「르 몽드(Le Monde)」는 갈리아족(Gauls)과 미국의 카우보이에 대한 책이 동시에 출간된 것을 논평하는 글에서, '현실이 견디기 어려울 때면, 언제나 선조들이 필요하다'라고 쓰고 있다.

　이러한 '역사에 대한 갈망'이 현실의 고통에서 벗어나는 피난처를 찾는 것과 같이 긴급하고도 근본적인 욕구라는 것은 사실이다. 또한 그러한 욕구는 투쟁의 의지와 실천을 위한 회전축이 될 수도 있다. 1224년에 몰살당했던 프랑스 남부의 이교 종파인 카타리파(Cathars)*의 마지막 유격대들이 몽스귀르(Monsegur)에서 화형된 사실은, 다시 일어나고 있는 옥시탕 운동(Occitan movement)의 의식 속에 생생히 살아 있다. 마찬가지로 미국의 블랙 파워 운동에는 노예무역에 대한 기억이 살아 있다.

---

*　12~13세기 프랑스 남부 지역에 성행했던 기독교 교파. 가톨릭에서 이단으로 판단하여 무력으로 카타리파 신자들을 학살하면서 소멸되었다.

우리들의 공통적인 과거인 역사는 우리 모두의 문제이다. 몇 몇 역사가들은 이 점을 감지하고 역사와 역사과학에 대해 특수성과 전문성을 강조하기보다는 조금 더 집단적 성격을 띤 정의를 내리고자 노력해 왔다. 예를 들면, 부르크하르트(J. Burckhardt)는 역사를 '한 시대가 다른 시대에 있었던 사건 가운데서 기록할 만한 가치가 있다고 판단한 기록'이라 정의했다. 그리고 뤼시앵 페브르(Lucien Febvre)는 '오늘날의 우리 사회를 마련해 주고, 또 우리가 현실을 이해하며 살아갈 수 있게 해준 과거의 사실들, 사건들 및 경향들을 찾아내서 강조하려는 것은 각 발전 단계에 있어서 모든 인간 집단이 느끼는 필요성'이라고 했다.

어떤 면에서 보면, 구세대에 속하는 이러한 역사가들은 오늘날의 컴퓨터 기술을 이용하는 역사가들보다 훨씬 더 겸손했던 것 같다. 그들은 기꺼이 바닥에 귀를 대고 자기 시대의 사람들이 무엇을 말하고 있는지를 들으려 했던 것이다. 하지만 '과거 가운데서 기록할 만한 가치가 있다고 판단된'이라든가, '현실을 이해하며' 등등의 구절들에서 그들이 순수한 지식인에 머물고 있음을 알 수 있다. 비록 과거를 집단적 경험으로 간주하기는 해도, 그들에게 있어서는 과거를 지적으로 파악하는 것 그 자체가 궁극적 목적이었다. 그러한 파악이 어떤 형태의 사회적 실천이나 행동적이고 구체적인 참여로 이어졌는가 아닌가는 문제가 되지 않는다.

그러나 과거에 대한 우리의 지식은 사회 발전에 있어 하나의 역동적 요소이며, 오늘날의 정치 및 이데올로기 투쟁과 깊은 관계를 가진, 따라서 격렬한 논쟁을 불러일으키는 영역이다. 과거에 대해 우리가 알고 있는 것은 기성 체제나 민중운동 중 어느 한편에 도움이 될 수도 있다. 역사는 계급 투쟁과 연결되어 있다. 역사는 결코 중립적일 수 없으며, 결코 분쟁을 초월해서 존재할 수도 없다. 전투적인 옥시탕 가수인 클로드 마르티(Claude Marti)는 1907년에 폭동을 일으킨 와인 제조업자들, 그리고 1811년에 독일이나 러시아 영토에 가서 나폴레옹을 위해 싸워 죽기를 거부했던 랑그도크(Languedoc)의 징병 기피자들을 찬양하고 있다. 한편, 잔 다르크(Joan of Arc)에 대한 기억과 그녀의 기념일은 우익 민족주의와 보수 가톨릭 세력에 의해 정기적으로 악용된다.

오늘날의 역사에 대한 지식은 어느 편에 서 있는가?

과거와 현재 사이의 역동적인 관계에 의해 이익을 보는 사람은 누구인가?

그것은 어떤 역사가도 피하고 싶어 하지만, 결코 피할 수 없는 질문이다. 과거에 대한 현 사회의 관계를 역사 지식의 토대로 보게 될 때, 전통적인 과거와 현재의 관계는 역전된다. 더 이상 과거는 판단의 기준이 아니며, 주요 쟁점을 규정하고 요구를 제시하는 것은 바로 현실이다.

과거가 미래에 대한 참고가 될 때에만 현실은 과거를 필요로 한다. 문제는 뤼시앵 페브르와 같이, 단지 '현실을 더 잘 살아 보려는 것'뿐 아니라 현실을 변화시키려는 혹은 방어하려는 것도 포함된다는 점이다. 요컨대 집단적 기억, 즉 역사에 호소하는 것은 미래에 관련이 될 때에만 의미를 갖는다. 통합과 갈등 및 지속과 변화의 결합이라는, 과거와 미래 사이의 변증법적 관계는 역사의 구조 바로 그 자체인 것이다. 중국의 공산당 지도자 마오쩌둥(毛澤東)은 다음과 같이 말한 바 있다.

"인류의 역사는 필요의 영역에서 자유의 영역으로의 끊임없는 발전이다. 이러한 과정은 결코 끝나지 않는다. 계급이 존재하는 어떤 사회에서도 계급 투쟁은 결코 끝나지 않는다. 계급 없는 사회에서도 새로운 것과 낡은 것, 그리고 진실과 거짓 사이의 투쟁이 결코 그치지 않을 것이다.…… 따라서 인간은 끊임없이 경험을 집약하고, 계속해서 발견하고 발명하며, 창조하고 진보해 나가야 하는 것이다."*

역사적 지식과 과거에 대한 관계의 능동적이고 집단적인 성격을 강조하게 될 때, 우리는 지금까지 거의 도전받지 않고 널리 인정받아 왔던 다음과 같은 역사가들의 수사법(rhetoric)과 잘못된 가정들에서 벗어날 수 있을 것이다.

① **주지주의**(Intellectualism) : 과거에 대한 지적인 이해는 실제의 사회적 경험과는 무관하며, 그 자체로서 가치 있는 하나의 목

---

* 『마오 주석 어록(Little Red Book)』, p. 203

적으로 여겨진다. 역사가들은 재주도 좋게 '역사 만들기'와 '역사 쓰기'를 구별하고 있다. 전자는 때때로 민중의 개입을 수반하는 '정치가들'의 영역이다. 이때 그 관점이 좌익적이냐 우익적이냐에 따라 환영을 받기도 하고 배척되기도 한다. 후자는 역사가들을 위해 마련된 영역이다.

이러한 주지주의는 뿌리가 깊다. 직업적 역사가들은 그것을 당연하게 여기며, 대중들도 그렇게 받아들이고 있다. 예를 들어, 마르크 블로크가 『역사를 위한 변명』을 쓴 것은 소르본(Sorbonne) 대학에서 내쫓기고 나치들의 추적을 받으면서 지하 레지스탕스 운동을 하다가 고문을 당해 죽어 가던 때였다. 그럼에도 그는 다음과 같은 학술 귀족 역사가의 언어를 구사한다.

역사는 호모 파베르(homo faber, 도구인)와 호모 폴리티쿠스(homo politicus, 정치인)에 대해서 영원히 무관심해야 하며, 호모 사피엔스(homo sapiens, 현생 인류)의 발전에 불가결했던 것 외에는 더 이상 말할 필요가 없다. 역사는 그 자체의 미학적 즐거움을 지니고 있다.

② **몰정치적 객관주의**(Apolitical objectivism) : '훌륭한 역사가는 어떤 시대, 어떤 나라에도 속하지 않는다.' 페늘롱(François Fénelon)의 이 말은, 낡은 것으로서 인용될 때마다 쓴웃음을 자아낸다. 그러나 1968년 당시에, 매우 존경받는 고대사 전문가 폴 벤(Paul Veyne)은 현대 프랑스가 가지고 있는 지식의 총집약체인

『세계대백과사전(Encyclopedia Universalis)』의 '역사'라는 항목에 다음과 같이 쓰고 있다.

'신중한, 다른 말로 하면 이해관계를 떠난 역사가는 자신이 어쩌다가 프랑스인이 되었기 때문이 아니라, 역사에 대한 애정 때문에 프랑스 역사를 연구하는 것이다.'

한 국가의 사회적·정치적 생활에서 자신의 작업이 차지하는 역할에 대해서 진지하고도 엄격하게 성찰해 보려는 역사가는 거의 없다. 그들의 작업은 기존의 체제에 이익이 될까, 아니면 혁명적 투쟁에 이익이 될까? 그들이 연구하려고 선택한 주제 및 연구의 방법론이 기존 체제의 안정성과 어떤 관계에 있는지를 생각해 보려는 역사가도 거의 없다. 그들은 자기들의 '직업'과 사회가 완전히 차단되어 있다는 생각을 가지고 안일하게 살아간다.

③ **전문가주의**(Professionalism) : 과거에 대한 지식으로서의 역사는 전문적인 역사가의 특수한 자격과 노하우가 있어야 하는 것으로 여겨진다. 역사에 대한 지식은 명예롭게 고립된 역사학자의 연구실 속에서 만들어져야 하는 것으로 여긴다. 그의 전문적인 연구 결과는 조금 더 쉬운 수준으로 처리되어 마침내 교과서, '아마추어(amateur)' 사학, 대중서 등의 형태로 소비자 대중에게 보급된다.

이와 같은 엘리트주의적인 수사법을 거부한다고 해서 다음과 같은 실제적이고 어려운 문제들을 회피하자는 것은 아니다.

과거를 이해하려 함에 있어 전문화는 필요 없는 것인가?

과학적 '엄밀성'을 주장하면서 역사 연구의 전문가주의를 비판할 수 있는가?

역사가들 대다수는 폐쇄된 자기들 집단 내에서만 그와 같은 문제를 토론하며, 그러한 특권적 지위를 당연한 것으로 여긴다. 그러나 격심한 사회적 갈등으로 분열된 우리 사회에서, 과거의 전통적 역할과 위치를 거부하고 난 뒤에야 비로소 역사가로서의 결과물에 대한 구체적 문제에 대해 효과적으로 접근할 수 있을 것이다.

역사가들의 업적은 날로 늘어 가고 있으며, 많은 전문가들이 이 사실에 찬사를 보내고 있다. 수많은 논문들, 전문 학술지의 증가, 일반 대중을 대상으로 한 무수한 저작물, 광범하고도 다양한 주제에 관한 학술 회의, 고문서의 빈번한 재발간, 상업적인 출판물 간행 등이 이루어지고 있다. 그러나 이러한 양적인 팽창은 심각한 문제를 안고 있다. 그것은 바로 '이 모든 활동이 의미하는 바는 무엇이며 역사는 누구의 이익을 대변하는가?'라는 주제로 벌여야 할 정치적 논쟁의 필요성을 은폐해 버린다는 점이다.

사건 중심의 낡은 역사학은 결코 그 활력을 잃지 않았지만, 프랑스 역사가들 사이에서는 두 가지 새로운 조류가 언론 매체 특히 TV를 통해서 부상하고 있다.

첫째는 피에르 노라(Pierre Nora)와 자크 르 고프(Jacques Le Goff) 의 '신사학(New History)'이다. 이들은 세 권의 공동 저작 『역사의 행위(Faire de l'Histoire)』(파리, 1973)를 통해서 인간적인 문제, 다양 한 사고방식, 삶과 죽음과 같이 대중들에게 매력적인 주제를 가 지고 미디어를 통해 영향력을 발휘하고 있다.

둘째는 1968년 이래로 신설 학과, 학술 잡지, 학술 회의 등 기 성 학계에서 프랑스 공산당이 획득한 지위와 아울러 아카데믹 소 련 역사학의 권위와 사료 해석 방법론에 토대를 둔, 보편주의적 마르크스주의 역사학이다.

서로 경쟁하는 한편 서로 협조하는, 복합적 행위를 벌이고 있 는 두 가지 새로운 조류는 현재의 대학 사회 내에서 역사학을 지 배하고 있는 수사법의 잘못된 가정들, 규칙과 규정들을 받아들이 고 있다. 두 학파는 민중의 능동적인 운동 밖에 존재하고 있으면 서, 점진주의에 기초한 역사의 메커니즘이라는 개념을 선전한다.

첫째 그룹의 기본적인 개념은 페르낭 브로델(Fernand Braudel)에 의해 프랑스에서 보편화된 '장기적 전망(long-range view)'에서 찾 을 수 있다. 두 번째 그룹은 알튀세르가 영국의 마르크스주의 철 학자인 존 루이스(John Lewis)와의 논쟁에서 현학적으로 설명했던 바와 같이, '생산 관계(relations of production)와 서서히 그러나 거 침없이 갈등에 빠져드는 생산력(productive forces)'이라는 개념에 서 찾을 수 있다.

두 경우 모두의 결과는 역사를 민중의 소유로부터 빼앗아 버리고, 민중을 역사의 영역에서 몰아내고 말았다. 역사 연구를 특권적인 전문가들의 영역으로 국한시키고, 민중이 '역사의 창조'에 능동적으로 참여할 수 있는 능력을 부정함에 따라 나타난 결과이다. 신사학파와 마르크스주의 학자들 상호 간, 그리고 그들과 낡은 '사건 중심의 역사가'들 간에는 공통점이 있다. 그것은 바로 그들이 역사적 지식과 사회적 실천 사이의 기본적인 관계를 인식하지 못하고 있다는 점이다.

2장

•

역사와 사회적 실천
- 기성 체제의 진영에 있어서

정치적 권력의 원천으로서의 과거 / 공식적 기념일 / 자료의 통제와 은폐 /
드골주의와 지스카르주의 : 프랑스의 과거에 대한 태도 / 누가 과거에 의해 방
해를 받는가? / 모든 계급 사회는 그 나름의 과거에 대한 통제 방식이 있다

역사란 계급 사회에서 지배 계급이 권력을 유지하기 위해 사용
하는 도구들 가운데 하나이다. 국가 기구는 정치적 행위와 이데
올로기의 양 차원 모두에서 과거를 통제하려고 한다.

국가와 권력 구조는 그들 자신의 정치적·이데올로기적 이해
관계에 따라 과거를 짜 맞추고 그 이미지를 정립한다. 파라오
(Paraoh)가 통치했던 고대 이집트나 봉건시대 중국에서는 왕조 교
체에 따라 시간의 흐름과 역사의 시기들을 구분하였고, 역사 인
식의 내용이 이루어지는 것으로 여겼다. 사관(史官)들의 공식적
협의체에 의해 집필된 역사는, 왕조의 권력 구조가 전 역사 시기
에 걸친 사회 질서의 기초라고 정의를 내린 일종의 국가 사업이
었다.

19세기에 이르기까지 프랑스 역사의 구조와 기능도 마찬가지였다. 역사는 '왕가의 계승'이라는 관점에서 설계되었으며, 메로베우스(Merovingian), 카롤루스(Carolingian), 카페(Capetian) 등 통치자들의 이름은 '왕조'라는 개념을 떠받치고 있는 이데올로기와 더불어 어린이들의 마음속에 일찍부터 깊은 인상을 심어 주었다. 만약 신흥 부르주아 계급의 역사적 수사법이 조금 더 자유롭고, 그 접근법이 조금 더 보편적인 것처럼 보인다면 어떤 효과가 있을까? 아마도 그것은 '고대'와 '중세'가, 부르주아 지배가 실현되고, 또 앞으로 그들의 권력 획득이 예상되는 '근대'를 두드러져 보이게 하는 근사한 배경으로 작용했을 것이다.

토크빌(Alexis de Tocqueville), 뒤뤼(Victor Duruy), 라비스(Ernest Lavisse), 세뇨보스(Charles Seignobos)와 같은 19세기 프랑스 역사가들에게는 이데올로기적인 면에서 일관성이 있었다. 그들에게 있어 '진보'는 신흥 계급에게 막대한 권력을 가져다주었으며, 또 계속해서 그 권력을 보장해 주는 것으로 보였던 것이다.

지배 계급과 정부는 종종 아주 노골적으로 과거에 호소한다. 전통, 연속성, 역사 이 모두가 그들의 지배를 정당화하기 위해 즐겨 사용하는 말들이다. 보쉬에(Jacques-Bénigne Bossuet)의 견해에 의하면, 초기 유대인의 방랑에서부터 기독교 세계에 이르기까지의 세계사 가운데 기독왕 루이 14세의 절대 왕정이야말로 절정을 이루는 것이었다. 헤겔(Georg Hegel)에 따르면, 프러시아 국가는 역사 변증법의 탁월한 소산이었다. 장제스(蔣介石)의 국민당은 스스로를 공공연하게 유교 전통주의와 동일시하면서 중국의 과거를 내세워 공산주의와 대결하였다. 루이 드 보날(Louis de Bonald)과 같은 1815년의 프랑스 왕정주의자들의 반동적인 철학에서나, 현대 무슬림 보수파들의 진영에서 과거의 '권위'에 호소하는 것 또한 자신들의 지배를 정당화시키려는 것이다.

프랑스의 경우 민중이 공유하고 있는 '프랑스의 영광스러운 과거'를 교묘하게 끌어다 이용했던 것은 드골(Charles De Gaulle)파의 정치 역량에 바탕을 두고 있다. 드골파의 역사적 수사법에 끊임없이 등장하는 영원, 연속, 전통, 유산과 같은 말들은 드골 장군의 권위와 명성을 강화하려는 목적에서였다. 그의 '프랑스'는 무한한 희생과 무조건의 복종을 요구하는 절대적이고도 전능한 이념이었다. 드골은 이른바 '프랑스의 확고한 이념'이라는 것을 몸에 지닌 인물, 또 그것을 계승한 인물로 여겨졌다. 드골 자신은 1946년 정부에서 물러날 때 다음과 같은 말을 한 바 있었다.

"장군은 역사적 정의에 의해 그가 구현했던, 그러나 정당 연합의 장군으로서는 대표할 수 없는 근본적이고 영원하며 필연적인 것을 그 자신과 함께 가져가 버렸습니다."

제1차 세계대전 휴전 기념일인 1968년 11월 11일, 그는 1968년 5월의 악령을 몰아내기라도 하려는 듯 다음과 같이 말했다.

"조국은 기억하고 있습니다. …… 한 세대 이전에 똑같은 정열이 이 나라 전체에서 일어났으며, 훗날에 우리로 하여금 마을과 도시에서 죽어 간 이들에 대한 기념비를 세우게 했습니다. 매년 11월 11일이면 사람들이 우리 참전 용사의 깃발 아래로 모여듭니다. 그것을 상징이라도 하듯이 에투알 개선문 아래서 불타고 있습니다. …… 과거에도 그러했던 것처럼, 미래에도 똑같은 정열이 영원한 프랑스의 정신에 영감을 불어넣어 줄 것입니다."

때때로 과거를 이용하는 것은 그렇게 직접적이거나 명시적이지는 않다. 역사가 지배 계급의 권력과 이익을 지키기 위해 요청될 때, 교과서나 영화, TV, 그림 등을 통한 이데올로기의 도움을 받는다. 예컨대 교과서에 나오는 루이 14세의 묘사는 결코 순수하지 않다. '위대한 인간'은 예나 지금이나 역사의 주인이다. 그의 좌절은 '실수'로 인한 것으로 이해되고, 그래서 어린이들은 교훈을 얻도록 교육받는다.

희생과 영웅주의와 영광의 산물들인 대외 전쟁과는 대조적으로, 내전(內戰)은 끊임없이 부정적인 시각에서 묘사된다. 즉 부르고뉴파에 대항하는 아르마냐크(Armagnacs), 종교전쟁들, 1871년의 파리코뮌* 등의 내전은 최대의 파국으로 묘사되는 것이다.

---

* **파리코뮌**(Commune de Paris) : 1871년 3월 28일부터 5월 28일 사이에 파리 시민과 노동자들의 봉기에 의해서 수립된 혁명적 자치 정부. 1870년 7월에 발발한 프로이센·프랑스 전쟁은 처음부터 프로이센 육군이 프랑스를 제압하였으며, 파리 시민들의 농성에도 불구하고 1871년 1월 28일 휴전조약이 체결되었다. 2월 12일 강화조약을 토의할 국민의회가 보르도에 설치되고, 임시 행정장관에 티에르가 임명되었다. 국민의회는 굴욕적인 강화조약을 비준했으나, 파리 시민은 오히려 항전의 뜻을 굽히지 않고 이 조약에 불만을 가졌다. 3월 18일 티에르 정부는 정규군에게 농성 중인 국민군(의용병)이 보유한

19세기에 에피날(Epinal) 마을에서 만들어진 생생한 총천연색 인쇄물들은 대개가 문맹이었던 프랑스 대중들에게 역사적 이데올로기를 선전하는 데 매우 효과적이었다. 그 책자들의 특징적인 주제는 군대와 통치자의 명성, 가정 윤리, 노동의 구원적 가치 등에 관한 것들이었다.

똑같은 관점에서 1970년대 초 프랑스 영화의 '복고'풍을 이야기할 수 있다. 그것은 퐁피두(Georges Pompidou) 일파가 정권을 잡으려 했을 때 의존했던 정치적 메커니즘을 정확하게 반영하고 있다. '즐거운 90년대', '미친 20년대'에 관한, 특히 비시 정부* 시대에 관한 영화들은 모두가 정치적 냉소주의, 개인주의 정신, 시사 문제의 고의적인 회피 등을 그 특징으로 가지고 있었다.

대포를 압수하라는 명령을 내렸다. 이를 계기로 시민과의 마찰이 생겼으나 곧 정규군과 국민군 사이에 화해가 성립되어 다음 날, 19일에 양자의 대표는 시청을 점거하고 '중앙위원회'를 결성하였다. 이에 티에르 정부는 베르사유로 도피하였다.

중앙위원회는 당일 포고문을 발표하여 코뮌(인민의회)의 선거가 실시될 것이며, 중앙위원회가 그때까지의 잠정적 기관임을 분명히 하였다. 26일 선거를 마치고, 28일 시청 앞 광장에 20만의 시민이 모여 코뮌 성립의 행사를 거행하였다. 29일 집행위원회 아래 군사·재정·식량·노동·교환·교육·외교·사법·보안의 9위원회가 성립되고, 시민 생활의 자주 관리 체계가 정비되었다. 90여 명의 코뮌의원의 성분은 자유 직업자, 중산 시민이 대부분이었고, 노동자는 20명이었으며, 블랑키스트·프루동파·자코뱅 당원 및 일부 사회주의자들도 있었다.

코뮌이 지상 최초의 노동자 정부를 수립하려고 분주한 틈에 정부군은 착착 진영을 정비하고, 5월 21일 맥마온 장군의 지휘하에 파리로 진격하였다. 그리하여 '피의 1주일'이라 불리는 7일간의 시가전 끝에 코뮌은 괴멸되고 3만의 시민이 죽었으며, 많은 사람이 처형 또는 유형을 당하였다.

* **비시 정부**(Vichy Government) : 제2차 세계대전 때 페탱 원수 치하의 프랑스 괴뢰 정권을 말한다. 연합군에게 인정을 받지 못하고 독일의 도구가 되었으나, 독일에게도 만족할 만큼 인정을 받지 못했으며, 독일이 항복한 뒤에 붕괴되었다.

때때로 국가 기구는 자신의 목적을 위해 좀 더 직접적으로 끼어들어서 과거를 의식화하거나 집단적 기억을 왜곡시킨다. 국경일이나 경건한 기념식 및 각종 기념일의 경우가 그렇다. 프랑스에서 제1차 세계대전이 끝난 1918년 11월 11일은 매우 정치적 성격이 강한 날이다. 참전 용사들을 중심으로 한 호전적 열기와 감상적인 선동의 분위기 속에서, 이날이 제1의 국경일로 지정된 것은 1919년이었다. 1970년 이란의 페르세폴리스(Persepolis) 축제는 국제적으로 '현대' 다국적 자본주의 세계에의 통합에 기여했고, 국내적으로는 이란의 절대 왕정을 강화함으로써 체제를 견고히 하는 데에도 일익을 담당했다.

1976년 미국 독립 200주년 기념행사는 많은 학술 세미나와 역사를 다룬 스펙터클 영화, 공식적인 연설과 상업 광고들, 그 시대를 다룬 호화 장정본의 기록물 출판, 획기적 사건들이 일어난 혁명의 현장 방문 등으로 점철되었다. 그런 활동의 목적은 그들의 '명백한 운명(Manifest destiny)'*이라는 오래된 관념, 즉 우리가 단합을 유지하고 지도자를 존경했던 동안은 항상 정의와 공정의 편에 서 왔다는 것을 다시 한 번 미국 국민들의 마음속에 심어 주는 것이었다. 반면에 미국 독립전쟁 시기에 나타났던 적대적 계급 갈등은 무시되어 버렸다. 이는 인디언들의 대량 학살

---

* **명백한 운명** : 19세기에 유행한 구호로서 미국이 영토 확장을 추진하는 것은 하나님이 미국인에게 부여한 과제라는 주장. 이 구호는 미국이 텍사스 주, 오리건 주 등을 병합하는 결정을 합리화하였으며, 그 이후에도 계속해서 미국의 대외 침략을 정당화시켜 주는 구호로 사용되었다.

이 자신들의 발전에 필수적이라고 보았던 '청년 민주주의(Young Democracy)'의 인종주의적 행위도 마찬가지다.

그 외에도 처칠(Winston Churchill)의 장례식, 쿠크 선장의 오스 트레일리아 도래 200주년, 일본의 보수파들이 벌인 1968년의 메이지 유신 100주년 등과 같은 모든 기념일과 기념식들은 어떤 공통된 양상을 띠고 있다. 즉 역사적 기념행사에 대한 정부 측의 대대적인 후원, 대중적인 축제들의 요란한 광경, 기존의 권력 구조를 견고하게 해 줄 과거 사건에 대한 상투적인 묘사, 사회적 갈등이나 민중 투쟁과 같은 사건의 비공식적 측면들에 대한 은폐 등을 볼 수 있다.

중앙 권력은 훨씬 더 직접적이고 적극적인 방식으로 과거를 이용한다. 그들의 정치적 행위와 결정, 선택들은 특히 경찰, 연구소, 행정기관 등이 수행하는 최근의 과거에 대한 조사 보고에 토대를 두고 있다. 국가 측이 '당대사(當代史, histoire immédiate)'*라는 판정을 내리면, 자료의 수집과 그에 대한 해석의 양 측면 모두 비밀로 다루어진다. 그에 대한 연구 조사들은 오로지 국가의 목적만을 위해서 수행되는데, 그것은 가끔 전쟁이나 혁명 혹은 어떤 스캔들로 말미암아 기록이 공개될 때에야 비로소 관련자들에게 폭로될 정도로 효율적이다. 과거와 현재 사이의 관계에 직접 근

----

* 프랑스에서는, 역사가는 '거리를 두고' 바라볼 수 있는 시대들만을 적절히 연구할 수 있다는 낡은 관념에 반대하는 '당대사(當代史)'에 대한, 즉 가까운 과거에 대한 각별한 관심이 직업적 역사가들 사이에서 높아져 가고 있다.

거한 그와 같은 실용적인 역사는 전문적 역사가들에 의한 여러 학술적 논의가 이루어지는 것에 비해 훨씬 더 많이 조작된다.

또한 국가의 권력 구조는 과거에 대한 지식을 그 출처가 되는 자료에서부터 감독한다. 역사가들이 그다지도 중요시하는 '일차 사료'의 대부분은 국가나 국가의 부속기관에서 나온 것인데, 특히 통계 자료의 경우가 그러하다.

역사가의 영역은 억압 장치에 의해 철저히 제한된다. …… 우리의 기억은 정부, 교회, 강력한 개인 기업 등의 아카이브를 이용하게 됨으로써, 거대한 기록 기계로서의 기능을 가진 권력 구조의 기억과 똑같은 것이 된다. 우리는 권력 구조가 기록한, 그리고 우리에게 접근을 허용한 정보로부터 추론할 수 있는 것 외에는 진실에 대해서 아무 것도 알지 못한다.*

'자료' 차원에서의 과거와 집단적 기억에 대한 국가의 통제 가운데에는, 때로 공개를 보류하는 경우도 있다. 아카이브는 어떤 사실들을 비밀이라 해서 공개를 금지하며, 심지어 지배층에게 불리한 자료를 없애 버리는 경우도 있다. 결과적으로 세계사의 모든 부문에는, 권력자들이 우리가 알아도 좋다고 허용한 것 외에 어떤 다른 사실도 존재하지 않는다.

* 역사적 이상(L'Idéal historique), Recherches, 14

중국의 농민 봉기들은 왕조 관료인 사관(史官)들의 저술을 통해 알려지며, 카르타고(Carthaginians) 사람들에 관해서는 로마인들의 기록을 통해, 알비파(Albigenses)*에 대해서는 왕실 또는 교회의 연대기 편자들의 기록을 통해 알려지고 있다. 때때로 진실은 왜곡되며 완전히 차단되기도 한다. 이러한 관변 논리의 극단적인 일례로 중국의 관리들이 민란이나 다른 정치적 견해를 가진 자들을 인간이 아니라는 의미로 '비(匪)'라고 했던 것을 들 수 있다. 즉 역사의 눈으로 보았을 때 존재하지 않았던 자들이라는 것이다.

은폐는 국가 조직이 과거를 통제할 때 가장 널리 사용하는 방법 가운데 하나다. 과거는 제거되어야 할 골칫거리이기 때문이다. 1975년 베트남에서 미국이 패퇴한 상황 속에서, 헨리 키신저(Henry Kissinger)는 미국인들에게 과거에 대한 논쟁을 벌이는 데 시간을 허비하지 말고 국민적 단합 정신으로 미래에 대처하라고 촉구했다. 그리고 그 당시 '야당'이었던 상원의 민주당 원내대표 마이크 맨스필드(Mike Mansfield)는, 지금은 최근의 역사를 놓고 서로에게 책임을 전가할 때가 아니라는 대통령의 의견에 동의한다고 말했다.

제국주의자들과의 식민지 전쟁은 이런 식의 환원주의(reductionism)적 조작에 의해 가장 많이 피해를 입은 영역이다. 예컨대

* **알비파**: 11세기에 출현한 중세 남프랑스의 종교적 분파. 그들은 극단적으로 금욕적이고 완벽하게 정숙해야 했으며, 모든 형태의 육류를 피했다. 그 분파의 가장 특이한 행위는 굶어서 자살하는 관습이다. 이 사회가 기본적으로 악이라면 그 종말을 빨리해야 한다는 것이다. 이들은 로마 교황청으로부터 이단자라는 명목으로 박해를 받았다.

프랑스에서 레지스탕스는 최근의 경험 가운데 낭만적이고 비정치적인 이야기 거리로만 취급될 뿐이며, 거기에는 일말의 계급 투쟁적 성격도 없었던 것으로 묘사되고 있다.

하지만 알제리 전쟁의 경우는 어떠한가? 이 주제는 현재 알제리에 대한 신식민주의 정책에 관여하고 있는 프랑스의 지배 계급과 정부의 입장에서 보면 금기 사항이다. 그들로서는 신식민지 정책의 기원을 분석하는 일이 당황스러울 수밖에 없는 것이다. 또한 이 주제는 프랑스 국민에게도 금기다. 어떤 한 민족 전체에게 가한 전쟁의 억압과 고문에 대해 그들 자신의 집단적 책임을 잊고 싶어 하기 때문이다. 또한 알제리 전쟁은 프랑스 노동운동의 주류들에게도 금기다. 그들에게는 그 전쟁이 제1차 세계대전과 마찬가지로 자신들의 국제 공산주의적 원칙들을 실천에 옮길 수 없다는 무능력을 드러낸 증거, 즉 '진실의 순간'이었다.

알제리 자체의 상황도 다를 바 없다. 최근 역사 연구를 위한 국립위원회가 민족해방전쟁에 관련된 모든 기록과 유물을 수집할 목적으로 설립되었다. 그 위원회의 위원장은 정보부장이었으며, 그들의 의도는 알제리 지배층의 입장에서 '불리'할 것 같은 모든 자료나 증언을 확실하게 없애 버리는 것이었다. 알제리 국민은 그 위원회에 협조해 달라는 호소에 적극적으로 호응했다. 결국 그들이 제보한 경험담과 기록은 다시는 들을 수 없게 되었다. 다시 한 번, 집단적 기억은 박탈되고 말았던 것이다.

권력 구조 측의 과거에 대한 '은폐'를 분석해 보면, 역사의 수사법이란 측면에서 드골주의와 현 대통령인 지스카르 데스탱의 비교가 가능하다. 여기서 우리는 프랑스 부르주아 계급의 두 가지 상반된 정치 전략을 적나라하게 볼 수 있다. 데스탱은 1945년의 나치에 대한 연합군의 승전 기념일이며, 드골주의 신화의 정점인 5월 8일의 기념행사를 폐지하면서 다음과 같이 선언했다.

"그 전쟁은 유럽에 있어서 골육상잔의 비극이었습니다. 그러한 일이 되풀이되어서는 안 된다는 것이 우리 두 민족의 공통된 열망입니다. …… 이러한 확신을 표명하기 위해 본인은 이날을 더 이상 기념하지 않기로 결정했습니다. 지금은 미래를 바라볼 때인 것입니다."

이렇게 해서 지스카르 데스탱 치하에서 지배 계급은 미국형의 초(超)자본주의(supercapitalism)에 의해서 이미 체계화된 '근대주의(modernism)' 이데올로기를 받아들였던 것이다. 프랑스 부르주아 계급이 '프랑스여 영원하라'가 모토였던 드골 치하에서는 비위에 안 맞는다고 생각했던, 퐁피두와 그를 중심으로 한 지배 집단에 의해서는 마지 못해서 받아들여졌던 바로 그 이데올로기 말이다. 요컨대 그들은 '근대주의를 찬양하자'고 말하면서도 '그러나 동시에 국토와 민족의 전통을 존중하자'고 했던 것이다. 그러나 지스카르 데스탱에 의해서 결정적인 조치가 이루어졌다. 미국 자본주의 이데올로기와 나란히 미국의 정치의식은 지나치게 단순화시켜 '몰역사적'이라고 규정되었으며, 유사한 방식으로 지스카르 데스탱과 그의 정부는 프랑스를 '역사적 무중력 상태'에 놓이게 하려는 노력을 기울였다.

그들은 '현재를 살아라'라고 말한다. '과거는 관심 없다'는 것이다. 이런 식으로 현재에 대한 철저한 비판을, 그리고 질적으로 다른 미래에 대한 정의를 가능케 하는 역사적 기준점들이 시야에서 사라져 버렸다. 자본주의는 자신만이 가능한 미래인 것으로 생각한다. 물론 과거는 공식적인 수사법 속에서나 사회 환경에서 결코 사라지지 않았다. 그러나 그것은 더 이상 드골이 그렇게도 힘주어 외쳐댔던 영광스러운 조국은 아니다. 이제 과거는 분해되어서 무해한 조직을 이루는 서로 괴리된 요소들로 떨어지고 만다. 하지만 어느 순간, 정부 측의 필요가 있을 때는 당연히 조작될 수 있다. 예를 들어 잔 다르크 기념일의 대통령 연설, 파리 근교의 대규모 콘크리트 주택 건설 계획을 정당화시키기 위해 '옛 프랑스'라는 상징을 이용하는 것, 혹은 대통령의 가계(家系)가 18세기 왕조와 연결된다고 추정하는 것 등이 바로 그러한 경우이다.

과거에 대한 은폐는 지배 집단이 즐겨 사용하는 방법이다. 그러나 그것은 서구 지배 계급들의 전유물만은 아니다. 소련과 중국은 트로츠키(Trotsky)나 린뱌오(林彪)와* 같은 논의의 여지가 있는 인물들에 대해서, 혹은 자신들을 난처한 입장에 빠뜨릴 소지가 있

---

* **린뱌오** : 중국의 공산주의 혁명가, 군인, 정치가. 마오쩌둥과 함께 문화대혁명을 주도하였으며, 마오쩌둥의 후계자로 지명되었으나 반란을 계획하던 중 음모가 발각되어 비행기로 탈출하던 중 몽골 지역에 추락하여 사망했다.

는 사건들에 대해서 공식적으로 침묵하는 경우가 허다하다. 과거란 이데올로기 여부에 관계없이, 자기 권력을 국가 조직 내에서 유지하는 것이 관심사인 사람들에게는 하나의 골칫거리이다.

그러나 과거를 폐기하려는 모든 시도가 똑같이 비난을 받아야 하는 것인가? 과거를 두려워하는 자는 누구인가? 가장 우선적으로 다루어야 할 점은 무엇이며, 그 기준은 무엇인가? 진정한 투쟁 또는 현실적인 정치적 우선 과제라는 관점에서 과거를 선택적으로 명료화시키는 것, 그리고 다른 한편에 있어서 국가를 위해서라는 이유로 역사를 은폐하고 왜곡시키는 것 사이를 어떤 기준으로 구분할 수 있겠는가? 모든 정치적 선택은 오류의 위험을 내포할 수밖에 없는 것이다.

베트남의 혁명가들이 최근에 있었던 모든 분열을 잊고 1975년 4월 베트남 통일 이후의 국가 재건에 노력을 집중시켜 달라고 국민들에게 요구한다고 해서, 그들을 비난할 수는 없을 것이다. 그들의 경우 과거, 즉 통일되던 날까지의 혁명 투쟁과 미국의 허수아비 정권에 대한 민중의 태도가 현재의 우선 과제인 '재건'이라는 공통 과제에 방해가 될 것은 당연하다. 하지만 어떤 경우에, 그런 논리가 정말로 민중의 열망과 이해관계에 근거하고 있다고 할 수 있는가? 반대로 어떤 경우에, 그것이 단지 조작된 수사법에 불과하다고 할 수 있는가?

권력 구조에 의한 과거의 통제는 모든 계급 사회에 공통된 현상이다. 그러나 그것은 각각의 지배적인 생산 양식에 상응하는 특수한 수법에 의해서 이루어진다. 예컨대 아시아 여러 사회에서의 역사는 국가적인 문제였으며, 각 왕조에 존재적 당위성을 부여해 주는 기본적 역할을 하고 있었다. 서유럽의 봉건 체제 하에서 역사란, 중세 기독교가 널리 주장하던 도덕적이고 종교적인 수사법의 연장이었다. 역사는 기독교 윤리, 신의 전능함에 대한 신앙, 군주제와 영주의 권위를 합리화해 주는 수단이었던 것이다.

사회 구조가 명백히 다른 소련의 경우, 권력 구조에 의한 과거의 통제가 비교적 색다르게 나타난다. 스탈린 시대에 처음 형성된 '사회 발전 5단계론'은 세계사에 대한 하나의 일반 유형으로서 원시 공산제, 노예제, 봉건제, 자본주의, 사회주의로의 발전을 제시하였다. 소비에트 관료제의 권력 구조는 인류 역사의 정점으로서, 한 번 확립된 사회주의 정권의 정당성은 영원한 것으로 여겨지게 된다.

역사를 이용하려는 시도는 새로 집권한 세력의 자기 방어 수단 가운데 하나이다. 상황이 훨씬 복잡한 중국에서는 '두 노선 사이의 투쟁'이 공개적으로 논의되고 있는데, 다수의 민중이 직접 체험한 민초(民草)들의 역사의식과 권위주의적이며 교조적인 접근 방법을 가진 역사가 서로 대립하고 있다. 즉 한편으로는 민중의 집단적 기억에 호소하기도 하지만, 다른 한편으로는 위기가 발생했을 경우 류사오치(劉少奇)*의 경력 전체가 철저하게 왜곡

* **류사오치** : 중국의 공산주의 혁명가. 국가 주석(2대), 중국공산당 중앙위원회 부주석·중앙정치국 상무위원, 중국 전국인민대표대회 상무위원회 위원장 등을 역임했다.

되기도 한다. 그리고 린뱌오 문제와 같이 공식적인 논평이 전혀 없이 외국에서만 때늦고 단편적인 설명에 접할 수 있었던 경우도 있다.

자유 자본주의(Liberal capitalism) 기간 동안에는 지배적인 생산 양식의 요구와 역사 지식의 정치적 기능 사이에 특별한 관계가 있었다. 그러나 이러한 관계가 직접적이거나 자동적인 것은 아니다. 그것은 위에 언급된 여러 예에서와 같이 국가의 공공연한 간섭, 그리고 널리 퍼져 있는 이데올로기의 압력 등을 받고 있는 것이다. 역사가들은 자신들이 '표현의 자유'를 누리고 있다고 확신하지만, 그들의 전문적인 연구에서는 자본주의 사회의 특징들이 전반적으로 나타나고 있다.

보수적인 역사가들은 '객관성'이라는 미명하에, 제도권이나 정치 기구에 대해 과거의 권위를 부여함으로써 그 세력을 강화해 주고 있다는 사실을 모르는 척한다. 그 명백한 사례 중 하나가 로마 가톨릭 교회의 역사인데, 그 역사는 안정, 정통성, 점진주의 등과 같은 가치를 가르치는 이데올로기 체계인 것이다. 그 때문에 좌파 기독교도들은 과거에 있었던 가톨릭의 위기, 불확실성, 교파 분열, 배교(背敎), 갈등 등의 실재를 강조함으로써 이에 반발한다.

뒤르켐(Émile Durkheim), 마루(Henri-Irénée Marrou), 프로스트(Antoine Prost) 같은 역사가들이 저술한 프랑스 교육제도 발달사에도 같은 논리를 적용할 수 있다. 그들은 학교가 처음 설립된 것으로 전해지는 샤를마뉴(Charlemagne) 시대에서 제3공화국의 초등

의무교육에 이르기까지, 교육제도가 끊임없이 진보해 온 것으로 묘사한다. 예수회(Jesuits)에서 설립한 대학과 나폴레옹 시대의 고등학교를 교육제도 역사상 획기적인 사건으로 다루면서 말이다.

이러한 이데올로기적인 수사법은 형식에 있어서만 역사적일 뿐이다. 그 수사법의 목적은 지식에 대한 순종적인 존경과 각자의 경쟁, 사회적 불평등을 '능력'과 '소질'의 차이라는 이름으로 합리화하려는 자본주의적 태도의 관점에 서 있다. 이를 통해 현 교육제도의 한계와 이데올로기상의 제약을 절대적이고 역사적인 근거를 가진 것으로서 받아들이게끔 꾸며 내려는 것이다.

사학사(史學史), 즉 역사학의 역사가 갖는 참된 기능은 역사 지식과 지배적인 생산 양식 사이의 독특한 관계를 밝혀내고 서술하는 것이어야 한다. 그러나 이런 일에 관심을 갖는 전문적 역사가들은 거의 없다. 대부분은 오로지 서술적인 관점에서 오랜 시일에 걸친 사실의 축적, 비판 방법의 치밀성이라는 측면에 초점을 맞추고 역사 지식의 발전을 단순히 따라갈 뿐이다. 역사학이 일종의 폐쇄 회로 내에서 이루어지는 자율적인 지적 활동으로 여겨지는 것이다.

역사를 직업적인 관점으로 접근하는 역사가들의 동료의식은 과거의 투키디데스(Thucydides)와 이븐 할둔(Ibn Khaldun), 프루아사르(Jean Froissart)와 기번(Edward Gibbon) 같은 '동료들'을 기꺼이 받아들인다. 그들은 역사가들이 지금까지 이룩한 '진보'를 확인하기 위해서 즐겨 언급하는 '개척자들'이다. 언제나 그렇듯이 각 사회의 특수한 관계를 통해 작용하고 있는 지배 계급은 과거에 대한 연구를 직업적인 역사가 혹은 성직자와 수도사, 관료, 아키비스트(Archivist : 기록물 보존을 담당하는 전문가), 퇴임한 정치가, 할 일 없는 부자, 교사와 같은 반(半)직업적 역사가들에게 위탁했다.

이러한 엘리트주의는 변함없이 계속되고 있다. '어디에도 매이지 않은' 투쟁적인 역사가들은 매우 드물다. 그러한 인물을 든다면 1796년 바뵈프(François-Noël Babeuf)* 음모의 생존자이며, 뒤에 바뵈프의 전기를 썼던 부오나로티(Philippe Buonarotti), 파리 꼬뮌의 생존자이며 역사가인 리사가레(Prosper-Olivier Lissagaray)를 들 수 있겠다. 그런 경우를 제외하고 역사적 지식은 지배 계급과 결탁하여 그들의 가치관을 받아들이고, 그들과 마찬가지의 안락한 생활을 즐기고 있는 소수의 독점물이 되어 왔다. 이것은 고대 이집트의 학자, 소련 학술원 회원, 그리고 서구 대학의 '좌파 자유주의' 역사가들 모두에게 적용될 수 있을 것이다.

그러나 대다수 민중에게 있어서 과거는 그들의 투쟁과 직접적으로 연관되는 사회적 실존의 대극(對極, opposite pole), 즉 정반대의 위치에 서 있을 때에만 의미를 갖는다.

---

* **F. 바뵈프**(1760~1797) : 프랑스의 정치 혁명가이자 작가로서 프랑스 혁명 기간에 활약했다. 그는 사회의 여러 문제를 해결하기 위해 정치제도로서의 사회주의를 옹호했던 인물 중의 한 사람이다.

3장

●

역사와 사회적 실천

- 민중 투쟁의 입장에서

과거를 거부할 것인가, 활용할 것인가? / 퀘벡인, 원주민, 옥시탕인 / 국가 운동과 사회 갈등이 과거에 어떻게 뿌리박고 있나 : 부르주아 계급과 민중 / 신화적 과거의 함정 : 과학적 엄밀성과 정치적 비타협 / 시간의 파괴자 '영년'

현재의 억압적 지배 질서를 타도하는 투쟁에서 과거와 그 억압의 증거물들을 거부하는 현상은 당연하다. "과거를 청산하라!" 프랑스 혁명 기간 동안 많은 동상들이 파괴되었고 무기고들이 습격당했으며, 신분을 나타내는 기록들과 봉건적인 증서들이 불태워졌다. 중국의 문화대혁명 구호는 관념, 관습, 문화, 습관 등 '네 가지 낡은 것들'을 청산하자는 것이었다.

그러나 과거를 거부한다고 해서 과거에 의지하지 않고 전적으로 배제하자는 것은 아니다. 권력 구조의 이해관계에 따라 과거를 삭제하거나 왜곡하고 각색하는 정부에 반대하는 민중은 그들 자신의 염원에 보다 더 부합하고, 자신들의 역사를 진정으로 반영하는 새로운 형태의 과거를 만들려고 한다.

이런 경향은 19세기 동안 중부 유럽에서 일어난 민족해방 운동에서 확연히 드러났다. 헝가리, 보헤미아, 세르비아, 루마니아의 민족주의자들은 옛 문헌을 간행했고, 그들의 민족사에 관한 책을 써 냈으며, 동화 및 중세의 예술작품을 수집했다. 이렇게 자신들의 과거 속에서 발견된 가치들은 모두 터키나 오스트리아의 지배를 대상으로 한 투쟁에 도움을 주었다.

왜곡된 자신들의 과거를 바로잡고 역사를 민족적 동질성을 확인하는 데 이용하려는 이러한 경향은 오늘날 제3세계의 해방 운동에서도 강하게 나타난다. 가나(Ghana), 말리(Mali) 등 새로운 국가들의 나라 이름들은, 식민지 수탈 시기에 '황금 해안'이나 '프랑스령 수단'으로 불림으로써 완전히 잊혔던 흑인 중세 시대의 전통을 부활시키려는 의도에서 붙여진 이름들이다. 우루과이의 혁명 집단 투파마로스(Tupamaros)*는 16세기에 스페인에 저항했던 잉카 제국의 마지막 왕자 이름 '투파-아마루(Tupa-Amaru)'를 가져와서 대중화시켰다.

이처럼 오늘날의 투쟁들은 과거에 근거를 두고 있다. 베트남과 팔레스타인 혁명가들의 접근 방법도 동일하다. 예를 들면, 군사 조직이나 돌격대들은 그들의 민족사에 존재했던 유명한 투사

---

* **투파마로스** : 우루과이에서 조직된 도시 게릴라 무장 단체. 극좌파 단체로서 1960년대 초, 주로 몬테비데오를 중심으로 활발하게 활동했다. 초기에는 음식과 돈을 훔쳐 가난한 이들에게 나누어 주고 그들을 돕는 일을 하였으나 1960년대 후반부터는 폭탄 투척, 은행 강도, 납치, 살인 등을 시도하였다. 정부의 무력 진압에 의해 대부분의 지도자들이 체포됨으로써 1973년에 이르러 거의 소멸되었다.

나 전투의 이름을 활용하고 있다. 즉 13세기에 몽골의 침략을 막아냈던 '트란 홍 다오(Tran Hung Dao)'나 17세기 비잔티움 제국을 누르고 아랍에게 위대한 승리를 안겨 주었던 야먹(Yarmuk) 전투 등이 그것이다.

그런데 과거의 회복과 재탈환은 이따금씩 가치와 상징을 역전시키는 형태를 취하므로 비웃음의 대상이 되는 경우도 있다. 1970년대에 샌프란시스코 만에 있는 알카트라즈(Alcatraz) 섬의 텅 빈 감옥을 점령한 인디언 전사들은, 백인들이 17세기에 뉴욕의 맨해튼 섬을 차지할 때 인디언에게 지불했던 24달러와 똑같은 가격에 이 섬을 매입하겠다고 제의한 적도 있다.

역사적인 유적의 보존은 민중의 요구 가운데 하나이며, 자신의 과거에 대한 권리 주장은 현실에 있어서의 생존권 요구의 한 측면이기도 하다. 체로키 인디언들은 자기 방식대로 이렇게 설명한다.

체로키 인디언들이 2, 3천 년 전에 테네시로 이동했을 때, 그들은 테네시 강 유역을 따라 정착했다. 그들은 수많은 가옥을 짓고 마을을 이루었다. 체로키 사회의 대부분이 거기에서 유래했다.……오늘날 체로키의 옛 집 터는 거의 남아 있지 않다. 그것들은 모두 홍수에 떠내려갔거나 파괴되었다. 유일하게 체로키의 역사를 전해줄, 현재 남아 있는 지역은 테네시 강 유역뿐이다. 이제 그곳마저도 역시 수몰될 위기에 처해 있다. 정부가 댐을 건설할 계획을 세우고 있기 때문이다.……

테네시 주 동부 전체에는 호수가 곳곳에 있기 때문에, 구태여 한 종족의 역사를 수몰시킬 필요성은 별로 없다. 체로키족은 그들의 땅에서 쫓겨나야 했고 소떼처럼 무리지어 생소한 땅으로 강제 이주해야 했으며, 그들의 종족적 동질성을 지워야만 했다. 이제 정부는 체로키의 유산을 박멸하려 하고 있다. 이제 체로키인들은 먼 훗날 자손들을 데리고 와서 '이곳은 우리의 위대한 마을이 있던 곳이었다. 이곳은 우리 문화가 시작됐던 곳이다. 이곳은 우리의 언어를 창안했던 곳이다. 이곳은 우리 종족의 발상지이다.'라고 말할 수 있는 한 치의 땅을 소유할 권리마저 빼앗기게 된 것이다. 백인은 우리에게서 이 지역을 빼앗고 있다. 이곳은 백인이 한 종족에 대해 철저한 인종 말살을 자행하고 있는 지역인 것이다.*

그들 자신의 과거에 대한 확인은 오스트레일리아의 아보리진 (Aborigines)들에게서도 볼 수 있다. 그들의 행동 역시, 백인의 지배 및 자기 종족을 말살하려는 시도에 대한 항거의 한 행위라고 할 수 있다. 그들은 자신들을 무시하는 백인들이 쓴 역사책을 비난하면서 다음과 같이 지적하고 있다.

우리 선조들은 태고 이래로 수만 년 동안 이 땅을 차지하고 있었다. 우리의 전통적인 비농업적 생활 방식은 결코 '원시적'인 것이 아

---

*   Liberation News Service, 1972. 11. 1

니었다. 그들은 사냥과 낚시를 조절하였고, 출산 및 건강관리 등의 매우 정교한 생태학적이며 인구통계학적인 균형 유지를 기초로 살아갔기 때문이다. 백인의 침입은 오늘날 우리들을 황폐화시키는 질병을 가져왔고, 또 개종을 구실로 특별 주거 구역에 몰아넣었다.

이같이 자신들의 먼 과거에 대한 재확인은 정치적 각성을 수반한다. 1970년에 '오스트레일리아 200주년'이라는 모욕적인 구호 아래 쿠크 선장의 도착을 기념하는 행사에 참석했던 영국 여왕의 행렬은 백인들에 의해 사라진 부족들의 이름이 새겨진 조기(弔旗)를 든 시위자들에 의해 공격을 받았다. 캔버라에 있는 국회의사당 앞의 천막에서는 '원주민 대사관(大使館)'의 낙성식이 거행되었다.

캐나다의 퀘벡(Quebec)에서도 관제(官制) 역사를 개정하려는 시도가 민중 투쟁을 출발시키는 하나의 기점으로 제기되고 있다.

우리의 엘리트들은 우리의 과거에 대해서 많은 이야기를 들려주었다. 하지만 우리들의 과거가 역사 속에 자리 잡게 하지 않았다. 그들이 우리의 과거에 대해서 말해 준 이야기들은 우리 퀘벡의 민중을 역사의 본류(本流) 밖으로 몰아내기 위해 꾸며낸 것이다.

1837~1938년에 일어났던 반란이 실패한 후 영국 식민주의자들에게 굴종한 엘리트들은 다른 식민지의 엘리트들과 다를 바가 없었다. 그들은 식민주의자로부터 퀘벡을 되찾기 위해 싸우기는커

넝, 현실의 상황을 회피하기 위해 우리의 '유서 깊은' 과거에 전념하였다. 그들은 '사뮈엘 드 샹플랭(Samuel de Champlain), 마들렌 드 베르셰르(Madeleine de Verchères), 여덟 명의 성스러운 순교자'의 공적을 찬양했다.

여러 세대 동안 캐나다인들은 스스로를, 세계를 복음화하고 가톨릭이라는 종교를 전 아메리카 대륙에 전파하기 위해 선택된 사람으로서 묘사하는 사이비 민족주의를 주입받아 왔다.……

우리 퀘벡의 민중은 식민주의에 의해 종속되었다. 우리는 감옥에 갇힌 사람들이다. 우리의 상황을 변화시키기 위해 우리는 먼저 우리 자신의 처지를 알고 있어야 한다. 그러기 위해서 우리는 그렇게 되어야 했던 역사적 요인을 분석해야 한다.

이 조그만 교재는 우리 것을 되찾기 위한 하나의 행위로서 시도된 것이다. 우리 역사를 되찾는 것은 우리 자신을 되찾기 위한 첫걸음이요, 미래를 우리 것으로 만들기 위한 필수 조건이다.*

마찬가지로 옥시탕 투사들이 관제 역사, 즉 중앙집권화된 프랑스의 역사를 거부하는 것은 자신의 과거를 재검토함으로써 자신들의 동질성을 더 효과적으로 확인해 보려는 것이다. 1972년 6월의 몽스귀르 의회에서 젊은 옥시탕인들은 다음과 같이 선언했다.

---

* Léandre Bergeron, 『퀘벡의 역사에 대한 작은 안내서(Petit Manuel d'histoire du Québec)』 서문, Montreal, 1972

우리는 루이 14세와 나폴레옹에 의해 수행된 중앙집권화 과정의 역사인 프랑스사를 배운다. 그러나 우리가 원하는 것은 프랑스를 이루고 있는 민중의 역사를 재발견하는 것이다. 지배층들은 우리에게서 음유시인의 시, 중세 도시의 행정 체계, 루이 14세에 대항해 싸웠던 카미자르(Camisard) 농부의 이야기, 랑그도크 포도주업자들의 봉기와 같은 역사를 감추어 버렸다.……우리의 과거는 빼앗겨 버렸고, 오늘날 우리는 침입자들이 왜곡한 역사를 거꾸로 주입당하고 있다.*

파리 중앙집권제에 대항하는 브르타뉴, 옥시탕, 알자스, 코르시카 사람들의 정치적 요구가 강화됨에 따라서 그들 고유의 유산인 민초적(grass-roots) 배경이 강조되었다. 이는 프로방스 지방의 방언을 여전히 사용하는 중세 스타일의 켈트족 음유시인들이 지녔던 몰정치적 보수주의와의 완전한 결별을 의미한다. 1975년 단한 해 동안, 다음과 같은 문화적 사건들이 프랑스에서 나타났다.

즉 알자스 문화전선(Alsatian Cultural Front)은 1525년의 농민전쟁을 찬양했고, 옥시탕의 연극 단체인 '라 카리에라(La Carriera)'는 19세기에 일어난 세베놀(Cevenol) 광부들의 파업에 관한 연극을 공연했다. 툴롱(Toulon)의 옥시탕 극단은 1851년에 있었던 나폴레옹 3세의 쿠데타를 반대하는 프랑스령 알프스에서의 무장 투

---

* Le Monde 1972. 6. 26

쟁에 관한 연극을 남부 프랑스 전역을 돌며 순회공연을 했다.

그리고 브르타뉴 사람들은 1675년의 '붉은 모자(Red Bonnet)'*
들의 봉기 300주년을 경축했다. 그 사건의 명칭은 문화적인 재탈
환을 나타낸다. 왜냐하면 프랑스 교과서에서는 한결같이 경찰의
관점에서 그것을 '인지세 폭동'이라 기술하고 있기 때문이다. 오
늘날 프랑스의 중앙집권적 자본주의에 대항하는 투쟁은, 이러한
지난 세기 동안의 민중 투쟁에 뿌리를 두고 있다. 왜냐하면 사회
적 투쟁들은 과거에서 자양분을 공급받기 때문이다.

노동운동에 대한 기억은 총파업에 대한 회고로 거의 채워진
다. 1936년의 총파업처럼 전국적 규모로 일어나기도 하고, 어떤
때는 단순히 지방적 관심에 불과할 뿐 다른 곳에서는 아예 잊힌
사례도 있었다. 1935년에 프랑스 남부의 밀로(Millau)에서 일어
난 가죽 노동자들의 총파업은 프랑스 노동 계급의 집단적인 경
험으로 남아 있다. 로제 바양(Roger Vailland)의 소설「미남(Beau
Masque)」에서는, 노동자들의 기억을 상기시키는 원동력으로 상
징되고 있는 '퀴브로(Cuvrot)'라는 노동자가 등장한다. 그는 쥐라
(Juras) 남부 부기(Bugey) 계곡의 방적 공장에서 일어난 1925년 총
파업의 참가자이며, 또 마샬 플랜의 생산 촉진과 그것이 미치는
영향에 반대하여 일어난 1951년 총파업의 조직자이기도 했다.

중국에서는 민중의 기억에 대한 접근이 체계적으로 이루어지

---

* **붉은 모자** : 1791년 급진 혁명가들이 쓰던 붉은 모자. 혁명가를 지칭하는 말로 쓰임.

고 있다. 압박에 대항한 농민 투쟁의 전통을 회상하는 민요들과 일화들이 세심하게 수집된다. 내가 1974년에 평범한 여행자로서 중국을 방문하는 기간 중에 봉건 지배, 자본주의적 공장들, 일본의 점령, 국민당의 독재에 대한 기억을 되풀이하는 노인들을 자주 만날 수 있었다. 중국에서는 세대 간의 의사소통을 위한 정책이 지속되고 있다. 억압과 투쟁에 대한 기억은 민중의 정치적 능력, 즉 문화혁명 시기의 대약진 운동에서 보여준 바와 같이 그들 자신의 문제를 스스로 통제할 수 있는 능력을 제고시켰다.

미국에 있어서도 과거는 악전고투하는 정치적 투쟁들의 지주(支柱)가 되고 있다. 미국의 윌리엄스(W. A. Williams), 콜코(Gabrial Kolko), 호로비츠(David Horowitz), 골드버그(Harvey Goldberg)와 같은 '수정주의(Revisionist)' 역사가들은 미국 역사의 전통적인 해석, 즉 서부 개척자들의 평등 생활에 대한 찬양, 합의(consensus)의 개념, '명백한 운명'에 대한 찬양, 이른바 국제 사회에 공헌하는 미국의 사명 등에 대해 변화를 시도한다. 또한 '수정주의자'들은 미국의 제국주의와 인종차별주의의 현실, 외형적인 민주주의의 허상을 지적한다. 그들은 자유방임주의와 팽창주의라는 자본주의적 이데올로기를 위해 봉사한다고 생각하는 '몰역사적'인 미국인들의 정신세계에 깃든 신화를 파괴한다.

미국의 신화에 대항하여 싸우는 이들은 대학 내의 반체제 역사가들만이 아니다. 미국의 압박을 받는 소수 민족들이 수행하는 역할은 더욱더 강력하다. 인디언들은 미국의 역사가 백인의 도래와 더불어 시작되지 않았다는 사실을 지적하고 있다. 흑인들은 미국의 역사가 백인들에 의해서만 이루어졌다는 전통적인 역사관을 반박하기 위해서 대학들에 아프리카 학과의 신설을 요구하고 있다. 멕시코인과 미국인의 혼혈인 치카노스(Chicanos)와 푸에르토리코인들은 앵글로·색슨 문화가 아니라, 자신들이 스페인적인 문화의 배경을 가지고 있음을 주장한다. 루이지애나 주 남부의 케이준(Cajun)들은 프랑스어를 고수한다. 1977년 7월 해외판 「헤럴드 트리뷴(Herald Tribune)」은 케이준 말을 가르치기 위한 첫 교과서가 출판되었다고 보도했다.

영국의 낭만주의자들이 동시대 사람들에게 일깨워 주었듯이, 과거에 대한 지식은 향수와 분노를 일으키게 한다. 프랑스의 대표적인 계몽사상가 디드로(Diderot)가 볼테르(Voltaire)에게 보내는 편지 속에서도 같은 논점이 언급되어 있다. 「다른 역사가들은 우리의 지식을 위해 사실들을 열거한다. 그러나 당신은 우리 가슴 속에 거짓, 무지, 위선, 미신, 폭정 등에 대한 강한 분노를 일으키기 위해 사실들을 열거한다. 그 분노는 그 사실들에 대한 기억이 사라진 이후에도 여전히 살아 있다.」

한편, 부자와 권력자들에게 대항하는 민중 투쟁에 보다 더 강력한 기초를 마련하기 위해 과거를 이상화하는 사례도 많다. 그리고 이것은 더욱 복잡한 문제이기도 하다. 17세기의 급진파였던 수평파(水平派, Levellers)는 영국 부르주아 왕조에 대항하는 그들의 투쟁에 있어서, 순진하게 노르만 정복 이전의 원시 색슨족의 민주주의를 이상적인 것으로 끄집어냈다. 19세기 중국의 태평천국(太平天國)은 중국의 봉건제와 만주족의 지배에 대한 투쟁에서, 그들이 평등한 농경 사회로 상정했던 주(周) 왕조에 대한 이상화된 인식을 바탕으로 삼았다.

프랑스 혁명기에는 로마 공화정으로부터 따 온 이미지와 상징들이 과거를 이상화하는 역할을 했다. 로마적인 또는 사이비 로마적인 의상들이나 '그라쿠스' 바뵈프와 같은 이름들, 정치적 어휘나 다비드(David)의 역사화(歷史畵)들이 그 사례들이다. 부르주아지와 그들의 동맹자들은 이러한 연극 같은 로마 문명의 복고가 그들이 파괴하려는 기독교 및 구체제(ancien régime)의 귀족적인 문화와 대항하는 데 있어 유용하게 쓸 수 있는 무기라는 걸 발견한 것이다.

그들에게 있어서 중요한 것은 정치적 충격을 주는 것이지, 역사적 정확성이 아니었다. 그들은 새로운 사회가 정통성을 지녔으며, 그들이 보편성을 요구하는 새로운 질서 확립의 책임을 떠맡을 수 있는 자격이 있음을 보이려고 했다. 왜냐하면 로마 공화정은 프랑스의 봉건 군주제보다 더 오래되었고, 더 존경할 만한 선례로서의 가치가 있었기 때문이다.

지배 계급의 사회적 실천에 있어서 역사가 갖는 기능은 비교적 규정하기 쉬웠다. 그러나 민중 투쟁이 확립해 온 과거와의 능동적인 관계는 훨씬 복잡하다. 앞에서 든 예들, 즉 퀘벡인들, 미국의 인디언들, 옥시탕과 오스트레일리아의 원주민들, 19세기의 민족해방 투쟁과 자본가에 대항한 프랑스 노동자들의 투쟁이 함께 나열된 것도 그 때문이다. 이론적인 설명이 필요하지만, 그것은 이 책의 한계를 넘어서는 문제가 될 것이다. 많은 의문이 제기되는데, 그에 대한 설명은 곧 그 투쟁들에 참여했던 사람들을 위한 것이다.

과연 과거는 '중요' 투쟁을 위해서라기보다는 주변적인 소수의 투쟁을 위해서 더 중요한 것일까? 태평천국의 난이 일어났던 청나라의 농민이나 자유 지상주의를 주장했던 영국의 수평파 직공들에게만큼이나 노동자들에게도 과거는 의미가 있는 것인가? 과거에 호소하는 것이 19세기 유럽 민족운동의 경우처럼, 부르주아지가 대중을 그들 편으로 끌어들이는 것을 도와줄 때는 언제이며, 반대로 진정으로 민중적 접근을 도와 줄 때는 언제인가? 민중 사이에 널리 퍼져 있는 역사적 신화는 부르주아지들이 대중용으로 고안해 낸 역사적 신화와 어떻게 구별될 수 있는가?

이러한 것들은 실제로 일어났던 수준에서 제기되어야 할 문제들이다. 즉 학문적인 문제가 아니라 정치적 효용성에 대한 문제이다. 허구적인 역사관에 의해 용이하지만 무너지기 쉬운 성공을 달성했을 때, 비록 오류나 정치적 함정을 숨기고 있기 때문이아니라 해도 왜 문제시할 필요가 있는가?

유토피아를 꿈꾸는 수평파들이 17세기의 착취 계급에 제대로 대응하지 못한 것은, 그들이 옛 색슨족이 영국을 지배했던 시대에 누적된 계급적 대립을 과소평가했기 때문이다.

프랑스 혁명의 민주 세력이 혁명 운동을 오로지 자신들의 목적을 위해 봉건 군주제에 대항하도록 유도하려고 했던 신흥 부르주아지에 효과적으로 대처하지 못한 이유는, 그들이 로마 공화정의 이상화된 이미지를 비판 없이 받아들였기 때문이었다. 또한 옥시탕의 투사들이 지역의 노동 계급보다는 파리 정부와의 관계 개선을 더욱 절실히 원했던 특권 계급으로부터 운동의 주도권을 빼앗지 못한 이유는, 그들이 북프랑스에 점령되기 이전의 옥시탕을 지나치게 이상적으로 생각했기 때문이다. 그러한 함정과 모호함을 인식하고 있는 옥시탕의 좌파는, 툴루즈 백작 레몽(Raymond) 7세가 하나의 상징으로 보존되기보다는 오히려 '영원히 묻어 버려야 한다'고 주장한다. 그러한 주장은 '영원한, 불변의 프랑스'라는 중앙집권주의자들이 가지고 있는 신화를 비난하는 것에 그치지 않는다.

지역 사람들의 귀를 즐겁게 해주는 옥시탕의 황금시대에 대한 신화 역시 위험하다. 이 역시 민족주의적이기 때문이다. 그러한 신화는 알비(Albigensian) 십자군의 노래와 함께 시작되었고, 최근에 미스트랄 회사(Mistral and Company)와 함께 다시 나타났다.

13세기 옥시탕의 신화는 이중의 역할을 한다. 한편으로 1213년 뮤헤(Muret)에서 파리의 왕에게 패배한 귀족들과 절대로 화해하지 않았던 옥시탕의 민중을 위로한다. 그들 시대에 진정한 옥시타니아를 수립할 수 없었던 옥시탕인들은 아편을 한 것처럼 몽롱한 상태로 빠져들었다. 그러면서 한편으로는 관용, 평등, 그리고 문화적으로 세련된 부르주아 민주 사회라는 그림을 그리고 있다. 이는 곧 역사로부터 진정한 충격을 받지 않은 지방 중산 계급의 이데올로기로 작용했다. …… 이러한 꿈들은 이제 종식되어야 한다. 옥시탕에서 현재 나타나고 있는 투쟁의 의미를 모호하게 할 뿐이기 때문이다.*

다른 경우와 마찬가지로, 문제가 되는 점은 정치적 성격이다. 과학적 엄밀성이란 추상적인 지적 요구가 아니라 일관성 있는 정치적 분석을 위한 선결 조건이다. '항해자들을 위한 해도(海圖)를 엉터리로 그려 준 지리학자만큼이나, 민중을 위한다는 명목으로 혁명에 대한 거짓 전설을 만들어 내는 자들은 커다란 죄인이다.'**

민족 해방이나 사회적 해방을 위한 투쟁에 참여하고 있는 민중에게 과거는 하나의 정치적 이슈이며 투쟁의 주제이다. 질적으로 다른 세계를 향하여 새로운 출발이 필요하다고 주장하는 때에도 마찬가지다. 전통적인 역사적 체계와 그에 바탕을 둔 역사 서술들을 폐기하지 않고서는 이루어질 수 없는 것이다. 그렇게 함으로써 양보다 질이, 연속성보다 불연속성이 강조될 수 있다.

우리는 '제로'에서 출발하지 않으면 안 된다. 많은 혁명 운동이 기존의 달력을 없애고 '01년(0+1년)'을 주장하는 것은 기존의 사

* 「Forabunda」(파리에서 발행되는 옥시탕 기관지), 3
** Prosper-Olivier Lissagaray, 코뮌의 역사(Histoire de la Commune)

회 체제를 파기한다는 의미를 나타내는 것이다. 이것이 바로 민중이 즉각 이해해야만 하는 문제이다. 시간의 구조마저도 독점하고 있었던 군주제의 몰락과 새로운 시대의 도래를 알리기 위해 1792년 프랑스 공화국, 그리고 1912년 중국 공화국은 새로운 역법(曆法)을 선포했다. 1949년 중국 혁명이 성공한 이후에는 여러 이유로 역법을 존속시켰다. 하지만 신시대의 도래 그리고 농민들이 말하듯이, 그 순간부터 '시대는 변했다'는 사실이 강조된 것은 분명하다.

4장

마르크스는 역사학자였는가?

사회적 실천을 기반으로 끊임 없는 창조로서의 마르크스주의 / '세계사' 담론이 아닌, '사회 발전 5단계설'이라는 도식화 / 마르크스는 직접적으로 현재로 나아간다 : 그는 '마르크스주의 역사학자'가 아니다 / 현재를 변혁하기 위하여 역사적으로 현재를 추론한다

마르크스와 엥겔스(Friedrich Engels)에 의해서 정교하게 다듬어지고, 로자 룩셈부르크(Rosa Luxembrug)와 레닌, 그람시, 마오쩌둥 등의 행동에 의해서 발전되어 온 혁명 이론은 '역사에 기초한' 이론이다. 마르크스주의 이론가들이 부르주아적 질서와 자본주의적 착취에 대항하는 투쟁의 범위, 목표, 방향을 설정하고 사회주의 사회를 건설하는 관점에는 그들이 살고 있는 사회와 그 이전 단계의 사회들 모두에 대한 분석이 기초가 되고 있다. 역사적 유물론의 기본 개념들은 우리가 살고 있는 현재를 포함하여 역사 속의 모든 사회에 적용된다.

이러한 기본 개념들은 끊임없이 창조된다. 그것들은 사회주의를 향한 투쟁의 중요한 각 단계에서 심화하고 확장된다. 레닌은

자본주의의 국제적 모순들, 그것이 전 세계로 팽창해 나갈 때의 불균등한 영향, 제국주의와 피억압 국가 간의 갈등을 강조했다. 그람시는 제1차 세계대전의 여파로 발생했던 노동자들의 투쟁에 자극받아 상부 구조의 복합성을 강조했다. 그는 가족, 문화, 사회적 관계 등의 '시민 사회(civil society)'는, '정치 사회(political society)'보다 더 연약하며 혁명적 활동의 자율적인 영역이 될 수 있다고 지적했다. 그는 지식인들이 지배 계급과 그들의 이데올로기로부터 떨어져 나올 수 있다면, 피압박 계급과 그들의 혁명에 '유기적'으로 연결될 수 있을 것이라는 점을 지적했다.

20세기 사회주의 혁명의 중심에 우뚝 선 중국 공산주의의 대두 또한, 어떤 면에서 마르크스주의에 매우 중대하고 창조적인 공헌을 했다. 예를 들면 경제결정론(economic determinism)에 반대되는 집단적 의식을 발동하게 하는 '정치 권력의 장악' 개념, 모순의 보편성, 농민의 정치적 역량, 몇몇 사회주의 국가에서 나타났던 특권적 신(新) 부르주아지의 대두를 막지 못한 공산당 기구와 국가의 실패, 자본주의적 환경이 외부에 존재하고 '부르주아적 법률'과 관련된 것들이 내부에 성행하는 한 사회주의의 달성은 다시 취소되고 폐기될 수도 있다는 것 등이다.

생산 양식, 계급 투쟁, 궁극적으로는 경제적 요인이 결정적인 역할을 한다는 것, 모순의 보편성 등과 같은 마르크스주의의 기본 개념들은 프랑스 지식인들이 1917~1919년의 봉기와 인민전선, 또는 1945년의 해방과 1968년 5월의 격랑에 의해 미몽에서 깨어난 이후에도 계속해서 되풀이하는 것과 관계없이, 결코 '구식'이지도 '시대에 뒤떨어'지지도 않았다. 예를 들어 중국의 혁명사나 프랑스 제5공화국을 분석함에 있어 각 나라의 지배적인 생산 양식, 생산 관계, 상부 구조 사이의 관계, 경제적 과정들의 역할, 계급 투쟁, 주요·부차적 모순 등은 매우 중요하다. 그러나 그러한 모든 것을 인식한다는 것은 시작일 뿐이다. 남은 문제는 구체적인 조건에 따라 사건의 발생과 전개 과정을 분석하고 설명하는 일이다.

한편 마르크스의 이론은 역사에 기초를 두고 있지만, 그것은 많은 역사가들이 일종의 향수를 가지고 있는 '역사 이론'이나 신판(新版) '세계사 담론'이 아니다. 다시 말해서 마르크스주의 이론의 주요 기능은 인간 사회의 역사에 대한 일반적이고 엄격하며 진부한 설명을 제공하려는 것이 아니며, 결코 그런 적도 없었다. 이러한 점은 무엇보다도 계속되고 있는 생산양식론의 경우도 해당된다.

마르크스의 이론은 원리의 문제이며, 스탈린주의의 '사회 발전 5단계설'과 같이 세계 역사를 우세한 생산 양식의 철저한 계승으로만 보려 하지 않는다. 이러한 생산 양식들은 노예제, 봉건제, 자본주의 등과 같은 특정한 사회 유형들을 특징짓지만, 하나의 생산양식이 '완전한' 형태로 나타나는 사회란 극히 드문 것이다.

대부분의 사회는 그 중간적 형태를 보이거나, 또는 그 어디에도 속하지 않는 경우도 있다. 중세 유럽의 대부분 국가들은 불완전한 봉건제의 형태를 가지고 있을 뿐이며, 오늘날 제3세계의 국가들 대부분은 부분적으로만 자본주의 체제일 뿐이다. 더구나 다양한 생산 양식에는 마르크스주의에 의해서 직접적으로 설명되지 않은 일련의 문제들이 시공간적으로 얽혀 있다. 왜냐하면 그 이론은 그러한 문제를 염두에 두고 만들어진 것이 아니기 때문이다. 이러한 문제들은 마르크스적 관점에서 분석되어야 하지만, 구체적인 역사적 경험의 차원에서 이루어져야 한다.

이러한 생산 양식들은 모든 민족이 불가피하게 거쳐야 하는 단선적(單線的)인 것이 아니다. 그러한 단선적 개념 파악은 마르크스에 의해서 잠깐 언급되었으나, 스탈린 이래로 소련의 마르크스주의자들이 무시해 온 '아시아적' 생산 양식에 대한 진정한 논의를 오랫동안 불가능하게 했다. 중국에서는 중국 봉건제와 노예제의 '특수한 국면', 즉 강력한 국가 관료제의 존재, 그리고 '노예제' 기간 동안 토지의 개인 소유가 부재했던 것과 관련해서 간접적으로 언급되고 있을 뿐이다.

마르크스는 '아시아적' 생산 양식은 경제적인 '고도의 통제'에 기반을 둔 국가 권력과 자급 자족적 촌락 공동체가 결합된 형태라고 규정했다. 이는 마르크스주의자들이 노예제나 봉건제로서 기술했지만, 생산이 노예로도 농노에 의해서도 이루어지지 않았기 때문에 적용하기 어려웠던 많은 전(前) 자본주의 사회의 고유한 성격을 분석하는 데 유용하다.

더욱이 마르크스주의는 각 민족사에 대한 기성(旣成)의 공식이 아니다. 각국의 개별적인 역사들은 모두 일련의 구체적인 메커니즘, 즉 침체, 장애, 지역적 차이, 퇴보, 방해, 소생, 생존 등으로 점철되어 있다. 그런데 이것들은 마르크스주의에 의해서 직접 다루어진 문제들은 아니다. 그러한 구체적인 메커니즘의 분석은 마르크스주의 이론의 기본적인 틀 내에서 수행되어야 하지만, 결코 쉬운 일이 아니다.

마르크스주의를 경제결정론의 차원으로 끌어내리는 것은 매우 위험하다. 경제결정론의 관점에서는, 생산 양식의 계승은 무슨 일이 있더라도 숙명적으로 나타나는 것으로 되어 있다. '역사의 거대한 수레바퀴'는 돌아가게 마련이다. 따라서 사회주의 사회는 생산력과 생산 관계의 '객관적' 모순의 결과로서 필연적으로 나타나게 되어 있다는 것이다. 그런 경우, 우리는 '객관적 조건'이 성숙되기만을 기다리면 된다. 이러한 견지에서, 사회주의 체제는 일단 수립되기만 하면 난공불락의 요새가 될 것이다. 그러나 중국인들은 소련의 수정주의를 비판함으로써 후퇴와 악화도 언제든 가능하다는 생각을 제시했다. 이것은 또 하나의 완전히 새로운 공헌이다.

마르크스는 19세기에 태어나 계몽주의의 영향 하에서 성장했다. 그러한 배경으로 인해, 그는 인류의 진보에 대한 확신과 낙관론에 젖어 20세기의 위기까지는 예측하지 못했다. 중국에는 '역사란 나선형으로 발전한다'는 말이 있다. 이 비유에는 모든 사회 발전에 나타나는 진보와 퇴보의 복잡한 운동을 강조해 주는 의미가 담겨 있기도 하다.

순수한 지적인 분석을 의도한 것이 아니라, 혁명 투쟁의 이론인 마르크스주의는 사회적 실천의 필요성을 일깨운다. 그것은 오직 현재의 투쟁을 위한 이론적 무장을 위해 과거를 연구하는 것이다. 다음 글에서 볼 수 있듯이, 엥겔스는 자신의 책『반 뒤링론(Anti-Duhring)』에서 과거에 대한 연구가 실천을 위한, 그리고 현실의 요구를 위한 것임을 명백히 밝히고 있다.

1831년 리옹(Lyon)에서의 노동자 봉기와 영국의 차티스트 운동과 같은 새로운 사실들로 인해, 과거의 모든 역사를 새롭게 조사·검토해야 할 필요성을 느끼게 되었다. 그 결과, 모든 과거의 역사는 계급 투쟁의 역사였다는 것이 밝혀졌다. 그리고 서로 적대시하는 계급들은 생산 및 교환 양식의 산물, 요컨대 당대의 경제적 조건들의 산물인 것이다. 그 사회의 경제적 구조는 항상 진정한 기초를 이루며, 거기에서부터 특정한 역사적 시기의 종교, 철학 등의 사상적 측면뿐 아니라 법률, 정치제도 등의 모든 상부 구조에 대해 궁극적인 설명을 할 수 있다는 것을 알게 되었다. …… 이제 관념론은 역사철학에서 더 이상 발을 붙이지 못하게 되었다. 이제는 역사에 대한 유물론적 접근이 제시되어 전과 같이 '지식'에 의해 '존재'를 설명하는 것이 아니라, '존재'에 의해 '지식'을 설명하는 방법론이 형성되었다.

그때부터 사회주의는 더 이상 명석한 두뇌에 의해서 우연하게 발견된 경지에 그치지 않고, 프롤레타리아와 부르주아 두 계급 사이의 역사적으로 발전된 투쟁의 필연적 결과였다. 사회주의의 임무는 더 이상 완벽한 사회 체계를 고안해 내는 것이 아니었다. 그것은 계급이 발생되어 그들 사이의 갈등이 필연적으로 초래될 수밖에 없었던, 역사적·경제적 사건의 흐름을 검토하는 것이다. 그리고 그 갈등을 종식시킬 수단을 만들어 낼 수 있는 경제적 조건을 발견하는 것이다.

이제 마르크스주의는 지금까지 모두가 기계적으로 배워 왔던 '낡은 관념론을 똑바로 세워서 자신의 발로 서게 하자'는 전통적인 철학의 방법론뿐만 아니라, 전통적인 역사학의 방법론도 파기시켰다. 마르크스주의에 있어서 과거는 현재에 의해 지배받는 것이며, 과거가 현재를 지배하는 것이 아니다. 그러나 이러한 관점은 우리들의 일상적인 사고방식을 너무나도 혼란시키기 때문에, '마르크스주의 역사학자'들조차 다른 사람들과 마찬가지로 회피하고 있다. 앙리 르페브르(Henri Lefevre)*는 자신의 책 『역사의 종말(La Fin de l'histoire)』에서 이러한 사고방식의 역전을 다음과 같이 강조하고 있다.

　　마르크스는 역사학자의 방법론을 명확하게 제시했다. 그는 실

---

* **앙리 르페브르**(1901~1991) : 프랑스의 철학자. 파리대학 졸업. 1930년대에 마르크스주의자가 되어 반파쇼 운동 참가. 제2차 세계대전 후에는 국립과학연구소 연구원, 스트라스부르대학 사회학 교수, 1965년 파리대학 교수를 역임. 사상사뿐 아니라 미학, 사회학 분야에서 활약했다.

제적인 경험, 발전 과정 중에 있는 개념과 같은 현재로부터 출발한다. 다른 방식은 있을 수 없다. 그의 방법론은 회귀적인 것이다. 그는 현재로부터 과거로 나아간다. 그런 다음, 그는 혼란스러운 전체를 분석하려고 하기보다는 현실을 분석하고 파악하는 것으로 돌아온다.

이러한 방법론적 원리 또는 법칙은 대체적으로 타당한 것이다. 어른을 통해서 어린이를 알 수 있고, 인간을 통해서 원숭이를 알 수 있는 것이지 그 반대는 아니다. 어린이든 원숭이든 그들은 자연적, 사회적 혹은 심리적으로 역사의 한 순간들을 차지할 뿐이나, 지구의 미래와 결코 분리되어 존재할 수는 없다. 더구나 어른에게는 어린이적인 면이 많이 남아 있고, 사람에게는 원숭이적인 면이 충분히 남아 있다. 그러므로 연구는 현재에 대한 것으로 되돌아가야 하며, 그럴 때 현재의 특징적 양상과 미래의 구체적 발전을 더 잘 이해하게 될 것이다.

이와 마찬가지로 마르크스에 따르면 부르주아 사회는 거슬러 올라가서 봉건 사회를 조명해 주고, 자본주의 경제는 중세와 고대의 경제를 조명해 준다. 지대(地代)와 그것의 자본주의 체제 하에서의 역할은 공물, 십일조, 강제 노역, 다양한 형태의 임대료와 같이 다른 사회의 땅에서 비롯된 수입의 현상을 이해하기 위해 연구되어야 한다. 「부르주아 사회는 역사상 가장 고도로 발전되고 다양화된 사회 조직의 형태이다. 자본주의 사회 내의 관계를 표현하고 그것의 구조를 설명하는 것을 통해, 우리는 과거의 사회 구조와 생산 관계를 이해하게 된다.」*

자본주의에 대한 투쟁을 전개하는 데 있어서 마르크스와 그가 대변하려 했던 노동자들은, 자본주의를 역사적으로 조망하면서 그것을 하나의 일시적 현상으로 파악하려고 했다. 그들은 자본주의 몰락의 상황을 규정하고 예견하기 위해 자본주의의 기원을 연구했다. 그들은 자본주의란 보다 보편적인 범주의 일시적인 형태일 뿐이며, 과거에는 다른 형태였고 미래에도 역시 다른 형태를 띠게 될 하나의 생산 양식에 불과하다는 것을 보여주려고 했다.

그들의 눈앞에서 전개되고 있는 자본주의적 착취 구조에서 벗어나기 위해 마르크스와 엥겔스는 다른 역사적 생산 양식이 그랬듯이, 자본주의도 종말을 고하게 된다는 점을 규명하기 위해 그것의 유래를 밝혀야만 했다. 그들은 다른 생산 양식들의 내적 성격을 규정해서 그것들의 기본 법칙을 설명해야만 했다. 마르크스는 더욱 일반적인 실체성을 가지고 생산 양식의 범주를 규명하기 위해 고대의 아시아, 그리스와 로마, 중세 시대와 같은 오래 전의 사회를 분석했지만, 그의 분석은 더 이상 나아가지 않았다.

그런 점에서 마르크스는 당(黨) 기구와 대학의 권력을 쥐고 있는 사람들 간에 융합과 협력이 무리없이 진행되고 있는 파리, 모

* K. Marx, 『정치경제학 비판 요강(Grundrisse)』

스크바, 도쿄의 '좌익' 학자 집단에서 사용되는 것과 같은 그러한 의미의 '마르크스주의 역사학자'가 아니었다. 마르크스는 과거에 대한 연구를 연구 자체를 위한 지적 활동이나, 지식의 자율적 영역으로 보지 않았다. 프랑스의 마르크스주의 역사학자 빌라(P. Vilar)에 따르면, 마르크스는 스페인의 역사를 아주 잘 알고 있었지만 짤막한 개요조차도 쓰려고 들지 않았다는 것이다. 그리고 그는 자신이 살고 있는 시대의 스페인을 역사적으로, 즉 정치적으로 분석하는 데에 더 많은 관심을 쏟았다.

그러므로 '봉건제의 마르크스(the Marx of feudalism)'가 되려는 야심을 품는 것은 어리석고 쓸데없는 일이다. 왜냐하면 그러한 태도는 마르크스주의의 근본에 자리잡고 있는 원칙, 즉 사회적 실천의 우위성을 제대로 파악하지 못하고 지나쳐 버리는 결과를 낳기 때문이다. 마르크스의 연구 목적은 세계를 단순히 이해하는 데에 있는 것이 아니라, 세계의 변혁에 있었다. 이것은 우리들의 자본주의 사회에 대한 연구와 과거의 사회들에 대한 연구 간에 근원적이고 질적인 차이가 있어야 함을 알려 준다. 마르크스가 고대 '아시아적' 사회에 대해서나 고대 그리스와 로마, 중세 봉건시대에 대해서 일관성 있고 체계적인 분석을 하지 못하고, 그의 저작 여기저기에 산만하게 언급하고 있는 사실은 일부 사람이 아쉬워하듯이 '시간이 부족'했기 때문은 아니었다.

그의 '역사에 대한 교양'은 분명히 그러한 과업을 수행하는 데에 충분했다. 그러나 그의 선택은 정치적인 것이었다. 과거에 대한 세부적이고 체계적인 지식은 그의 궁극적 목적이 아니었던 것이다. 마르크스는 '마르크스주의 역사학자'는 아니었을지 모르나 확실히 혁명적인 지식인이었다. 그의 지적 활동은 민중의 투쟁을 자극하거나, 그의 능력 범위 내에서 민중을 지원하고 그러한 투쟁에 관련된 사람들과 함께 목표와 전망을 명백히 하려는 것에 그 목적이 있었다.

마치 고립된 지식의 영역인 것처럼 마르크스주의 이론을 도구로 삼아 프랑스 혁명, 그리스 문명, 현대 스페인, 농민 봉기, 노동 운동에 대한 학문적 흥미로써 세부적인 연구에 빠져드는 행위는 마르크스주의의 기본 목표를 망각한 것이다. 왜냐하면 그러한 행위는 그 도구의 진정한 기능과는 다른 것이 되기 때문이다.

'마르크스주의 역사학자'가 사회적 실천과 분리된 영역에서 활동하는 동안에도, 마르크스주의의 이론적 통찰을 이용하여 현재의 민중 투쟁과 밀접하게 연결되어 있는 과거에 대한 연구의 필요성은 여전히 남아 있다. 최근이든 아주 오래된 일이든 관계없이 말이다. 마르크스주의 용어로 가득 찬 통상적인 학술적 역사를 서술하는 것이 아니라, 과거와 현재의 능동적인 관계를 서술하는 것이 바로 마르크스주의에 기초를 둔 역사 연구이다.

과연 혁명은 어떤 종류의 역사를 필요로 하는가?

5장

●

'과거에서 현재로', 관계의 역전

실을 거꾸로 감기 / 현지 조사로서의 역사 작업 / 현재는 '과거를 이해하는데' 도움이 될까? / 현재는 과거의 윤곽을 더 예리하게 해 준다 / 정당화된 다시 쓰기 / 중세의 '실질적인 역사가' 다리오 포 / 비판적 역사가로서의 이디 아민

역사를 과거에 대한 능동적 관계로 정의하는 것은 전통적인 관념인 '과거에서 현재로'의 관계를 역전시키는 것을 의미한다. '인간은 아버지보다 자신이 살고 있는 시대를 더 닮는다'는 아라비아 격언을 즐겨 인용했던 마르크 블로크는, 이른바 '기원에 대한 추종'에 대해 날카롭게 비판한다. 블로크가 "우리는 실을 거꾸로 감아야 한다"라고 언급한 말 속에는, 과거를 소급해 올라가기 위한 실마리를 찾기 위해서는 현재를 출발점으로 삼아야 한다는 의미가 담겨 있다. 그는 자신의 책『역사를 위한 변명』에서 '지금 여기와의 지속적인 접촉'이라고 부른, 실제적인 일상 경험의 가치를 주장했다.

나는 얼마나 많은 전쟁 이야기를 읽고 또 이야기하였던가. 하지만 나는 내 자신이 그런 상황에 빠져 보기 전까지 적에게 포위당한 군대, 패배한 국민이 경험한 상황을 제대로 알고 있었던 것일까? 사실 의도적이든 아니든 과거를 재구성하는 데 필요한 요소들을 수집하기 위해서는, 항상 매일의 경험으로부터 시작하게 된다. 만일 어떤 역사학자가 자기 주변의 인간과 사물 및 사건에 대해 관심을 갖지 않는다면, 그는 골동품 수집가는 될지언정 자신을 '역사가'라 부를 수는 없을 것이다.

과거에 대한 이해를 보다 심화시키는 데 있어, 현재가 가지는 자극적인 효과에 대해서는 누구든 경험해 본 적이 있을 것이다. 내가 1967년 알마아타(Alma-Ata)를 방문했을 때, 그곳에서 역사의 무상함만을 맛본 것은 아니었다. 러시아 혁명의 주역 트로츠키가 망명하기 전에 유배되었던 곳으로 잘 알려진 도시였음에도, 내가 그의 이름을 입에 올렸을 때 그곳 주민들로부터 아무런 반응도 얻어낼 수 없었다.

나이든 사람들은 일부러 숨기려 했을 것이고, 젊은 세대들은 실제로 그를 전혀 알지 못하기 때문이었다. 그러나 알마아타는 다른 의미를 가지고 있었다. 그곳은 거대한 알타이 산맥의 기슭에 위치한 대도시이며, 그러한 지리적 위치는 1930년 무법적인 스탈린에 의해 추방당한 정치 지도자 트로츠키가 겪어야만 했던 정치적 고립의 고통을 절실히 느끼도록 해 준다.

같은 시기에 산맥의 건너편에 있는 중국 땅에서는 마오쩌둥으로부터 영감을 받은 '대중 노선'과 농민 동원 덕분에, 코민테른의 관료적 교조주의를 부정하는 공산 혁명이 구체적이고 집단적으로 수행되고 있었다. 말하자면 1930년을 전후하여 알타이 산맥의 양쪽에서는 스탈린주의에 대해 각각 형태를 달리한 두 가지의 도전이 존재하였으며, 예나 지금이나 서로 용납할 수 없는 두 개의 노선이 추진되고 있었던 것이다. 즉 한편에서는 소수파 지식인의 용기 있는 반항이, 또 한편에서는 민중 혁명을 수행하기 위한 집단적 투쟁이 각각의 코민테른에 대해 실질적인 도전이 나타나고 있었다. 예를 들어, 1931년에 마오쩌둥은 도시들을 공격하라는 모스크바의 지시를 거부했다. 바로 그러한 역사의 현장에서, 모든 사실들이 너무도 생생하게 느껴졌던 것이다.

비슷한 예로, 내가 1969년 미국 보스턴 북부의 황폐한 풍경으로부터 뼈저리게 실감한 것은 '퇴보'라는 역사적 문제였다. 오늘날 틸튼(Tilton) 주변 지역은 주말을 보내기 위해 찾아오는 하버드 대학의 학생을 제외하면, 거의 인적이 드문 거대한 숲으로 변해 버렸다. 미국 독립 전부터 번영을 누리던 마을이 19세기 말, 중서부 지역의 곡창 지대와 벌였던 대대적인 경쟁에서 패배한 결과 쇠락의 길을 걷게 되었던 것이다. 1630년대 박해를 피해 영국에서 미국으로 이주한 청교도들이 개간을 위해 베어 버렸던 수목들이 이제는 온 지역을 뒤덮어 버렸다. 다만 군데군데 눈에 띄는 빈 굴뚝, 작은 돌담, 울타리의 잔해, 그리고 손질 안 된 사과나무들만이 과거 활발했던 농장 생활의 흔적을 보여주고 있을 뿐이었다.

그런데 이상하게도 역사가들은 현지 조사(field work)를 경시하는 경향이 있다. 반면에 사회학자, 인류학자, 언어학자들의 경우에는 현지 조사가 널리 행해지고 있을 뿐만 아니라, 그들의 경력을 쌓는 데도 중요한 과정으로 간주된다. 하지만 역사가들 중에서도 미슐레(Jules Michelet)는 프랑스를 여행함으로써 알게 된 사실을 글로 옮기기도 하였고, 불로크는 농부나 시청 공무원들과 나누었던 대화 속에서 저술의 소재를 발견하기도 했다.

이론적 저술이건 또는 일반 대중을 대상으로 한 글이건 간에, 과거에 대한 우리의 지식이 우리가 살고 있는 세계의 요구로부터 출발한다는 것을 보여주는 사례는 얼마든지 있다. 프랑스 역사학계에서 십자군이나 시리아의 라틴 식민지(Latin States of Syria)에 대한 학문적 연구가 특히 활발했던 시기가 두 번 있었다.

첫 번째는 나폴레옹 3세가 레바논에 군대를 파병했을 때였고, 두 번째는 1920년부터 1940년까지 프랑스가 그 지역을 '위임 통치'를 하고 있을 때였다. 의식적이었든 아니었든 간에, 그러한 주제에 대한 관심은 어디까지나 정치적인 동기에서 비롯되었다. 역사가, 고고학자, 고문서 학자, 수집가 등이 앞을 다투어 프랑스 제국주의의 침략 정책에 '역사적 정당성'을 부여하기 위해 노력했던 것이다.

한편, 과거를 알고자 하는 동기가 바로 현재에 있다는 사실이 때로는 '유행'이라는 우스운 형태를 취하기도 한다. 예를 들어 프랑스의 대학 중세사 교과서는 1968년 혁명 이후의 판본에서, 유행의 첨단을 가기 위해 '한계주의(Marginalism)'에 대한 항목을 추가했던 일이 있다. 그 저자는 바쁜 탓이었는지 빅토르 위고의 작품 『노트르담의 꼽추(Notre Dame de Paris)』에 나오는 '기적의 광장(Court of Miracles)'*에 대한 유명한 묘사를 별 생각없이 포함시키고 있는데, 사실 그 작품은 17세기의 사료에 기초를 두고 쓰여진 것이었다.

때로는 현실의 관심사와 과거의 사실 사이의 관계가 보다 명백하게 드러나기도 한다. 우리는 이미 앞에서 갈리아족과 미국의 카우보이에 대해 사례로 언급했다. 또한 최근에는 켈트족 여성에 대한 책이 출간되고 있다는 점도 여성 운동이 고조되고 있음을 가장 잘 반영해 주는 현상이라 하겠다. 비록 켈트족에 대한 우리의 지식이 고고학적 발굴을 통해 확장된다 하더라도, 로마 시대 이래 그들에 대한 문헌 기록의 양은 증가하지 않았고 앞으로도 그럴 것이다. 그런데 그 책이 고대 로마의 역사가들에 대해 더욱더 잘 알려져 있었던 17세기가 아니라, 바로 현재에 와서 발간되었다는 점이 중요하다.

이러한 사례들은 '현재'가 지닌 생동적이고 고무적인 역할을 보여주고 있다. 그러나 마르크 블로크가 말했던 '현재와의 끊임없는

---

* **기적의 광장** : 프랑스의 대도시에 있었던 거지와 부랑자들이 모이던 광장. 17세기에는 파리에만 10여 개가 있었다고 한다. 이곳은 순찰대도 돌지 않아 피신처의 역할을 했다. 가장 대표적인 것이 『노틀담의 꼽추』에서 묘사된 곳이었다. 그 후 정책상 이곳의 주민들을 내쫓아 감옥이나 구호소로 보냈으며, 19세기에 도로공사가 이루어지면서 그 잔재마저 사라졌다.

접촉' 그 자체만으로는 '과거에서 현재로'라는 관계의 진정한 역전을 기대할 수 없다. 앞에 인용한 구절이 들어 있는 원고에서 블로크 자신이 붙인 제목은 '현재를 통한 과거의 이해'였다. 그럴 때 과거를 이해해야 한다는 것은 여전히 역사가의 주된 과제로 남게 된다. 말하자면 현재에 의지하는 것은 일종의 '거래의 요령'이며, 교육적이거나 자기 발견 학습적인 고안이고, 역사를 '재미있는 것'으로 만들 수 있는 세련된 수단일 뿐이다. 그것은 기껏해야 전문가의 양심의 한 측면이라는 의미를 가질 뿐이다.

나와 친분이 있는 어느 박식한 여성 역사학자는 이런 말을 한 적이 있다.

"먼저 미국의 흑인 빈민가에서 벌어지고 있는 투쟁에 대해서 얘기해 줌으로써, 학생들이 본래 내가 의도했던 19세기의 아프리카 역사에 대한 관심을 갖도록 할 수 있을 것이다."

하지만 우리는 여기서 한 걸음 더 나아가 전통적 태도에서 완전히 벗어나, 과거보다 현재가 우선한다는 것을 하나의 원리로서 주장하지 않으면 안 된다. 하지만 대부분의 역사가들은 이러한 주장에 대해 거부감을 갖는다.

따라서 프랑스의 역사가 다니엘 게랭(Daniel Guerin)이나 그보다 앞서 블로크가 말한 바와 같이, 현재가 과거의 이해에 도움을 준다는 것만으로는 불충분하다. 비록 그러한 접근법이 유용함에도 불구하고 그런 생각을 가진 역사가들이 거의 없지만 말이다. 게랭이 쓴 책 『제1 공화정 하에서의 계급 투쟁(La lutte des class sous la

Première République)』의 내용 중 일부를 소개하면 다음과 같다.

  현 시점의 계급 투쟁과 오늘날의 혁명들은 과거의 계급 투쟁이나 혁명을 새롭게 조명해 볼 수 있도록 해준다. 보수주의자였던 기조(François Guizot)는 그러한 사실을 어렴풋이 감지하고 있었다. 그는『영국 혁명사』의 서문에서, '프랑스 혁명이 일어나지 않았더라면, 영국 혁명은 그렇게 잘 이해될 수 없을 것'이라고 하여 프랑스 혁명의 경험을 중시하고 있다. 나아가 '프랑스 혁명이 없었다면, 그리고 그를 통해 스튜어트 왕조와 영국 민중 사이의 투쟁을 조명하지 못했다면, 19세기에 저술된 영국 혁명에 대한 저작들은 결코 새로운 질적 변화를 보이지 못했을 것'이라고 덧붙였다.

  우리는 이러한 기조의 추론을 현실에도 적용할 수 있을 것이다. 프랑스 혁명이 영국 혁명에 대한 이해를 돕는 것과 마찬가지로, 20세기 혁명의 결과를 통해 부르주아지와 대중 간의 계급 투쟁이 배태되었던 1793년의 프랑스 혁명에 대해서 훨씬 더 잘 이해할 수 있게 되었다. 오늘날의 역사가들은 선배들보다 많은 이점을 가지고 있다. 프랑스 혁명을 검토하고 판단을 내리는 데 있어서 1905년과 1917년의 러시아 혁명, 1918년의 독일 혁명, 1920년 이탈리아의 위기 상황, 1936년부터 1939년까지의 스페인 혁명 등에 대한 경험을 참고로 할 수 있기 때문이다. 아울러 연구 대상일 뿐만 아니라 우리가 직접 살아냈던 사건이었던, 1936년 6월에 프랑스에서 일어났던 사회적 대격변의 경험도 잊을 수가 없다.

파리코뮌이나 '소비에트' 민주주의의 예를 들어 보자. 파리코뮌은 러시아의 소비에트 수립의 전조(前兆)라고 할 수 있는데, 볼셰비키들은 그들의 눈앞에서 전개되고 있는 사건을 조금 더 잘 이해하기 위해 1793년과 1871년에 프랑스에서 있었던 상황을 면밀히 연구하기도 했다. 그러나 동시에 1905년 소비에트의 경험, 나아가 1917년의 러시아 혁명이라는 경험에 의해서 1793년 코뮌 속에는 의회 민주주의라는 두꺼운 외피 속에 감추어져 있던 소비에트의 싹이 존재했다는 것을 알 수 있게 되었다.

그러니까 역사적 사고는 시간의 흐름과는 반대 방향으로 '회귀적으로 작용'하며 그것이 바로 역사의 존재 이유이다. 1914년부터 1918년까지 계속된 제국들 상호 간의 치열한 살육전에서 살아남았던 사람들은 그 전쟁을 '세계대전'이라고 불렀다. 그런데 1937년에 발발한 전쟁이 1945년에 종식되기까지 전 세계로 확산되었을 때, 사람들은 이전의 대규모 전쟁을 상기해 내고는 1914~1918년의 전쟁에다가 '제1차 세계대전'이라는 이름을 붙이게 되었다. 그때부터 제1차 세계대전은 제2차 세계대전과의 연관 속에서 언급되었다.

프랑스의 전투적인 여성해방론자들은, UN이 '세계 여성의 해'로 정한 1975년 3월 8일에 있었던 기념행사 참가를 거부하고 주의 깊게 과거를 되돌아보았다. 특정하게 채택된 한 날짜를 기념하기보다는, 현실을 철저하게 살아나가기 위해서 역사와의 연계를 회복하려는 의미에서 그들이 1975년 3월에 배포했던 전단지를 보면 다음과 같다.

1972년 : UN이 '세계 여성의 해'를 선포.

1974년 : 프랑스 지스카르 데스땡 정부에서 여성 문제 담당 부처를 창설하고 장관 임명.

1975년 : 모든 여성을 하나의 단체에 결집시키고 투쟁을 정비하여 자신들의 지나온 역사를 성찰하는 캠페인 시작.

1857년 3월 8일 : 미국 최초의 여성 스트라이크에서 섬유 노동자들이 자신들을 체포하고 발포하는 뉴욕의 경찰과 대립하다.

1910년 3월 8일 : 국제 사회주의 여성의회(The International Congress of Socialist Women)는 클라라 체트킨(Clara Zetkin)의 제안으로 이날을 국제적인 행동의 날로 제정할 것을 요구하다.

1917년 3월 8일(러시아력으로는 2월 23일) : 여성들의 시위로부터 러시아 혁명이 시작되다.

1943년 3월 8일 : 이탈리아 여성들이 남성들의 파시즘(Fascism)에 반대하는 시위를 조직하다.

1975년 3월 8일 : 우리는 여성 해방 투쟁 전통과의 연대를 다시 부활시킬 것이다. 하지만 우리는 그 날을 단지 기념하는 데 그치지 않으려고 한다. 우리의 역사가 유엔의 '세계 여성의 날'이나 프랑수아즈 지루(Françoise Giroud) 여성부 장관의 연설에서부터 시작되지 않았다는 것을 선포하고자 함이다.

1975년 3월 8일 : 우리는 3월 8일이라는 날짜를 '세계 여성의 해'
라는 기만적인 구호나 공식적인 행사에 속박시키는 모든 움직임을
거부할 것이다. 이날은 우리들의 일상적인 투쟁 및 세계 여성 해방
투쟁과의 유대 속에서 단지 한 순간일 뿐이다.

과거에 대한 현실의 우위성은, 우리는 오직 현실 속에서만 세계
를 변화시킬 수 있을 뿐이라는 사실에 근거를 두고 있다. 즉 어른
의 모습을 통해서 어린이를 이해하고, 사람의 모습을 통해서 원숭
이를 이해한다는 마르크스의 독창적인 사고를 다시 상기해 보면,
미래를 지배하는 것은 어른이고 인간이기 때문이다. 역사 지식의
목적은 실제적 행동이며 투쟁이다.

중국에는 '현실을 위해 과거를 사용하라(古爲今用)'라는 말이 있
다. 중국 사회에서 지배적이었던 유교의 권위에 극렬히 반대하여
일어났던 법가(法家)에 대한 연구는 이단적 지식인으로 내몰렸다.
그러나 최근에 반(反) 유교 운동을 강화하고 또 유교적 규율에 의
해 강요된 복종 태도, 즉 남성, 지식인, 관료, 인재, 과거에 의한 지
배 등을 불식시키려는 노력에 의해 다시 일어나기 시작했다. 그러
한 연구는 사회주의 건설 30년 후인 지금까지도 놀랄 만큼 성행하
고 있다.

한(漢), 당(唐), 송(宋), 명(明) 왕조에 대항하여 줄기차게 일어났
던 농민전쟁은 중국의 농민에게 자신들의 정치적 능력에 대한 자
신감을 심어 주었다. 그리고 이후의 사회주의 건설 시대 및 신(新)

부르주아지의 대두에 대한 투쟁뿐만 아니라, 혁명에 대해서도 준비를 갖추도록 해 주었다. 미국의 중국학 연구자들은 중국 역사학계의 이러한 노력은 완전한 '다시 쓰기'이며, '과학적' 역사가로서는 용서할 수 없는 죄악이라고 주장한다. 그러나 이러한 새로운 관점은 전통적인 역사가에 의해서 이전에 은폐되었던, 그리고 비교적 덜 중요한 것으로 간주되었던 학술 교재에서 용케 숨겨졌던 사실들을 밝혀냈다는 의미에서 새로울 뿐이다. 만일 왜곡과 지나친 단순화라는 위험을 피할 수 있다면, 새로운 역사 서술은 과거를 보다 잘 이해하고 현재의 정치적 운동을 보다 나은 방향으로 설정하는 데 기여할 것이다. 역사적 엄밀성과 정치적 비타협성은 상호 보완적인 것이다.

중요한 점은 연대기상의 거리가 아니라, 과거에 대한 관계가 가진 기능적 특질인 현재의 요구와의 관련성에 관한 것이다. 중세 시대는 일반적으로 보수적인 역사학자의 요새로 간주된다. 지방 유지들과 향토 사학자들은 자발적으로 나서서 중세 시대를 연구하고, 그들을 통해 중세 교회는 우파들에 의해 이상화되어 있다. 그리고 '소리와 빛(Son et Lumiere) 쇼*'는 여행자들을 위해서 매년 여름 고성이나 성당에서 공연된다. 반면에 우리들의 현재적 관심과 투쟁에 연결되어 그것을 명확히 해주고 강화해 주는 중세 시대의 여러 국면들이 있는데, 이것이 영국 낭만주의의 입장이다. 그

---

* **소리와 빛 쇼** : 역사 유적에 음향과 조명을 설치하고 관련된 이야기를 엮어 가는 야외극.

들에게 중세는 투쟁의 시기였고, 자본주의에 대항하는 '생존의 무기'였다.

전통은 폐기되어야 할 대상이 아니라 생존의 무기다. 그것은 단순히 전승되어 오는 민담이 아니라, 조직화되고 심화된 결핍에 대한 저항의 깃발이다. 전통의 역할은 기존 제도가 억압해 왔던 것들을 폭로하는 것이다.

낭만주의자들은 반 상업적이고 반 산업적인 향수를 불러일으키기 위해, 필요한 이미지를 찾아내기 위해 켈트족의 세계와 중세 시대를 탐구한다. 원시적 민주주의가 국가 조직에 의한 억압과 대비된 요소로서 사람들의 마음속에 심어지는 것처럼 명예나 여성에 대한 존경과 같은 봉건적 가치들은 비록 상상 속의 개념들이긴 하지만, 돈과 이익에 기초한 관계를 통해 받고 있는 억압에 대한 대항적 가치로서 강조된다. 역사에 대한 기억은 결코 중립적이지 않다. 향수와 분노에 의해 영감을 얻은 낭만적 역사 서술은, 중세의 사람들은 행복하게 살았다는 신화와 상반되는 또 다른 형태의 행복이 가능했다는 대항 기억을 이끌어 내기 위해 애쓰고 있다.*

1970년대 이탈리아에서는 좌파 배우이며 감독인 다리오 포(Dario Fo)가 과거에 뿌리를 둔 투쟁적인 정치 연극을 창작하려고

* Paul Rosenberg, 영국 낭만주의(Le Romanticisme Anglais)

했다. 마침내 중세 시대에 착안하게 된 그는, 고도의 전문적인 고문서학 기법을 사용하여 중세 롬바르디아(Lombardy)의 대중적 도시 연극 연구에 뛰어들었다. 왜냐하면 현대의 연극에서는 실제로 그러한 작품을 찾아볼 수 없기 때문이었다. 이러한 그의 접근 방식은 대단히 도전적이었다. '불경(不敬)'한 내용을 담은 그 시대의 풍부한 작품들을 부활시켜 공연함으로써, 그는 과거는 물론 현대 민중의 정치적·문화적인 역량을 증언하였다. 그는 민중의 자본주의 체제에 대한 투쟁을 돕고 있었던 것이다. 다리오 포가 이끄는 연극 집단 '라 코뮌'은 고대의 연극을 부활시켜 이탈리아 전역을 순회하며 공연했는데, 그가 무대에 올린 옛날 연극들 대부분은 가장 박식하다는 학자들조차도 알지 못하던 작품이었다.

그 밖에도 중세 시대를 통해 우리 시대의 문제를 이해하게 된 사례는 많이 있다. 예를 들어, 현대 사회에서 노동자들의 투쟁은 중세 시대에 지배적으로 나타났던 편협한 장인(匠人) 기질에 자주 물들어 있다. 그리고 '자유 노동 시장'을 내세우는 자본주의 체제 하의 사회생활에서도 폭력의 사용 및 육체적·사상적 압력과 같은 경제 외적인 강제가 중요한 역할을 한다. 이민 노동자들은 이 점을 다른 누구보다도 잘 알고 있다. 즉 그들이 노동을 제공하는 체제는 순수한 형태의 '임금 노동'이 아니며, 그들이 받는 형편 없는 임금은 무수한 형태의 폭력과 협박을 수반하고 있다는 것을 잘 알고 있다. 자본주의적 관계 속에 은밀히 존재하고 있는 경제 외적인 강제는 바로 봉건적 생산 양식의 핵심을 이루는 요소이다.

결국 중세 시대는 우리의 관심에서 완전히 떠나 있는 것이 아니다. 마찬가지로 중세의 건축물은 여행가나 고고학자들이 갖는 호기심을 넘어 정치적 기능을 부여받은 이데올로기적 상징이다. 그러한 건축물을 세우는 것은 권력 구조의 본질적인 특징으로서, 사회적 차별과 정치적 통제를 위한 강력한 도구로 기능한다. 특히 중세에 뚜렷이 드러나는 지배 질서와 건축과의 관계는 형태가 다르지만, 오늘날에도 역시 마찬가지로 나타나고 있다. 우리는 주위에 자리 잡은 고층 건물, 고속도로, 교외 거주 지역, 대형 마트, 그린벨트 지역 등의 정치적 기능을 해석해 봐야 한다.

이러한 중세사와 관련된 사례들에서 중요한 점은, 중세의 여러 측면에 대한 역사 지식과 오늘날 우리의 투쟁 사이의 명백한 관계이다. '과거에서 현재로'의 관계는 침묵, 은폐, 고립, 회피에 근거하고 있다. 반대로 '현재에서 과거로'의 관계는 명백하고 공개적으로 선포된, 따라서 정치화된 관계이다. '과거에서 현재로'의 관계를 뒤바꾼다는 것은 공인되어 온 상징적 개념을 무너뜨리는 것, 어떤 사실에 대한 지금까지의 의미 해석을 바꾼다는 것을 의미한다. 아주 어릴 때부터 프랑스 사람들은 게클랭(Bertrand du Guesclin)을 중세 시대 영국과 벌인 백년전쟁의 영웅으로 보는 긍정적인 이미지를 가지고 있었다. 반면에 그는 브르타뉴 지방의 전사(戰士)들에게는 배신자였으며, 프랑스 국왕들에 충성한 부역자였다.

조금 불편하겠지만, 하나 더 예를 들어 보자. 우간다의 이디 아민 대통령에 대해서 무슨 얘기가 오가든, 그를 무관심하게 보아 넘기는 사람은 아무도 없다. 그의 행동 하나하나가 입에 오르내린다. 그는 순전히 영국 제국주의의 산물이다. 따라서 그의 '잔인한' 통치 방식을 비판하려면 그에 앞서 영국이 그토록 자랑하는, 식민지 해체 당시에 사용했던 '능숙한' 수법을 비판해야 한다.

영국이 그들의 제국을 마침내 포기해야 하는 필연성을 깨달았을 때, 가장 먼저 생각한 것은 그들이 식민지를 떠나기 전에 그곳에서 어떤 민중 혁명도 불가능하도록 확실한 조치를 취하는 일이었다. 그러기 위해서 영국은 새로운 '엘리트'를 권좌에 앉혀야 했는데, 이들은 대개 영국의 식민지 군대에서 훈련받았던 군인 출신들이었다. 그런데 식민지 영국군의 장교였던 이디 아민이 갑자기 정치적이며 역사적 중요성을 띤 우스꽝스런 모습의 지배자로 부상하게 되었던 것이다.

1975년 그가 우간다로부터 네 명의 영국인 실업가가 운반하는 가마를 타고 아프리카 국가회의(Conference of African States)에 도착했을 때, 그러한 행동은 '백인이 어쩔 수 없이 짊어져야 하는 짐(White Man's Burden)'을 내세웠던 식민 통치의 기만성을 비난하는 수많은 팸플릿보다 더욱 예리하게 정곡을 찌른 것이었다. 그는 기자들에게 '물론 나는 걸을 수도 있었다. 그러나 흑인들이 운반하는 가마를 당신들이 타고 다니던 시절의 기분이 어땠을까?'라고 물었던 것이다.

'인간으로 하여금 과거의 사회를 이해하고 현대 사회를 더욱

더 효과적으로 지배할 수 있도록 하는 것'이 바로 E. H. 카(Edward Hallett Carr)가 역사의 이중적 기능을 설명하기 위해서 사용한 공식이었다. 물론 그는 옳았다. 그러나 과거에 의미를 부여하는 것은 현재에 의해서만 비로소 가능한 것이다.

6장

●

역사적 수사법의
잘못된 가정들

역사적 사실, 1차 사료, 2차 저작에 대한 숭배 / 통시성, 공시성, 시대 구분, 계량화 : 이 모두는 역사적 정확성을 위해 없어서는 안 되는 것인가? / 미래 세대에게 읽혀질 역사학자는 있는가? / 기술주의, 주지주의와 생산주의는 역사적 수사법을 극복해야 할 이데올로기로 만든다

'전문 역사학자들' 사이에는 당연하다고 여겨지는 것이 하나 있다. 어떤 경우라도 학문의 세계에 뛰어든지 얼마 안 된 젊은 학자들이 자신의 견해를 받아들이지 않을 때, 원로 학자들은 몹시 당혹스러워 한다. 이런 식으로 후학들에게 맹목적인 추종을 강요하는 태도는 대단히 효과가 커서, 전문가로서 자신의 위치를 보다 확고히 하고, 영원히 지속시키는 데 도움을 준다. 그러나 이러한 잘못된 태도들을 액면 그대로 받아들여서는 안된다.

예를 들어, 사람들이 명백하게 진리 혹은 허위라고 받아들이는 역사적 사실에 대해 살펴보자. 역사가들은 그 사실의 절대적인 객관성, 즉 그것의 순수한 실체를 확립하려고 애쓴다. 이러한 19세기 실증주의는 현재까지도 역사가들의 마음속에 깊이 뿌리박혀

있다. 실증주의는 인간의 관찰이 모든 현상들에 미치는 영향이나, 현상들의 내적 모순을 고려하지 않는다. 이 실용주의적 실증주의는 프랑스에서보다는 앵글로 색슨 세계에서 더 공공연하게 나타나는데, 초등학교에서부터 사실과 가치의 근본적 차이를 강조하고 있다. 사실은 절대적인 것으로서 독립적으로 존재한다고 생각되는 반면, 가치는 개개인의 주관적 태도가 개입된 것으로 생각된다. 그러나 사실과 가치 간의 관계를 분석하는 것은 여기서 논의될 주제는 아니다.

이러한 실증주의를 거부한다는 것이 '모든 사람마다 역사적 진실에 대한 견해는 다르다'는 식의 냉소적 상대주의로의 도피를 의미하지 않는다. 역사적 사실은 과학적으로 알 수 있다. 그러나 그것은 그 사실들의 일정한 특징들을 이해한다는 뜻이다. 한편으로 일반적인 역사의 진행 과정이 그러하듯이, 사실들 사이에는 모순이 많다. 사실들은 다른 시대와 장소 및 계급과 이데올로기에 따라 각각 다르게 인식된다. 동시에 이 사실들이란 우리가 직접 경험할 수 없다. 과거에 일어난 사건이기 때문이다. 과거는 완전하게 재현될 수는 없으며, 진실에 대한 점진적인 접근에 의해서만 알 수 있는 것이다.

오류와 신화를 막기 위해서 제기되는 과학적 엄밀성의 요구는, 사실들을 왜곡과 모호함으로부터 해방시키는 데 기여하게 된다. 또한 과학적 엄밀성의 목표는 우리 지식의 정확성을 높여서 지식을 더욱 풍부하고 진실되게 하는 것이다. 그런데 이 과학적 엄밀성은 역사가의 정치적 중립성 혹은 객관성을 통해서가 아니라, 정치적 투쟁에 참여함으로써만 달성될 수 있다. 우리는 잘못된 해석과 고의적 오류를 초래하는 정치적 편견을 바로잡아야 한다. 권력구조와 지배 계급에게 유리한 소외, 억압과 연결되기 때문이다. 마치 오늘날 경제 문제로 인해 우리가 점점 더 날카롭고 정확하게 과거를 연구하게 되는 것처럼, 우리 지식의 객관성과 사실성은 끊임없이 완전에 가까워질 수 있다. 혁명가 빅터 세르주(Victor Serge)는 자신이 쓴 책『혁명의 해(L'An l de la Révolution)』의 서문에서 다음과 같이 말했다.

역사가의 중립성이란 단지 전통적 태도를 강화하는 데 이바지하는 신화일 뿐이다. 이것은 제1차 세계대전에 관한 저작들에 의해 파괴되어야 했을 신화이다. 역사란 언제나 사회 계급, 국가, 정치적 환경에 그 뿌리를 두고 있는 시대의 산물이다. 오늘날 노동 계급 역사가만이 진리에 대한 추구와 서로 상반되지 않은 정직한 당파성을 지니고 있다. 왜냐하면 노동 계급만이 상황의 제약에 구애를 받지 않고 진실된 지식으로부터 모든 것을 얻어 가질 수 있기 때문이다. 노동 계급은 아무것도 숨길 것이 없다. 적어도 역사 기록에 있어서는 더욱 그러하다. 언제나 그래 왔고 지금도 여전히 그러하듯이, 역사에 대한 거짓말은 노동 계급을 기만하기 위한 것이다. 승리하기 위하여 노동 계급은 그런 거짓말을 거부하며, 그것들을 거부함으로써 승리하는 것이다.

평온한 연구실에서 편안하게 지내 왔던 중국 학자들은 왕조의 순환, 천명(天命) 등을 강조하는 중국 유학자들의 시각을 벗어나 중국 제국의 발전 역사에서 민중, 특히 농민 항쟁의 역할을 강조해 본 적이 결코 없었다. 중국의 도시 건축, 특히 도시를 둘러싼 성벽에 관하여 수십 편의 논문이 나왔다. 그러나 전통적으로 정치적 문제에 무관심한 건축가들은 이 성벽들의 실제적 기능을 결코 설명해 낼 수가 없었다. 대부분의 경우, 국경에서 수천 킬로미터나 떨어져 있는 성벽들이 그 도시들을 외세의 침략으로부터 보호하기 위하여 세워졌을 리가 없다.

그렇다고 중세 서부 유럽을 휩쓸었던 봉건 영주들 간의 전쟁이 2천 년이 넘도록 중국에 알려진 바도 없었다. 이 도시의 성벽들은 계급적 기능을 가지고 있었다. 즉 '아시아적' 사회에서 고도로 발달된 제국의 권력 구조와 관료제를 농민들의 폭발적인 분노로부터 보호하기 위한 수단이었던 것이다. 오직 농민 투쟁에 참가한 중국의 역사가들만이 중국 왕조의 역사에 있어서 농민의 비중을 이해하고 강조할 수 있었다. 그러한 투쟁에 참여한 사람들은 단순히 하나의 주관적 태도를 또 다른 주관적 태도로 대체시킨 것이 아니었다. 그들은 근본적으로 새로운 시각을 확립한 것이다.

① **1차 자료와 2차 저작들** : 모든 역사학자가 가장 먼저 하는 일은, 그가 비판하거나 평가하려고 하는 동료나 선학(先學)의 문헌 목록을 조사하는 작업이다. 일반적으로 잘 작성된 문헌 목록이란

1차 자료와 다른 역사학자들의 저작인 2차 저작을 명백히 구분한 것을 말한다. 이러한 작업을 통해 역사학자들은 과거에 관한 자신의 저술에 특별한 지위를 부여하고자 한다. 동료들의 저작은 아무리 오래되었더라도 법률, 조례, 행정 문서, 개인 서신, 대중 연설 등과 조심스럽게 구분된다.

그러나 이런 전통적인 구분법은 잘못된 가정들을 근거로 한 것이다. 사실과 동시대에 작성된 것인가의 여부와 관계없이, 모든 종류의 자료는 역사적 사실을 단지 부분적으로만 반영할 뿐이다. 오히려 자료들은 개인이든 집단이든 간에, 그것을 수집하고 사용하는 사람의 이해와 관심에 따라 실상을 굴절시킨다. 역사가는 입법자나 서기, 아키비스트, 회고록 집필가보다 더 중립적이지는 않다.

예를 들어, 1972년 마오쩌둥이 썼던 중국 농민에 대한 연구의 고전이라고 할 수 있는『후난성 농민운동 조사 보고서』를 어떻게 분류해야 할까? 또한 레닌의『제국주의론 : 자본주의의 최고 단계』는 어떻게 분류해야 할까? 이것들은 1차 자료인가, 아니면 2차 저작인가? 그 대답은 질문만큼이나 의미 없는 일이 될 것이다. 레닌이나 마오쩌둥의 글처럼, 한 저작이 정치적 관심사에 깊이 연관되면 될수록 전문적 역사학자의 특수한 범주를 벗어나게 된다. 따라서 역사학자의 접근 방식이 잘못되었음을 더욱 분명하게 드러내게 된다.

② **통시성**(通時性, Diachrony)**과 공시성**(共時性, Synchrony) : 항상 멋진 새 옷으로 역사의 요정인 클리오를 단장하고 싶어 하는 역사학자들은, 이 개념을 소쉬르(Leopold Saussure)가 창시한 구조주의 언어학에서 가져왔다. 모든 역사적 사실은 모든 언어학적 사실과 마찬가지로 시간적 차원에 따라 수직적인 연속선 위에서 분석될 수 있는 통시적 방법, 그리고 그 사실이 속해 있는 사회 복합체와 관련하여 수평적 연속선 위에서 분석될 수 있는 공시적 방법으로 분석할 수 있다는 것이다. 그러나 이 분석 방법은 또 하나의 잘못된 가정, 즉 과거 전체가 똑같이 주목받고 연구될 가치가 있다는 가정에 기초를 두고 있다. '통시성-공시성'이라는 도식에 완전히 빠져서 헤어나오지 못하는 사람은 변하지 않는 두 차원의 교차점에 인간을 고정시켜 버린다. 이런 역사학자는 역사의 운동장을 사정없이 자르고 구획을 만들어 버린다.

오늘날 우리는 과거에 대한 다른 관계를 모색해 볼 필요가 있다. 뒤에 예시한 것과 같은 도식을 만들자면, 관찰자가 외부에 위치하는 통시-공시적 사각형 모형〈그림 1〉 대신에, 관찰자가 역사의 현장 내부에 위치하는 나선형 모형〈그림 2〉를 상상해 볼 수 있다. 이 나선형은 시간이 멀어짐에 따라 점점 관찰자로부터 멀리 떠나간다. 그러나 관찰자는 현재의 관심사에 따라 '선택적으로' 과거의 각 지점과 직접적인 관계를 확립하게 된다. 우리 시대와 과거의 각 시대 사이의 관계가 훨씬 더 중요한 것이다. 죽은 자가 죽은 자를 묻도록 내버려 두자!

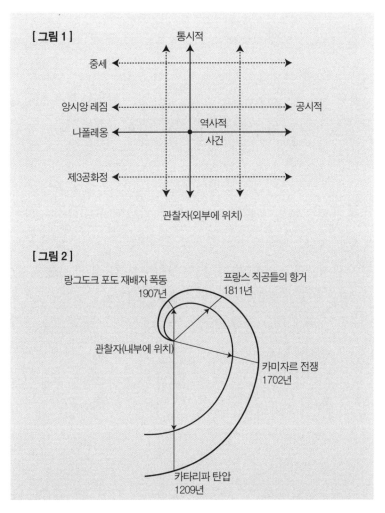

[그림 1]

통시적

중세

앙시앙 레짐   공시적

나폴레옹   역사적
                     사건

제3공화정

관찰자(외부에 위치)

[그림 2]

랑그도크 포도 재배자 폭동   프랑스 직공들의 항거
1907년   1811년

관찰자(내부에 위치)
                                    카미자르 전쟁
                                    1702년

카타리파 탄압
1209년

③ **시대 구분** : 시대 구분은 통시적 방법의 연장이며, 세련된 형태로 볼 수 있다. 역사가는 사실들의 계보와 같이 시간에 따른 사실의 연속에 특별한 관심을 둘 뿐만 아니라, 그의 주된 과제는 이러한 시간의 흐름에 주기성(周期性)을 부여하고 확립하는 일이다.

즉 중심축을 이루는 순간과 비교적 정태적인 국면의 시기 및 갑작스런 가속화가 일어나는 시기, 한 마디로 시대를 구분해 내는 일이다. 이것은 세계사의 담론에 대한 낡은 향수를 불러일으킨다. 나아가 볼테르, 볼니(Volney), 기번과 같은 신흥 부르주아 철학자들은 물론, 모든 국가의 왕조사 편찬을 맡은 관료들이 즐겨 행했던 일이다.

시대를 구분하는 통시적 방법은 강단 마르크스주의, 특히 소련에서 새로운 생명력을 띠게 되었다. 여기서 연대기 상의 시간의 흐름은 그것을 연구하는 자의 외부에 위치한 하나의 거대한 동질적인 과정으로 제시된다. 그리고 능력 있게 그것을 잘 나눌 수 있는 자는 역사적 유물론의 원리에 정통한 전문가로 간주된다. 모스크바 대학의 연간 연구 계획은 다음과 같은 식으로 수립되었다. 청조(淸朝) 강희제(康熙帝)의 통치 기간은 1688년을 분기점으로 나누어진다. 마치 같은 해에 일어난 영국 혁명이 중국에 있어서 어떤 분기점이 되기라도 한 듯이, 마치 서구에서와 마찬가지로 부르주아지의 정치적 등장이 같은 시기에 중국에서도 일어났던 것처럼 말이다.

시대 구분의 열기는 실제 역사 교육에서 더욱 두드러지게 나타난다. 전문 분야로서 역사학의 유일한 목표는 인간의 의지와는 관계없이 시간에 따라 일어나는 사건들의 연속에 대해 중립적인 기록을 제공하는 것이다. 그러므로 기준이 되는 시점과 역사적으로 획을 긋게 되는 사건들이 반드시 필요하다. 그래서 제1차 세계대전의 군사사, 비엔나조약 협상의 역사, 혹은 프랑스 혁명기 국민의회의 역사와 같이 전문 영역을 나누고 또 나눈다. 의미 없는 만큼이나 끝도 없는 놀음이다.

이것은 단지 특정한 경우에만 해당되는 단순한 연구 방법이 하나의 근본적 가정이 되어 버린 사례다. 1968년 5월 봉기의 정확한 단계 설정은 필요하다. 그 사건에 대한 연구는 뚜렷한 정치적 기능을 갖고 있기 때문이다. 그것을 연구함으로써, 우리는 현대의 프랑스와 같은 나라에서 중대한 위기가 어떻게 발발하고 발전되어 가는지를 더욱 잘 이해할 수 있게 되기 때문이다. 또한 오래 전의 사건들을 시기적으로 어떻게 구분할 것인가를 좀 더 쉽게 파악하도록 하는 데에도 유용하다. 하지만 오직 우리에게 의미가 있는 시기 구분일 경우에만 의미가 있다. 우리는 과거 그리고 현재의 정치적 상황이 갑자기 어떻게 역전될 수 있고, 어떤 돌연변이가 나타나는지를 알 필요가 있기 때문이다.

④ **계량화**(計量化, Quantification) : 유일한 과학적 역사학은 계량역사학뿐이라는 말이 있다. 그러나 연구의 근본 목적 자체보다 연구 방법이 더 중요하다고 볼 수는 없다. 계량사학자들은 그들이 끊임없이 컴퓨터에 입력시키는 수치들 속에 포함되어 있는 불확실성과 주관성을 계속해서 무시해 버린다. 사실 그 수치들에는 수집한 자의 의도, 무시, 가정들 같은 그의 이데올로기가 함축되어 있다. 예를 들어, 현대 프랑스의 감옥 수감자 통계를 한 번 보자.

이 통계는 법무부 관료들이 작성한 것인데, 이들에게 있어서 투옥의 사회적 기능은 법의 엄격한 시행을 보장하는 것이다. 그래서 수감자들은 초범자와 전과자로 구분되거나, 형을 선고받은 법원의 종류와 범죄 행위의 성격에 따라 구분된다.

그러나 조심스럽게 처리된 이 모든 통계 자료들은, '범죄'가 실제적으로 사회에서 얼마나 중요한 의미를 갖는지에 대해서는 아무것도 말해 주지 않는다. 얼마나 많은 수감자들이 자본주의적 이윤법칙에서 비롯된 탐욕으로 말미암아 감옥에 투옥되었는가? 그리고 얼마나 많은 사람들이 모욕에 대한 분노, 혼란, 심리적 불균형에서 나온 행동을 저질렀는가? 이에 대해서 계량사학자들의 통계 자료는 우리에게 아무것도 말해 주지 않는다. 오직 지적 추구를 통해서만 그리고 대표적인 사례들의 질적 분석을 통해서만 하나의 유형을 확립하리라 기대할 수 있을 뿐, 인간은 결코 계량화를 통해 파악될 수 있는 존재가 아니다. 그러한 범죄 동기들의 질적 분석은 계량적 접근보다 확실히 효과적이며 많은 것을 가르쳐 준다.

식민지 시대 아프리카의 정치적 상황에 적용되는 역사 인구통계학의 세부적 방식들 역시 아주 한정된 가치만을 지닐 뿐이다. 출생 확인서, 소의 마릿수 심지어 예방 접종 기록 모두가 마을 추장이 계획적으로 거짓 보고한 것이다. 그들은 그러한 수치상의 정보가 역사가의 컴퓨터를 위한 것이 아니라, 세금 징수를 위한 것임을 아주 잘 알고 있었던 것이다.

비슷한 예를 들면, 난징(南京)에서 활동한 미국인 선교사 존 로싱 벅(John Lossing Buck)이 수행했던 빈약한 조사가 있다. 그는 1930년 경 과다할 정도의 도표와 조사 목록을 통해 중국의 농촌 사회를 기술하였다. 그 조사에서 도표들은 같은 시기 미국의 자본주의적 농업에서 빌려 온 변수, 즉 노임과 부채, 기계의 활용, 고정 자본의 생산성, 노동 생산성, 국제 가격의 변동 같은 변수들에 따라 배열되고 있다.

그런 방대한 통계 자료의 나열에도 불구하고, 이 연구는 그 시대 중국 농촌 경제의 가장 주된 흐름인 '지주에 의한 봉건적 착취'라는 본질적 메커니즘에 관해서는 아무것도 가르쳐 주지 않았다. 그러한 메커니즘은 존 로싱 벅이 편안하게 연구하고 있던 지역에서 수백 킬로미터 떨어진 중국 남부의 산간 지방에서 농민으로 조직된 게릴라 부대를 지휘하고 있었던, 즉 농민의 일상생활과 직접 접촉하고 있었던 중국 공산주의자들에 의해 질적인 분석이 행해질 때에만 과학적인 설명이 가능한 통계 자료였다.

오늘날 미국에서는 신경제사학파(New Economic History)*와 계

---

* **신경제사학파** : 1960년대 이후 미국에서 등장한 경제사의 한 동향. 또는 '계량경제사(econometric history)'라 불리기도 한다. 이들은 수학적 용어와 통계학적 방법에 의해 정립되는 계량경제 이론과 모델을 이용하여 과거의 경제적 변화를 설명하려고 한다. 이들의 논문은 기호와 숫자로 가득 찬 복잡한 수식, 까다롭고 세밀한 도표나 통계표로 매워진다.
따라서 전통적 역사가들조차 그들의 논문을 해독하기 어려운 경우가 많다. 그리고 경제사의 대상을 인간이 아닌 수량으로 파악하고 있으며, '만일 어떠했더라면 어떻게 되었을 것이다'라는 식의 가정에 입각한 반사실적(反事實的) 분석을 사용하고 있다. 이들을 비판하는 측에서는 위에 든 그들의 방법론이 아무리 명확한 수학적 용어와 숫자에 의해 표현된다 하더라도, 결국 가상에 입각한 한낱 추측에 지나지 않는 비역사(非歷史)에 불과하다고 주장한다.

량역사학파(cliometrics school) 연구자들이 많은 성과를 올리고 있다. 그들에게 있어 모든 역사는 모델, 도표, 컴퓨터 프로그램으로 환산된다. 몇 가지 변수를 근거로 해서 역사를 알아보려는 시도가 이루어지고 있다. 만일 철도가 건설되지 않았더라면, 미국 경제가 어떻게 전개되었을 것인가? 만일 남북전쟁이 노예제를 종식시키지 않았다면, 남부는 어떻게 발전했을 것인가? 이런 의문들에 대한 연구가 대표적인 사례들이다. 그리고 이런 지적 유희를 진지하게 받아들이는 사람들도 있다! 하지만 그람시는 역사적 사실의 계량화에 대해 다음과 같은 견해를 밝혔다.

역사는 수학적 계산이 아니다. 역사는 가감승제와 방정식을 만들고 제곱근을 구할 수 있게 하는 측정 단위도, 수의 단위도 가지고 있지 않다. 양적인 경제 구조는 질적인 문제로 전환된다. 그것은 인간의 손 안에서 하나의 도구가 될 뿐이다. 인간의 가치는 몸무게, 키, 또는 신경과 근육이 만들어 내는 기계적 에너지에 의해 환산되지 않는다. 인간은 자신의 정신적 특질, 행동, 고통, 수용과 거부 등에 따라서 선별적으로 양적인 것을 취급한다.*

이와 같은 계량화에 대한 비판이 다루는 문제의 성질에 따라서 그것이 유용한 방법이 될 수도 있다는 점을 부정하는 것은 아

* A. Gramsci, 정치평론(Ecrits Politique), 1권, 파리, 1975

니다. 제1차 세계대전 중에 사망한 전사자 수를 프랑스의 각 지역별로 정확히 조사해 통계를 내는 작업은 의미 있는 일일 것이며, 이때 컴퓨터를 사용하지 않을 이유가 없다. 그로부터 우리는 아마도 '피로 쓴 진실', 즉 브레타뉴, 옥시탕과 코르시카 농민들이 호전적이고 중앙집권적인 프랑스 제국주의에 바쳐 왔던 엄청난 양의 조세 부담을 이해하게 될 것이다. 이것은 오늘날 프랑스 내 소수 민족의 실제적인 문제로서, 그들이 현재 벌이고 있는 투쟁과 관련된 여러 가지 문제점을 반영하고 있다.

역사적 '사실들'은 1차 자료 및 2차 저작들, 통시성과 공시성, 시대 구분과 같은 잘못된 가정들을 기초로 하여 역사가의 수사법에 내재된 기본적 성격이 규정될 수 있다. 그것은 전체적으로 자본주의의 특성을 나타내고 있으며, 역사가의 수사법은 이 자본주의를 반영하고 지지한다.

첫째, 역사적 수사법은 기술주의와 전문가주의의 속성을 모두 지니고 있다. 역사적 지식은 항상 고고하게 자만심을 드러내는 전문가들을 위해서만 존재한다. 전문적 역사가들은 반대로, 자신들이 무시당하는 것에 불만을 가지고 있는 '아마추어' 역사가들에 대해 깊은 의심을 품고 있다. 다니엘 게랭은 『제 1공화정 하에서의 계급 투쟁(Les Luttes des Classes sous La premiere Republique)』에서 그 점을 아주 잘 표현하고 있다.

역사가 오직 역사학자들에 의해서만 이해된다는 것은, 역사학자의 강점이기도 하고 약점이기도 하다. 오늘날 프랑스에서 '진지한' 역사는 전문적 역사가와 아키비스트들이 독점하고 있다. 물론 이 독점은 부분적으로 인정될 수밖에 없다. 그밖에 달리 할 수 있는 일이 없는 전문가들만이 자료를 접할 충분한 시간적 여유를 가지고 있기 때문이다. 역사학에서 쓰는 전문적 방법들은 아마추어나, 프랑스 혁명에 대한 1930년대 최고의 권위자였던 알베르 마티에(Albert Mathiez)를 공격했던 세력들이 역사에 접근하지 못하도록 가로막는다. ······더욱이 전문가들은 과거 속에 살기만 할 뿐, 당연히 그래야 함에도 불구하고 과거와 현재를 동시에 살아가지 못하고 있다. 그들은 결국 자신들이 겪고 있는 사건들이, 단지 골치 아픈 인생의 한 단면에 불과하다는 사실을 망각한다. ······ 만일 이 시대의 혁명적 노동자가 매일의 빵 값을 버는 데에 시간을 소비하지 않아도 된다면, 그래서 아카이브나 도서관에서 많은 시간을 보낼 수 있다면, 대학 교수나 아키비스트 모두가 공동 연구하는 것보다 1793년의 상 퀼로트(sans culottes)*를 훨씬 더 잘 이해할 수 있을 것이다.

---

* **상 퀼로트** : 프랑스 혁명기의 의식을 지닌 민주 세력을 지칭하는 말. 퀼로트(반바지)를 입지 않은 사람, 즉 긴바지를 입은 노동자라는 뜻이며, 귀족(뒤에는 부르주아지)과 구별하기 위해 사용되었다. 그들은 프랑스 혁명 중의 여러 민중운동, 특히 바스티유 습격, 베르사유 행진 등에서 주력을 이루었고, 혁명의 추진력이 되었다.
그들의 구체적 실체를 지적하기는 어렵지만 생활 투쟁에 예민하고, 최고가격제의 실시와 생활권의 보장을 주장하였다. 그들은 지구위원회를 비롯한 혁명 정권의 하부 조직을 형성하였으나, 정부 형성 후 자신들이 지지한 에베르, 앙다제 등이 숙청됨에 따라 실체를 상실하게 되었다.

역사학자들이 쓰는 전문 용어는 일종의 암호와 같다. 물론 그가 쓰는 어휘들이 기호학자나 사회심리학자들이 사용하는 어휘만큼이나 난해하지 않다는 것은 사실이다. 그러나 그것이 다른 역사가들에 의해서 가장 잘 이해될 수 있는 것이라는 사실은 확실하다. 그것은 암시, 함축적인 언급 그리고 전문가만이 이해할 수 있는 인용문으로 가득 차 있기 때문이다. 프랑스의 역사학자인 세르토(Michel de Certeau)는 역사가의 저작들이 마치 대중을 위해 쓰여진 것처럼 보이지만, 사실은 단지 그의 동료들을 위한 것이라고 지적한 바 있다.

각주(脚註)는 이러한 암호화된 언어 사용을 보여주는 좋은 사례가 된다. 각주의 사용과 같은 의례적(儀禮的)인 형식주의는 지도교수가 학생을 '구속'할 수 있는 최상의 기회를 만들어 주기 때문이다. 각주는 저자로 하여금 자기 자신에게 질문을 던지고 의견을 말하며, 사례를 인용함으로써 자신의 해박한 지식을 뽐낼 수 있게 해 준다. 저자는 본문 속에 포함시키기에는 적당치 않으나, 버리고 싶지 않은 정보들을 수용할 수 있는 안전한 공간을 각주에서 발견한다. 그는 각주를 통해서 주로 효과를 내기 위해 선택되었던 암시와 공식을 더욱 명료하게 할 수 있다.

사실, 대부분의 각주는 불필요하거나 좀 더 이해하기 쉽게 쓴다면 본문 속에 쉽게 합쳐 버릴 수 있는 성질의 것이다. 그렇다고 해서 도표나 인용문, 중요한 참고 문헌 같은 것을 설명하고 확인할 필요가 없다는 의미는 아니다. 더욱 일반적으로 말한다면, 역사에 특별한 자격에 따른 분업이 필요하지 않다는 의미가 아니라 어떤 종류의 분업인가, 어떤 사회적 목표를 지향하고 있는가 등이 문제인 것이다.

둘째, 역사가의 수사법은 매우 주지주의적이다. 역사는 하나의 원리이자 자율적인 정신 활동이고, 고립된 연구 분야로 간주된다. 역사가의 지식, 지혜, 비법, 상상력 등이 시대를 거듭함에 따라 확대되듯이, 역사 지식은 지속적인 내적 발전을 통해서 발전한다고 생각한다. 프랑스의 철학자 미셸 푸코(Michel Foucault)의 책 『지식의 고고학(Archeologie du Savoir)』에서는 불연속성의 문제조차도 순수하게 지적인 방법으로 연구된다. 철학자와 언어학자들이 연구해 낸 새로운 관념들의 활동을 통해서, 역사학자들이 그제야 역사의 불연속 현상을 이해하게 된다는 것이다. 사회 변동을 일으키는 민중의 힘이나 투쟁에 관해서는 한 마디도 언급하지 않는다.

셋째, 역사가의 수사법은 생산주의적이다. 쉴새 없이 계속해서 써대는 것이 요구된다. 미국의 대학가에는 "출판하라, 그렇지 않으면 도태될 것이다."라는 말이 있다. 그래서 역사가는 논문 쓰기 그리고 도발적인 글쓰기, 다양한 책의 출판, 토론회 발표문, 심포지엄, 세미나 등과 같이 다양하고 중요한 작업들의 소용돌이 속에서 빠져나오지 못한다. 그래서 결국에는 계속해서 전문 분야가 세분화되는 현상에까지 이른다. 예를 들면 아무개 교수는 국민당 정부하의 중국 농업에 대한 연구자로서, 아무개 교수는 남북전쟁 이전의 미국 철도 연구자로서 알려지게 된다.

생산성은 그 자체가 목적이다. 왜냐하면 역사적 지식은 폐쇄된 체제로서 작동하기 때문이며, 누적된다고 여겨지기 때문이다. 다음의 조건 위에서 모든 연구 주제는 똑같이 '타당'하다. ① 그것이 우리 지식의 '틈'을 메워 줄 때. 세계사는 거대한 상황판과 같은 것이어서, 모든 '빈 칸'은 반드시 다 채워져야 한다고 많은 학자들이 생각하기 때문이다. ② 그렇기 때문에 '중복'은 가능하면 피해야 한다. ③ 현재 유행하고 있는 전문 용어로 토론할 수 있어야 한다. ④ 지나칠 정도로 풍부하지만 가급적 입수하기 힘든 자료의 도움을 받아 접근할 수 있는 주제여야 한다.

다르게 말하면, 하나의 주제가 현존하는 지식의 유형에 기술적으로 부합하느냐의 여부가, 그 주제의 사회적 기능과 그것이 제기하는 문제보다도 훨씬 더 중요한 것이다. 논문 제조기는 어떤 대가를 치르고서라도 계속 돌아가야만 하는 것이다.

그래서 전문가주의, 기술주의, 극도의 주지주의, 생산주의 등이들 모두가 기성 체제, 즉 자본주의 체제의 근본 가치와 지배적인 이데올로기를 위해 봉사하고 그것을 강화하는 데 한몫을 한다. 역사가의 수사법은 대중과 전문가 사이의 틈을 심화시킬 뿐이다. 역사가 고도로 기술적인 생산 양식으로 기울면 기울수록, 대중은 더욱더 배제되어 수동적인 소비자로 전락해 간다.

이런 방식으로 지식인들의 '가치 중립적인' 지식을 기초로 한, 그리고 대중 투쟁으로부터 고립된 특별한 사회적 역할을 수행해야 한다는 주장이 역사가의 수사법을 강화시켜 준다. 단지 청원서에 서명하고 연설을 함으로써 때때로 도덕적 차원에서 후원을 제공할 뿐이다. 또한 이 수사법은 '성장'이라는 생산주의 이데올로기를 강화한다. 따라서 역사가들은 현존하는 사회라는 기계가 자신의 전문 분야에서 잘 작동할 수 있도록 도와주고 있다.

보수적인 역사가의 수사법과 권력 구조 간의 야합은, 특히 선진국과 종속국 사이의 관계에서 아주 잘 드러난다. 공식적인 식민 통치가 종식되었다고는 하지만, 대부분의 제3세계 국가들의 과거의 식민 모국에 대한 종속성은 줄어들기는커녕 오히려 강화되었다. 이러한 신식민주의는 다른 분야에 못지않게 역사 연구 분야에서도 나타나고 있다.

선진 학문의 명성과 자신들의 주인이었던 서구의 학계에게 깊은 인상을 주고 싶은 열망 등에 의해서, 종속국의 역사가들은 선진국 역사학자들의 수사법을 서슴없이 받아들인다. 또한 무조건적인 이론의 주입, 서구를 모델로 한 신생 독립국의 역사 연구 유도, 국제 학술대회 참가나 연구 교수로서의 파견 등을 통해 서구 대학 연구기관의 각광을 받고 싶은 유혹 등도 중요한 원인들이다.

서구 역사가들의 수사법은 교묘하게 보편적, 혹은 선진적인 것으로 소개되어 종속국의 지식인들, 특히 블랙 아프리카 출신의 지식인들을 소외시키는 수단이 되고 있다. 버거론(Léandre Bergeron)은 자신의 책『퀘벡의 역사에 대한 작은 안내서(Petit manuel d'histoire du Québec)』서문에서 다음과 같이 말한다.

퀘벡이 자본주의적으로 산업화됨에 따라, 보다 더 계몽되고 덜 교권적이었던 엘리트들은 우리의 과거를 수정하기 시작했다. '객관적'인 과학적 탐구와 '역사적' 사실이라는 명목으로 프랑스계 캐나다 대학을 졸업한 역사가들은 많은 '사실'과 역사 자료를 수집하였다. 그러나 그들의 작업은 더 이상 나아가지 않았다. 그들에 따르면, 우리의 역사는 프랑스계 캐나다인들의 패배와 복속을 암묵적으로 확인시켜 주는 하나의 기나긴 과정이라는 것이다. 그들은 미국인들로부터 연구 방법을 가져오면서 그와 더불어 미국인의 관점도 가져왔다. 즉 미국 자본주의 체제는 우월하고, 지나간 시대의 잔재인 소수 민족은 열등하다는 관점이 바로 그것이다.

많은 사람들의 눈에는 계량화, 실증주의, 시대 구분, 자료의 집대성과 같은 역사적 지식의 잘못된 기초들을 정당화하는 것이 '과학적' 주장이며, 또 '과학적'인 기준에 부합하는 그들의 능력인 것으로 보인다. 정확성에 대한 관심, 진실에 대한 존중, 사실의 확인, 객관적 지식, 원리나 관계 및 법칙에 대한 탐구와 같이 과학적 엄밀성을 추구하는 것은 당연히 필요하다. 하지만 그것이 오직 선진 자본주의 국가에서 나타나고 있듯이, 지식의 확장이라는 지배적인 기술주의적 모델을 통해서만 충족될 수 있다고 주장하는 것과는 엄연히 다르다.

과학적 지식의 핵심적 기준은 이론과 실천 사이의 상호 연관적인 관계이다. 역사란 오직 현실과의 접촉을 통해서만 얻을 수 있는 것이라고 정의될 수 있다. 물론 어느 누구도 역사의 목표가 과거를 알려고 하는 노력이라는 사실을 부정하려 하지는 않을 것이다. 그러나 '안다'는 것은 무엇을 의미하는가? 마오쩌둥은 우리가 사과를 베어 먹을 때, 그것이 사과라는 것을 알게 된다고 했다. 다시 말해서 우리는 능동적 관계를 통해서 대상과 접하게 되었을 때, 그 대상에 대해 알게 된다. 분명히 과거를 안다는 것이 과거에 직접 작용하는 것을 의미하는 것은 아니다. 과거를 안다는 것은 그 과거의 정점인 오늘의 세계와 능동적 관계가 형성되는 것을 의미할 뿐이다.

역사는 '과거를 연구하는 과학'이라고도 불린다. 그러나 역사를 과거 속에 가두어 두려고 하지 않을 때, 비로소 완전한 의미에서의 과학이라 볼 수 있다. 과거의 사회까지도 포함한 인간 사회를 연구하기 위한 일반 원리는 무엇보다도 먼저 우리가 살고 있는 사회를 분석함으로써 발견될 수 있다. 그것이 바로 칼 마르크스가 사용한 방법론이었다.

끊임없이 과학적 엄밀성에 대해 이야기를 하면서도, 현실에 대한 과학적 분석을 부정하는 전문적 역사가들은 위선자이거나 고리타분한 지식인일 것이다. 어쨌든 그들은 '전문적 연구'에 관한 한, 자신이 살고 있는 현실이 안고 있는 문제를 외면하는 편이 더 편리하다는 것을 잘 알고 있다. 그렇게 하지 않으면 대학의 역사 학과나 학술지의 편집위원회, 수많은 학술 토론회에서 앞에 언급했던 잘못된 역사가의 수사법들이 붕괴해 버릴지도 모르기 때문이다.

역사적 수사법의 지배적 모델은 결코 변화할 수 없는 것도, 무너질 수 없는 것도 아니다. 오늘날 이러한 잘못된 가정들에 근거하여 쓰여지고 있는 수많은 전문 연구들은 언젠가, 오늘날 우리에게 전혀 의미를 주지 못하는 주제에 관한 17~18세기의 방대한 책을 비치한 도서관들보다도 훨씬 더 우스꽝스럽고 내용이 없으며, 위조품으로 취급되는 날이 올 것이다.

역사에는 지금에 이르러 효력을 잃어버린 지식이 되고 만 수많은 사례들이 있다. 앞으로 우리는 그보다 훨씬 더 많은 사례들을 보게 될 것이다.

7장

●

역사 지식에 대한
사회학적 안내서

기성 체제의 위계 구조 / 비공식적 '신뢰' / 파리 대 지방 / 반숙
련 노동자들과 여성 / 성장과 관료적 형식주의 / 미국 대 소련 / 상
품으로서의 역사 유적지 / 소환되는 다수, 선택되는 소수

전문적인 역사가들의 세계는 '환경의 법칙(the laws of milieu)'을
준수하며, 그 법칙들은 부드럽지만 매정하다고 프랑스의 역사가
미셸 드 세르토가 말했다. 그 세계의 제도적 구조는 완고하고 위
계적인 '프랑스식'이다. 그들의 영역은 프랑스 국립대학의 명망
있는 교수, 지방 대학이나 파리 교외에 있는 대학의 교수, 고등학
교 역사 교사, 때때로 '역사에 뛰어들어 보는' 초등학교 교사를 포
괄한다. 한 단계에서 다음 단계로의 상승은 엄격하게 통제되며,
일련의 기이한 입회 의식 또는 통과 의례를 치러야 한다.

중요한 것은 그들에게 '권위'라는 상표를 수여하고, 그럼으로
써 전문 분야에서 활동할 수 있도록 해 주는 역사가의 힘이다. 학
문적 위계질서의 정상에 있는 유명한 교수는 애제자 가운데서 필

요한 학위와 몇 가지 '인상적인' 저작을 소유한 제자가 있다면, 그에게 '찬란한 미래'를 보장해 줄 수 있다. 그러나 이러한 학위와 저술들은 그 자체로서는 가치가 전혀 없다. 그것들은 위로부터의 내정을 받기 위한 행정적 조건일 뿐이다.

이러한 체계는, 특히 '아마추어들'에게 무자비하다. 메트롱(Jean Maitron)이나 도망제(Maurice Dommanget) 같은 교사들은 프랑스 사회사 연구에 두드러진 공헌을 했음에도 불구하고, 교수라는 귀족들이 자신들을 하찮은 자리나 지위로 몰아낸다는 것을 경험을 통해 잘 알고 있다. 또한 프랑스의 학생들은 다니엘 게랭, 클로드 망스롱, 앙리 기유맹(Henry Guillemin), 베르나르 샤르보노(Bernard Charbonneau)와 같은 프리랜서들에게 배울 기회가 없을 것이다. 아마도 신중한 경고문이 첨부되어 있겠지만, 만약 이들의 저작들이 재학하는 대학의 참고 문헌 목록에 끼어 있기라도 한다면 그 학생들은 행운아라고 할 수 있다.

직업 세계에서의 족내혼(族內婚, endogamy)은 사회적 집단으로서의 역사가들을 더욱더 결집시킨다. 같은 분야 내에서 결혼하는 경우는 대부분 소장 역사가들이 모두 학생이었을 때부터 시작되었다. 대학 세계에서 특징적으로 경험하게 되는 사회적, 성적 고독을 혼자 보다는 둘이서 더 잘 견디어 낼 수 있다. 정략적인 결혼의 경우에는 조금 더 복잡하다. '거장(big boss)'의 사위에게는 모든 문이 활짝 열려 있다. 그러나 부인의 결혼 전 성(姓)이 직업 세계에서 아주 중요한 의미를 갖는 이력서에 포함되는 법은 없다. 성공으로 가는 이러한 특별 통로를 무시하는 척하는 태도는 제법 그럴 듯해 보인다. 하지만 거장의 사위에게 있어서, 그것은 위계질서의 정상에 도달할 수 있는 왕도(王道)임에 틀림없다.

다른 프랑스 학술 분야와 마찬가지로, 역사가들의 세계에 있어서도 권력 구조는 극도로 엄격하다. 제도적인 공식 메커니즘은 '관변 학자들'에게 막강한 권위를 부여한다. 가장 영향력 있는 전문적 역사가들은 일련의 복잡한 행정 메커니즘을 통해서, 연구기금뿐만 아니라 다른 대학의 교수 임용과 승진에까지 철저하게 관여하고 있다. 사실 역사가들은 정기 간행물이나 논문집 기고, 학회 발표 및 국내외 학술대회와 세미나 참여, 혹은 권위 있는 외국 재단이 후원하는 연구비를 받거나 연구 교수로 파견되는 것 외에는 자신과 자신의 연구를 알릴 수 있는 방법이 거의 없다.

그런데 자신을 알릴 수 있는 출구, 즉 주요 정기 간행물, 학술 논문집, 특수 단체의 집행위원회, 학술대회나 세미나의 주관 위원회들 모두를 통제하는 주체는 관변 학자들이다. 물론 모든 세세한 실무는 '성실한' 대학원생들에 의해서 처리된다. 관변 학자들이 온갖 술수를 다 부리고 나서야 역사가들은 전문 학술지에 논문을 싣거나, 화려한 국제회의에 참석하도록 선택되거나, 해외 대학에 연구 교수로 파견되는 데 성공한다. 신진 연구자들의 장래, 도덕적인 만족과 물질적 복리는 승진 메커니즘과 후원금의 출처 및 성공으로 나아가는 통로인 피라미드의 정상에 있는 당대의 '권위자'에 의해 전적으로 좌우된다.

최근에 이르러 역사학계 기성 체제의 영향력은 학계의 뛰어난 인물들이 중요한 지위를 차지하고 있는 대중 매체로까지 확장되었다. 그들은 상업적인 출판업자들에게 중요한 저작을 써 줌으로써, 또 라디오나 TV에 참여하여 영향력 있는 '상담자' 역할을 함으로써, 또는 신문의 인터뷰에 응함으로써 자신의 재능과 업적을 대중에게 알릴 수 있다. 젊은 역사가들은 대학과 미디어를 연결하는 전략적인 위치를 점하고 있는 지도적인 인물의 눈에 들 때에만, 비로소 이러한 '축복받은' 활동에 동참할 수 있다.

프랑스의 각 분야에서 파리와 지방 사이에 흔히 나타나는 긴장 관계는 역사가들 사이의 작은 세계로까지 확장된다. 한쪽 극단에 권력의 온상이 존재하고, 그 권력에 의해 연구비와 임용에 관한 전국적 차원의 결정이 내려진다. 또한 주요 출판사들과 연구기관이 파리에 위치하고 있다. 뛰어난 지방 대학의 교수라 할지라도 파리의 의사 결정 기구 내에서 영향력을 행사하지 못한다면, 하찮은 존재에 머물고 만다.

하지만 최근에 이르러서 파리와 지방 사이의 관계는 조금 더 복잡해지고 있다. 지방에서의 생활은 때때로 훨씬 더 편안하다. 그곳에서는 대학과 지방 권력 사이의 협조가 훨씬 더 개방되어 있고, 원만한 관계를 맺고 있다. 그러한 관계는 와인이나 부동산에 대한 개인적인 이해를 제쳐 두고라도, 지역 발전에 열정을 가진 상업회의소, 지방 사업가들의 모임과 개발 위원회, 지방의 주요 신문들과 정치가들을 통해서 주로 이루어진다. 이제는 '찬란한 경력'이 반드시 파리에서만 꽃 피우게 되어 있다는 말은 더 이상 진리가 아니다.

다른 모든 산업화된 생산 조직과 마찬가지로, 역사학 기관도 분업적으로 운용된다. 거기에는 그 나름의 반(半)숙련 노동자들과 화이트 칼라 노동자들, 그리고 '작업반장(little boss)'들이 존재한다. 이같은 애매한 노동력은 수적으로 끊임없이 증가하고 있다. '생산'하고자 하는 역사가들은 유능한 연구 조교들, 기술적인 문제를 자문해 주는 동료들, 행정적인 문제를 처리해 주는 비서들의 도움 없이는 아무것도 해 나갈 수가 없다. 연구 분야가 좁고 세분화될수록 분업은 더욱 엄밀해진다.

역사학 '공장'의 반숙련 노동자들은 참여하고 있는 연구 과제의 전체적인 목적이나 의미를 전혀 파악하지 못한 채, 고문서를 뒤적거리거나 참고 도서 목록을 조사하거나 컴퓨터에 입력시킬 자료를 준비하며 분류한다. 또는 통계적 처리에 매달리는 등의 틀에 박힌 임무들을 수동적, 기계적으로 수행한다.

이러한 '저임금' 노동력은 다시 무보수로 일하는 노동자 보급소, 즉 그들의 저명 교수가 흥미를 갖는 주제를 연구해 봄으로써 역사학의 방법을 익혀 보려는 학부생들로 충원된다. '거장'들은 이러한 자발적인 노동자들의 무한한 공급을 통제하고 관리함으로써, 자신의 희생은 거의 없이 파일 박스를 확장시켜 나갈 수 있는 것이다.

또한 역사학자들은 거의 대부분이 남성들이다. 역사가들의 세계가 뿌리 깊게 성차별주의적이기 때문이다. 반숙련된 역사학 노동자의 압도적인 다수는 여성이지만, 대학의 서열화된 계급 단계가 올라가면서 그들의 비율은 급속히 줄어든다. 심지어 대학의 시간 강사나 하위직의 연구원조차도 여성은 소수에 머문다. 최정상의 단계에는 여성들이 드물며, 물론 실질적으로 영향력을 행사할 수 있는 지위에 있는 경우도 거의 없다고 할 수 있다.

이러한 모든 권력 구조는 역사 지식의 구획화를 증대시키는 데 실질적으로 기여한다. 자신의 존재를 정당화하고 유지하기 위해서 '자본주의적 공장의 재생산과 유지'라는 메커니즘과 마찬가지로 끊임없이 확장해 나가야 한다. 선생은 학생들을 통해서 나타나며, 연구소는 연구 결과를 통해서 드러난다. 연구 주제는 그 분야의 경쟁적 상황, 제도를 운용해 나가는 사람들의 경향, 승진의 가능성 등을 고려해서 선정된다. 심지어 할당된다고 말할 수도 있다.

영국 역사학자들이 적절히 지적한 대로 특별히 촉망 받는 분야가 있다. 주로 이해관계에 얽히지 않고 지식의 즐거움을 느끼기만 하면 되며, 확실한 성과를 낼 수 있는 분야를 말한다. 여기서 파킨슨의 법칙(Parkinson's Law)*이 완전하게 실현된다. 각 전문 분야는 '핵심 분야'를 자처하고는 경쟁을 주시하면서 만일의 공격으로부터 방어하기 위해 경계하고, 조직을 형성하여 자체의 영향

---

* 관료의 수는 일의 양과 관계없이 일정한 비율로 계속 증가하기 마련이라는 것. 영국의 경제학자 파킨슨(Cyril Northcote Parkinson)이 풍자적으로 말한 법칙.

력을 확대시키려고 애쓴다. 그동안 경제사, 영화사, 중국사 분야에서 일어난 변화들이 바로 그러한 노력이었다. 이 모든 분야는 시대에 뒤떨어진 '고대사, 중세사, 근대사, 현대사'라는 4분법적 시대 구분이라는 전통적 구조에 대한 도전이었다.

대학에 관한 한, 18세기는 예약된 분야이다. 그 분야에 대한 접근이 외부인에게는 금지되어 있어서가 아니라, 오랜 기간의 준비와 의식을 거치지 않고는 누구도 들어갈 수 없기 때문이다. 연구 단체, 학술지, 학술대회 등을 운영하고 있는 전문가들만이 '18세기'라는 공유지의 일부를 개척하고 이용할 수 있는 잠정적인 권리를 누린다. 일단 젊은 학자의 논문이 완성되기만 하면, 이러한 기득권은 소유권으로 전환된다.*

성장과 구획화는 함께 진행된다. 역사가는 비잔티움 역사, 16세기에서 19세기의 지성사, 은행사 등 특정 전문 분야에 정주(定住)해야 한다. '부랑자', '주변을 맴도는 사람'과 같이 일정한 '주소'를 갖지 못한 사람들은 의심의 대상이 된다.

결과적으로 역사가들은 거의 예외 없이 학문적 위계 안에서 더욱더 엄격하게 자신의 직업 및 권력 메커니즘과 자신을 동일화시켜 나가게 된다. 그러한 역사가는 점차로 전체적인 역사에 대한

---

* Pierre Chartier, 18세기는 존재하는가?(Le dix-huitième siècle existe-t-il?) in Le XVIII Siècle, No. 5

개관이나 그들이 살고 있는 현실, 그동안 살아온 과거 사이의 관계를 파악하는 것이 불가능하게 된다. 비록 그는 '역사가'라는 상표를 사용하지만, 일반적 의미에서 더 이상 역사가가 아니다. 단지 '그리스 제도 사가(史家)' 또는 '노동운동 사가'일 뿐이다. 그는 아마존 강 유역의 히바로족(Amazonian Jivaros)*의 쭈그러든 머리와 같이 축소되고 만다.

위와 같은 분석은 프랑스의 상황에 의거한 것이지만, 다른 주요 선진 국가들에서도 동일하게 적용될 수 있다. 미국에서의 역사 연구의 특징은 직업적 위계질서, 아마추어의 배제, 엄격한 권력 구조, 그리고 불평등한 분업 등으로 설명될 수 있다. 찰스 비어드(Charles Beard)와 같은 위대한 역사가조차도 '아마추어'로 분류되어 30년 동안 인정을 받지 못했다.

미국에서는 하버드, 예일, 프린스턴, 콜롬비아, 코넬 등 유서 깊은 명문 대학들의 희한한 조합인 '아이비 리그(Ivy League)'라는 세력들이 실질적인 권력을 행사한다. 바로 이들이 흔히 '노예 시장'으로 알려진, 막강한 '미국 역사학회(American Historical Association) 연례 학술대회'를 통해 출세 여부를 결정한다. 여기서 대부분의 대학 교수 자리에 대한 협상이 이루어진다. 미국 대학에서는 컴퓨터를 폭넓게 이용하지 않은 논문들이 통과되지 않으며, 대부분의 경력은 역사학 분야의 몇 가지 미시적이고 세분된

---

* **히바로족** : 에콰도르 남부와 페루 북동부에 사는 인디언의 한 종족. 호전적인 히바로족은 죽은 사람의 머리를 주먹 크기 정도로 줄이는 기술로 유명하다.

영역에 대한 '독창적 작업'을 수행함으로써 이루어진다.

소련 역사학계의 특징은 미국과 마찬가지로 위계질서의 구조, 생산주의 선호, 학계 권력의 집중, 지도적 인물을 중심으로 한 음모, 파벌 대립 등이 존재한다는 점이다. 다만 그곳에서는 절대적인 독점권을 행사하는 국가 관료제의 존재로 인하여 그러한 현상이 더욱 심화되었다는 점이 다를 뿐이다. 소련과학원(Academy)의 정회원이 되고, 그래서 위계질서의 정상에 도달하는 데에는 과학원의 감독관이나 분야(otdel) 책임자의 성향이 결정적으로 작용한다. 소련 역사학 분야의 이러한 관료제적 구조는 과학원의 연구원에 한정되는 연구와 대학 교수에 제한되는 강의를 엄격하게 분리함으로써 더욱 강화되었다. 1950년대에 소련의 모델에 따라 조직되었던 중국의 역사 연구기관이 1966년의 문화대혁명 기간 동안에 즉각적으로 해체되었던 사실은 결코 우연한 일이 아니다.

직업적 역사가들의 사회적 환경은 결코 중립적이지 않다. 역사 지식이 가지고 있는 이데올로기적 성격처럼, 그것 또한 자본주의 사회 질서에 철저하게 순응하며 움직이고 있다. 개인적으로 자신을 좌파라 여기는 역사가들이 있을지 모르지만, 그 구조가 기성 체제에 밀접히 연결되어 있어서 이를 반영하고 동시에 지지한다. 역사 연구는 자본주의 사회의 기본적 성격인 화폐와 이윤, 그리고 종속된 노동자들에 대한 착취에 기초한 사회적 관계를 유지하는 데 공헌하고 있다.

그리고 자본주의에 대한 비판에 기초한 수사법을 가진, 다시 말해 학술적 마르크스주의에 가깝거나 그것과 자신을 동일시하는 역사가들 역시 마찬가지다. 그들은 기존의 역사 권력과 사회 질서 사이에, 또는 역사가들의 전통적인 수사법과 자본가 계급의 이데올로기 사이에 벌어지고 있는 공모에 진정으로 도전하지 않았다. 최근에 역사의 상업화 및 출판업자나 영화 제작자, 관광업자, 라디오와 TV 제작자들 사이에서 역사 상품이 성공함에 따라 이 모든 권력의 메커니즘이 더욱 확장되었다. 영국의 저명한 좌파 역사학자인 어느 대학 교수는 「타임」지의 주간 문예판에 '잘 팔린다'라는 제목의 글을 쓰기도 했다.

역사 지식은 소비 사회에서 하나의 상품이 되었고, 역사라는 상품을 파는 세일즈맨이라는 새로운 사회적 유형이 등장했다. 발자크(Honoré Balzac)의 소설에 나오는 인물보다 현대화된 유형의 고디사르(Gaudissart)*는 풍부한 사업가적 감각과 판매 능력을 지닌 수완을 가지고 있다. 그는 사회적인 출세를 꿈꾸는 인물로서 영향력을 행사할 수 있는 지위에 오르려고 애쓰며, 학문 세계의 야심 많고 능력 있는 라스티냐크(Rastignacs)**와 긴밀하게 동업한다. 이러한 새로운 학문 브로커를 통해서 출판업자들이 제시하는 역사 기획물들은 학술적 역사가들에게 금전이나 권위는 물론, 그들의 총애하는 학생들을 위한 시장까지도 가능하게 해 주

---

* 고디사르는 발자크의 소설 『인간희극(La Comedie Humaine)』의 '지방 생활의 정경' 편에 나오는 인물로, 천박하고 허풍을 잘 떠는 외판 사원의 전형.

** 라스티냐크는 위와 같은 작품의 '파리 생활의 정경' 편에 나오는 인물로, 왕정 복고시대 출세주의자의 전형.

는 새로운 출구를 제공해 준다.

그러한 기획물들은 수많은 상표의 과자나 트랜지스터 라디오처럼 계속해서 늘어난다. 그것들은 전문적 저술가들에 의해서가 아니라, 학술적 역사가들에 의해 그동안 활용했던 수업 자료, 전문적인 연구 조사, 그동안 발표하지 않고 남겨 놓은 자료들과 다른 연구의 부산물들을 이런 식으로 공급한다. 미국의 출판업자들은 특정 주제에 대한 여러 필자들의 논문 편저, 같은 필자의 다양한 논문들의 편저, 오래된 교재의 새로운 편집, 풍부한 각주와 논평을 곁들인 선집 같은 저작들을 무수히 출판하고 있다. 재치 있는 경영자들은 '비서적류(non-books)'라는 이름으로 여러 방식을 결합시켜 출판 시장에 내놓고 있다.

이 모든 것이 의미하는 바는, 학자들이 동일한 저술에 대해 두 번이나 보상을 받고 있다는 점이다. 우선 프랑스에서 직업적 역사가들은 '교수 연구자(teacher-researcher)'이자 전임 교수로서 대학에서 봉급을 받고 있다. 한편 그가 가르치고 연구한 결과물은 개인적인 경로를 통해 다시 시장에 팔리는데, 거기에서 보통 10%의 인세를 받는다. 나 자신도 존경하는 동료들과 함께 이런 놀이에 참가해 본 바 있다.

그 결과는 인플레이션이다. 동일한 전문가가 여러 개의 경쟁적인 또는 보충적인 기획물에 기고하도록 청탁을 받고, 그때마다 조금씩 다르게 꾸며서 다시 팔아넘긴다. 이러면서 그의 저작의 질은 점점 떨어진다. 종이 값의 상승이나 불황과 같은 경기 변화에 의해 영향을 받지 않는 한, 역사학에 관계된 책들은 잘 팔려 왔으며, 앞으로도 계속 그럴 것이다. 역사가들은 대학의 연구 계획, 새로운 교재의 수요, 시대에 뒤떨어지기 싫어하는 졸업생들의 지적 욕구 등을 통해 안정된 판로를 보장받고 있다. 동시에 일반 대중은 진지한 과학 서적보다는 좀 더 읽기 쉽고, 지나치게 허황된 '공상과학 소설'보다는 덜 모호하다고 생각해서 역사 서적을 찾는다.

그뿐 아니라 대중 매체, 영화, 여행자들을 위한 안내, '소리와 빛' 쇼, 역사 유적지의 재건과 같은 역사가들의 상품화를 위한 광대한 시장들이 있다. 미국에서는 관광 수익을 위해 버지니아 주의 윌리암스버그 거리에 독립전쟁 당시의 건물, 작업장, 의상, 공예, 미술품 등을 비슷하게 복원했다. 여기서 역사에 대한 지식은 사회적 중요성과 전혀 관계 없이 오로지 오락을 위한 또 하나의 눈속임으로 전락한다. 하지만 역사가의 눈에 하찮아 보이는 이런 측면도 새로운 역사 산업에서 빠뜨릴 수 없는 부분이다.

전문 역사가들의 존재에 스며들어 있는 이러한 권력과 특권, 그리고 금전의 모든 체계는 지독하게 선택적이며, 동시에 무자비하게 제한적이다. 그것은 무자비한 선택 과정에 기초하고 있다. 학문적 위계의 사다리 맨 밑에 가까스로 발을 걸쳤다 할지라도, 그들 중에서 학문적으로 또는 상업적인 관점에서 실제로 성공할 이들은 얼마나 될까? 몇 명이나 TV의 스타 역사 강사, 베스트셀러 도서의 저자 또는 저명한 교수가 될 수 있을까? 아마도 거의 대부분은 절대로 '해내지' 못할 것이다. 그들은 의견의 불일치나 비판 또는 부정을 용납하지 않는 체제의 손아귀에서 벗어나는 데 성공하지 못할 것이다. 또는 시도조차도 하지 못하고 쓸모 없이 지쳐 가거나, 거물들의 그늘에 가려서 빛도 보지 못할 것이다.

학문적 위계질서의 메커니즘은 유연한 겉모습과 달리 비생산적이어서, 결국에는 미국 대학에서의 탈락자들처럼 개인적으로 탈출해 버리는 극소수를 제외하고는 어느 누구도 복잡한 타협과 공모의 네트워크를 피할 수 없다. 그래서 모든 것을 포괄하는 환경의 한 부분으로 받아들여지고 만다. 그 체제는 동화력에 의해 힘을 강화한다. 개인은 역사 지식의 사회적 메커니즘에 동화되고, 자신이 그 메커니즘의 일부분이 되도록 내면화시키게 되는 것이다. 과연 여기서 탈출할 수 있는 방법은 없는 것일까?

8장

4분법적 시대 구분의 함정들

전형적인 프랑스식 체계화 / 역사 관료제와 유럽 중심주의의 구체화 / '고대, 중세, 근대와 현대사'의 특별한 역사적 기능 / 4분법의 지성적, 정치적 파산 / 강단 마르크스주의는 구원할 수 없다

프랑스에서 학문 분야로서의 역사 교육과 연구는, 대체로 역사적 시간을 나누어 구분한 네 개의 큰 분야로 이루어진다.

① **고대사** : 실질적으로 고대 그리스와 로마의 역사에 전적으로 집중되어 있으며, 파라오가 통치했던 시기의 이집트와 앗시리아(Assyria), 그리고 바빌로니아(Babylonia) 제국은 간략하게 다루어지고 있을 뿐이다. 이 시기는 일반적으로 로마 제국의 멸망까지를 다루는데, 하한선은 '야만인'들에 의해 로마가 함락된 서기 410년이나 서로마 제국이 멸망한 484년으로 잡는다.

② **중세사** : 원칙적으로 서구의 중세를 의미한다. 비잔티움(Byzantium) 제국과 동유럽, 그리고 지중해 연안의 아랍 국가들에

대해서는 간략하게만 언급되고 만다. 이 시기는 터키에 의해 비잔티움 제국이 멸망한 1453년이나 콜럼버스가 아메리카 대륙을 발견한 1492년까지를 다룬다.

③ **근대사** : 역시 유럽이 중심이 되고, 유럽의 해외 식민지가 일부 포함되는 정도이다. 이 시기는 프랑스 혁명에까지 이르는데, 하한선으로는 1789년이나 1799년 또는 1815년까지를 잡고 있다.

④ **현대사** : 유일하게 유럽 중심적인 틀을 넘어서서 아시아, 아프리카, 그리고 아메리카의 국가들에 대해 진정한 관심을 가지려는 노력이 취해지는 분야이다.

먼저 강조되어야 할 것은 세계사에 대한 이러한 4분법적인 파악이 대단히 프랑스식이라는 점이다. 다른 나라에서는 역사가 다른 기준점에 의거하여 구성된다. 예를 들어 그리스에서는 고대가 15세기까지 연장되며, 터키의 점령은 중세의 일부로서 이해된다. 중국에서 근대사는 아편전쟁에서부터 현대사의 출발을 특징짓는 1919년 5·4 애국운동까지 이어진다. 미국에서는 18세기 말의 독립전쟁 및 남북전쟁을 기준으로 미국사를 세 개의 시기로 나누고 있다.

하지만 세계사를 엄격한 4분법적 구조로 체계화하는 방식이 가장 극단적으로 실행되고 있는 나라는 아마도 프랑스일 것이다. 4분법은 이데올로기적으로나 학교 기구의 차원에서 일정한 기능들을 수행하고 있다. 하나의 공식적인 이데올로기를 위해 봉사하고 있는 것이다.

① **교육적 기능** : 이러한 네 가지 포괄적인 범주들은 대학뿐 아니라 중등학교의 역사 과목 교육 자료의 골격을 이루는데, 교과서나 역사학 관련 서적들에도 비슷한 방향이 제시된다.

② **제도적 기능** : 4분법은 대학에서 교수 자리를 배분하는 데에도 기준이 된다. 연구비나 교수 임용을 통제하는 전문 기관도 4분법적 기준에 따라 구성된다. 학문적 파벌이 결성되는 것도 동일한 포괄적인 범주들을 중심으로 이루어진다. 고대사와 중세사 교수들은 자기들의 분야가 '아그레가시옹(agrégation)'이라는 중등학교 교사 자격 시험을 위한 커리큘럼 중에 각각 3분의 1씩을 차지할 수 있도록 교육부에 압력을 가하고 있다. 그래서 그들은 자연스럽게 학생, 조교 및 연구비 등을 보장받는다. 반면에 훗날 그 졸업생들이 중등학교에서 가르치게 될 때는, 당연히 16세기 이전의 세계사는 극히 작은 비중에 머물 것이다.

③ **지식으로서의 기능** : 4분법은 역사학 연구에서 분업의 기초가 되며, 네 가지 주요 범주는 세부적으로 많은 하위 분야로 나뉜다. 물론 역사학의 영역을 나누고 전문 분야를 표시하는 다른 기준이나 방식이 있기도 하다. 역사가는 종교사, 경제사, 지성사 등과 같이 특정한 지역이나 사회적 경험에 대한 전문가가 될 수 있다. 그러나 극히 예외적인 경우를 제외하고는, 이렇게 세분화된 전문성은 정당하게 인정되거나 존중을 받지 못한다. 고대 그리스 경제

사, 중세 상업사, 근대 인구사와 같이 네 개의 기본 분야 내에서 이루어지지 않는 한, 과학적인 역사의 기준에 부합되지 않는 것으로 여겨진다.

④ 이데올로기적·정치적 기능 : 이러한 4분법의 궁극적인 결과는 세계사에 있어서 서구의 역할을 과대평가하고, 인류의 발전에 있어서 비유럽인의 가치를 양적으로나 질적으로 과소평가하는 결과로 나타난다. 이러한 점에서 4분법은 제국주의가 가지고 있는 지적 기구(intellectual apparatus)의 필수적인 측면이다. 세계 대부분의 민족에게 있어서, 유럽인들이 아주 결정적인 것으로 여기고 있는 로마 제국의 멸망이나 비잔티움 제국의 함락 같은 사건들은 그다지 큰 의미를 갖지 못한다. 또한 이러한 사건들의 선택에 있어서는 정치적 상부 구조나 왕조의 역사가 강조된다. 그것은 의도가 있는 선택이다.

4분법의 특별한 이데올로기적 기능은 지배 부르주아 계급에게 필수적인 특정한 문화적 가치를 과거 안에 부여하는 것이다. 따라서 르네상스 이후로 항상 그리고 프랑스 혁명 이후로는 더욱더, 정치적 이유로 인하여 고대 그리스와 로마의 역사가 프랑스 부르주아 문화의 기초 가운데 하나로 간주되어 왔던 것이다. 얼마 전까지만 해도 학생들은 바칼로레아(Baccalaureat) 시험에서 라틴어로 시를 짓거나, 장 조레스(Jean Jaures)가 했던 것처럼 라틴어로 박사 학위 논문 심사를 받았다. 그리스어와 라틴어에 대한 지식은 지배 계급의 일원이 되기 위한 필수적인 요건이었다. 수학의 중요성이 새롭게 대두한 최근에 와서야 이러한 상황이 달라지기 시작했다.

중세의 이데올로기적인 특질 또한 그리스와 로마 못지않게 확고하다. 당시는 심오한 기독교의 시대였으며 가족, 충성, 십자군, 기사도와 같이 끊임없이 언급되는 기독교 문명의 가치들을 고양시키는 경우가 많다. '중세'라는 개념은 그 용어 자체의 원래 의미에 있어서도 이데올로기적이다. 마르크 블로크에 따르면, 중세는 '구약의 종말을 가져온 예수의 성육신과 오랫동안 기다려 온 하느님 왕국이라는 축복을 받은 날 사이를 매개하는 시대'로서 인식된다. 중세를 세계사의 기본적 범주 가운데 하나로 만드는 것은 보수적인 가톨릭 집단과 교회의 권위와 지배를 영속화하려는 목적이 있음을 의미한다. 그들이 물려받았다고 주장하는 기독교 문명은 시간의 네 기둥 가운데 하나로 설정된다.

평범한 학교 교사의 아들로 태어나 상층 부르주아 계급에 가담한 퐁피두 대통령은 프랑스 국립고등학교(Lycee)의 교과목에 라틴어를 부활시키고, 죽은 지 700년이나 지난 프랑스의 왕 세인트 루이를 기념하여 1970년에 대규모 축제를 조직하였다. 기성 체제 이데올로기의 옹호자로서의 역할을 충실히 수행했던 것이다.

어쨌든 볼테르의 시대 이래로 '근대(Modern Times)'라는 용어는, 과거에 종말을 고하고 '모더니즘'이라는 이름 하에 모든 인류의 미래를 지배하려는 신흥 부르주아 계급의 요구를 반영한 것이었다. 지난 수십 년에 걸쳐 대학의 제도적 구조 안에서 근대사는 현대사와 분리되었지만, 여전히 특별한 이데올로기적 역할을 수행한다. 15세기에서 18세기에 이르는 기간은 구체제(Ancien Régime)의 황금 시대로서, 특히 그 유연한 메커니즘 덕분에 혁명을 피할 수 있었고, 적어도 혁명을 단순한 사고에 그치게 할 수 있었던 체제로서 묘사된다. 그래서 그 시기는 영역도 광범위하고, 탈 정치화된 역사가 집단으로서 '장기적 안목'을 중시하는 학파(long view school)*의 인기 있는 선택 분야가 되었다.

이러한 관점에서는 대규모 정치적 투쟁과 위기 또는 갑작스런 격변과 같이 성가신 문제에 의해 방해받지 않고, 인구통계학적 문제와 이념, 기술적 발전, 대중 문화 또는 고급 문화 등에 대한 연구를 무난하게 진행시킬 수 있다. 이러한 근대 시기에 대한 연

---

* 아날학파를 말한다. 1929년 마르크 블로크와 뤼시앵 페브르에 의해 창간된『사회경제사연보(Annales d'histoire économique et sociale)』에서부터 기원을 따질 수 있다. 제2차 세계대전이 끝나자 페브르에 의해 하나의 학파로서 성립하게 되었고, 1950년대 페르낭 브로델에 의해 완성되었다. 현재 아날학파의 중심 인물로 활약하고 있는 르 고프, 라뒤리 등은 제3세대에 속한다.

그들은 전체사를 지향하여 사회사를 중시하고, 구조와 주기에 대한 연구에 집중한다. 따라서 사건 중심의 역사를 철저히 비판한다. 또한 인접 학문 분야와의 상호 교류를 통한 역사 연구에 역점을 두며, 계량적인 방법이 많이 사용되고 있는 점이 특징이다.

따라서 이들은 역사 연구의 수준을 한 단계 높은 것으로 주목을 받고 있으나, 한편으로는 많은 비판도 가해지고 있다. 비판을 종합해 보면 다음과 같다.

첫째, 그들은 정치적 요인을 지나치게 무시한다는 것.

둘째, 구조와 전체사를 지나치게 강조한 나머지 사회 발전 과정에 있어서 인간이 행동 주체로서 어느 정도 역사를 창조하며, 어떠한 조건하에서 그것이 가능한 지를 밝히지 못하고 있다는 것.

셋째, 역사학을 자연과학화하고 말았다는 점과 그들이 사용하고 있는 사회, 역사적 분석 수단으로서의 계량적 방법이 많은 결함을 지니고 있다는 것.

넷째, 그들의 실제적인 연구 성과 대부분은 중세 아니면 산업화되기 이전의 15~18세기에 집중됨으로써 산업 사회의 역사와 문제에 대한 관심이 결여되어 있다는 것.

다섯째, 포괄적인 사회 변화를 설명해 줄 수 있는 이론을 결여하고 있다는 것.

구에 있어서는, 전 자본주의 사회에 대해 애정을 가지고 있는 우익 또는 극우 역사가들과 신사학에 빠져 있는 좌파 역사가들이 정치적 타협을 이루고 서로 동료가 되어 역사로부터 정치적 차원의 문제를 일소해 버리려 하고 있다.

과거의 역사를 구성하고 있는 네 번째 기둥인 현대 역시, 똑같은 특정한 이데올로기적 메시지가 포함되어 있다. 서구는 정치적, 경제적으로 전 세계를 지배하라는 소명을 받았다는 것이다. 다른 세 단계에서는 주변적이고 예외적인 역할에 한정되었던 비유럽의 역사는 이러한 이데올로기를 성립시키는 데 본질적이고 필수적인 부분을 이룬다. 역사학의 분야에서 그들이 존재할 권리는 도전받지 않는다. 전 지구에 대한 서구의 지배는 서구 역사가들이 가지고 있는 능력에 의해 19세기와 20세기의 세계를 일관되고 글로벌하게 묘사할 수 있다. 그럼으로써 서구가 아프리카, 아시아 또는 아메리카 대륙의 운명에 대한 지도력 행사가 당연한 것처럼 보여진다.

그러나 이러한 4분법적인 도식은 지적인 측면에서 유럽에 대해서조차, 또는 보수적인 역사가 자신의 수사법으로 보아도 부적당하다. 4분법은 13세기에서 18세기까지의 발틱 해와 북해 연안 지역, 특히 아직도 동질성을 가지고 있는 암스테르담에서 리가(Riga)까지 늘어선 주요 상업 도시들의 역사와 같이 동질적인 여러 지역들을 인위적으로 갈라놓는다. 또한 4분법은 가장 흥미로운 현상, 심오한 변화, 역사적 분수령을 이루는 부분들을 덮어 버린다. 로마 제국 말기나 중세 초기의 역사를 연구하는 역사가들은 역사학 기구의 각 시대에 강제적으로 편입되어 고대와 중세 시기에 걸쳐 있는 총괄적인 연구를 할 수가 없다.

또한 4분법은 촌락 공동체, 유토피아의 기능, 비정규전, 주변적인 사회 집단 등과 같이 구체적이고 장기간에 걸친 현상에 대한 연구를 방해한다. 그로 인해서 역사가들은 결국 자신의 능력이 공식적으로 승인된 기본 범주의 하나에 국한될 수밖에 없음을 확인하고는, 전체적으로 또는 비교를 통해 사고해 보려는 모든 시도를 포기해 버린다.

그러나 이러한 4분법은 역사 자체의 진행을 볼 때, 거짓임을 알 수 있다. 즉 4분법은 현대 세계에 있어서의 발전을 설명하거나 현재의 요구에 해답을 제시하지 못한다. 우선 유럽 중심주의는 점점 웃음거리가 되고 있다. 백인, 특히 WASP(White Anglo-Saxon Protestants, 백인 앵글로·색슨계 개신교인)의 세계에 종말이 다가오고 있다. 미국의 닉슨 대통령은 마오쩌둥에게 경의를 표하고 만리장성에 오르기 위해 중국으로 직접 가야만 했다. 세계 최강의 권력에 저항하여 일어선 농민군에 의해 사이공과 프놈펜은 해방되었다. 또한 UN에서는 반세기 전에 국제연맹을 완전히 지배했던 서구 산업 국가들이 소수파로 밀려났다.

동시에 저우언라이(周恩來)가 지적한 것처럼, '우리는 국가들의 시대에 살고 있다.' 민족적 동질성이라는 문제는 거대한 전통 역사학의 체계를 완전히 압도하고 있다. 결국 4분법주의는 세계사 연구 체계의 또 다른 하나의 형태, 그것도 최상이 아닌 것으로 드러났다. 4분법은 세계사 담론의 재구성에 대한 오래된 꿈처럼 흔들리고 있다.

어쨌든 우리 외부에 존재하는 세계에 대한 지식으로서 인식되었던 역사는 과거와의 역동적인 관계로서 다시 규정하도록 요구받고 있다. 사회적 실천은 4분법이라는 폐쇄된 구획을 무너뜨리고, 그 자신의 우선순위에 따라서 역사의 장을 통합한다. 현재의 형법 제도를 비난하는 것은, 중세 또는 근대의 역사라는 통상적인 범주에 관계없이 그 제도를 거시적인 시각에서 신중히 검토한다는 것을 의미한다. 또한 여성해방 운동의 투사들은 그들의 자매인 동굴 여인(cave-women), 즉 선사시대 여성의 종속화 또는 산업혁명으로 비롯된 새로운 형태의 사회적 착취와 같은 문제를 밀도 있고 효과적으로 검토하고 있다.

마르크스주의는 이렇게 시대에 뒤떨어진 4분법을 보완하기 위해서 제시된 것인가? 현재 기본적 생산 양식의 연속이라는 개념을 통해 4분법이 그 수명을 연장해 나가고 있음에 틀림없다. 즉 4분법은 노예제에 상응하는 고대, 봉건제에 상응하는 중세, 자본주의의 대두에 상응하는 근대, 1917년의 러시아 혁명과 1949년의 중국 혁명 이후의 사회주의라는 새로운 현실과 대치하고 있는 선진 자본주의에 상응하는 현대 등으로 구분되고 있는 것이다.

생산 양식이 강력한 역사의 원동력이라는 사실을 부정하는 사람은 없다. 각 생산 양식은 경제적 토대와 상부 구조의 일치를 통해서 각 사회 조직에 특정한 구조를 부여하였다. 중세에 있어서 봉건적 생산 양식의 기본적 특징은 그 시대의 가족, 도덕적 가치, 역사 저술, 장인들 사이의 분업, 외교적 책략 등에 나타나고 있다. 사회적 경험의 모든 국면들이 봉건적 현실 속에 깊숙이 통합되어 있기 때문이다. 동시에 마르크스주의자들의 사회 분석 원리들은 고대 로마나 초기 자본주의에 대하여 좀 더 의미 있는 해석을 가능하게 하였다.

그러나 마르크스에 의해 정의된 기본적 생산 양식들은 하나의 유형화이며, 사회 구조에 대한 이론적 공헌이다. 그것들은 매우 특정한 어떤 역사적 상황에서만 완전히 나타나는 중요하고 극단적인 경우를 대표한다. 고대 그리스와 로마의 노예제, 11세기에서 14세기에 이르는 서유럽의 봉건 체제, 또는 19세기 중반 이후 북미의 자본주의 체제 등이 대표적인 사례들이다. 마르크스주의에 의해서 갱신된, 낡은 4분법에 따른 '세계사 담론'의 재구성은 아직까지도 충분한 기초를 갖지 못하고 있는 것이다.

9장

●

대작(大作) 역사서에 대한
역사가들의 향수

인간 발전의 최종적 결과로서의 현존 시스템 / '마케팅 활동'으로서의 세계
사 / 세계사의 일반적 해석을 위한 다양한 시도들 / 알튀세르, 설탕과 역사

"역사가들은 포괄적인 '세계사 담론'을 전개해 보려는 강한 유
혹을 느낀다." 프랑스의 신학자 보쉬에가 한 말이다. 하지만 그
러한 시도는 과거에도 헤로도투스(Herodotus)의 『역사(Histories)』,
아구스티누스(Saint Augustine)의 『신국(City of God)』, 이븐 할둔의
『역사 서설(Mukaddima)』, 프라이징의 오토(Otto of Freising), 볼테
르의 『풍속시론(Essai sur les moeurs)』, 헤겔, 토인비(Arnold Toynbee)
그리고 제2차 세계대전 이후 유네스코(UNESCO) 팀에 의해서도
이루어졌다.

'세계사 담론'을 쓰는 주된 목적은 인류 발전의 전 과정에 대한
논리적이고 분석적인 견해를 제시하고, 또한 위대한 역사적 시기
들이 계속 이어져서 마침내 자신이 살도록 특권을 부여받은 이

시대까지 이르게 되었는가를 보여주는 것이다. 이러한 시각에서는 자기가 살고 있는 현실 사회가 모든 세계사의 정점으로 파악되며, 시간 속에서 그것이 갖는 위치에 따라 확대되고 정당화된다.

보쉬에는 이러한 접근 방식을 통해 지난 세기들의 역사를 완만한 것으로 축소시키고, 반대로 기독왕 루이 14세의 절대 왕정을 향해서 확실하게 발전하는 과정으로 상정했다. 볼테르는 형식상 정반대이지만, 내용 면에서는 동일한 방식으로『풍속 시론』을 썼다. 그러면서 실제로는 구체제의 정치적 관성과 부르주아 계급의 열망 사이의 불안정한 문화적 타협에 지나지 않았던 18세기 계몽주의 시대의 진보적 성격을 찬양했다.

토인비의 접근도 다를 것이 없다. 그는 자신이 쓴『역사의 연구(A Study of History)』시리즈에서 세계의 주요 '문명'을 열아홉 가지 유형으로 분류하고 그 구조를 개괄하였다. 제2차 세계대전의 여파 속에서 유네스코에 의해 착수되어『인류의 문화·과학 발달사(A History of the Cultural and Scientific Development of Mankind)』라는 제목으로 여섯 권의 공동 저작이 발표되었다. 이 책에서 저자들은 우리 시대의 위기로부터 탈출하기 위해서 탈정치적이고 세계주의적인 문화주의가 필요하다고 호소한다. 전쟁과 정치적 억압, 특히 나치 독일의 역할과 같은 20세기의 비극들에 대한 여러 경제적 권력 구조의 역사적 책임은 슬며시 뒤로 감추어진다.

근래에 소련에서 많이 출판된 세계사 시리즈들도 그와 비슷한 교훈적이고 이데올로기적인 기능을 수행하고 있다. 그 책들은 철저하게 사회 발전 5단계설에 따라서 쓰여졌으며, 교조적이고 기계론적인 마르크스주의에 물들어 있다. 그 책의 의도는 현존하는 소련 사회를 세계사의 정점으로 미화시키는 것이다. 이 방대한 책 속에서 마르크스주의는 과거 사회들을 배열하는 데 쓰이는 하나의 기술적인 도구로 전락한다. 동독의 강단 마르크스주의자들은 이를 '질서를 부여하는(Einordnung) 행위'로 설명한다. 이제 마르크스주의는 더 이상 실제적 의미에서의 '행위의 지침(guide to action)'이 되지 못한다.

그밖에도 19세기 이래, 이런 식으로 간행되어 온 많은 저작들과 마찬가지의 세계사 담론을 시도한 예들이 많이 있다. 언뜻 상업적인 듯이 보이지만, 그것들의 이데올로기적 내용은 위에서 언급한 주요 시도들보다는 덜하지만 상당히 명확하다. 그 책들은 최상의 제본과 풍부한 삽화를 곁들여 제작된 값비싼 장식용에 불과하다. 그것들을 제작하는 데 투입된 기술은 인류의 과거를 물질화시키고, 현실 사회의 실제적인 문제들과는 전혀 무관한 사치품으로 만들어 버린다.

고관이나 저명인사들은 자신의 거실 책장에 이러한 호화로운 전집물을 진열해 놓고는, 자신이 또는 자신이 속한 사회 계급이 세계사를 지배하고 있다고 주장한다. 그들은 손만 까딱하면 수메르인(Sumerian)들의 과학에 대한 탐구와 신비스런 마야족, 그리고 비잔티움, 페르시아의 사산(Sassanid) 제국, 몽골 제국의 정복 및 위대한 탐험가들의 모험과 근대의 혁명들, 두 번에 걸친 세계대전 등 모든 역사를 접할 수 있다고 생각하는 것이다.

그는 안락의자에 앉아서 이 모든 사건을 심사숙고하며 지배한다. 비록 그가 책장의 모든 책을 읽어 보지 않았더라도 상관없다. 자신이 역사를 통달했다고 하는 만족감은 회의론과 상대주의적 생각 때문에 약간 수그러지는 경우도 있다. "그것은 전에도 여러 번 일어났던 것이다!" "역사란 주기적으로 순환하는 것이다!" "변화는 오직 피상적일 뿐!" 그리하여 상업화된 역사학 시리즈는 정치적으로 아무런 구실도 하지 못하게 되는 것이다.

오늘날과 같은 다국적 시장의 시대에 있어서, 그러한 사업은 여러 국적의 역사가들이 공동으로 수행할수록 더욱더 이득이 된다. 이러한 방식으로 서로 다른 국가들 사이에 역사의 '동등한 균형(equal balance)'이 유지될 수 있다. 그리고 가장 광범위하고 다양한 독자층을 확보하는 데 주의를 기울이게 된다. 이는 곧 공격적이고 논쟁적인 역사는 모두 신중하게 가지를 쳐 버린다는 것을 의미한다.

이러한 세계적인 시장을 형성하기 위해서는, 우선 번역 사업부터 시작해야 한다. 그 책들은 여러 나라에서 공동으로 출판되면 더 좋다. 라루스(Larousse), 피셔(Fisher), 바이덴펠트(Weidenfeld), 니콜슨(Nicolson), 라 플레야드(La Pléiade) 등과 그밖의 많은 출판사들이 이런 일에 익숙해져 있다. 그러한 사업들은 분명히 상업적이지만, 한편으로는 이데올로기적인 의도도 깊이 내재되어 있다. 왜냐하면 이러한 다국적의 역사 상품은 어떠한 민족적 동질성의 흔적도 현실 문제와의 연관도, 과거와 현재 사이에 한치의 연결도 없다는 것을 내포하고 있다고 정의할 수 있기 때문이다. 따라서 과거와의 능동적인 관계는 전혀 불가능하다.

역사를 백과사전적으로 접근하는 방식, 그리고 단순히 과거의 사실을 나열하는 식으로 기술하는 방법을 지양하고, 좀더 보편적인 방법론을 수립하기 위해 노력하는 역사학자도 있다. 그러한 재고는 세계사의 전 과정에 걸쳐 있으며, 앞에서 서술한 것들보다는 어느 정도 고차원적인 것이다. 이렇게 보다 세련된 세계사 담론은 다음과 같은 몇 가지 방향으로 발전되고 있다.

① **역사철학**(The philosophy of history) : 인류 역사의 내용과 의미에 대한 이론적·철학적 고찰이다. 이러한 노력은 상당히 오래 전부터 있어 왔다. 예를 들면 근대가 시작되는 르네상스 시대의 보댕(Jean Bodin)이나 비코(Giambattista Vico)의 저작들, 또 18세기의 몽테스키외(Montesquieu), 볼니 그리고 19세기의 헤르더(Herder), 헤겔, 밀(J.S. Mill), 그리고 20세기의 크로체(B. Croce), E. H. 카, 그리고 레몽 아롱(Raymond Aron) 등이 있다.

② **역사학 방법론**(Historical methodology) : 역사 연구 방법의 분석이다. 이 분야에서 탁월한 인물은 콜링우드와 네이미어(Lewis Namier), 랑글루아(Henri Langlois)와 세뇨보스, 사마랑(Charles Samaran)과 마루 등이 있다. 역사는 과학인가? 역사의 분석 과정과 원리는 무엇인가? 이러한 질문들이 이들 역사가들이 몰두하는

문제들이다.

③ **비교사학**(Comparative history) : 과거의 동일한 현상에 대한 유사한 사례들을 비교 연구한다. 영국과 일본의 봉건제는 비교 역사를 전공하는 학자들이 자주 선택하는 주제이다. 롤랑 무스니에(Roland Mousnier)는 프랑스, 러시아, 중국에서 17세기에 일어났던 농민 봉기를 비교 연구했다. 시카고 대학의 정기 간행물인 「사회와 역사의 비교 연구(Comparative Studies in Society and History)」는 이러한 접근법을 쓰고 있다. 대개는 일반적 특성의 언급과 함께, 주제에 관련된 논문들을 몇 개 병립시키는 형태를 취하는 방식이 관례로 되어 있다.

④ **사학사**(Historiography) : 역사적 지식의 각 단계들에 대한 합리적 기술이다. 각 단계들은 진정한 과학의 수준에까지 이르는, 지식의 연속적인 그리고 누적적인 발전으로 여겨진다. 그리고 항상 특정한 사회에서 수행한 정치적 역할보다는 역사적 지식의 진보(progress)에 중점을 둔다.

프랑스에서는 몇 가지 특수한 예외를 제외하고는 이러한 네 가지 접근 방법이 독일이나 이탈리아, 영어권 국가들에 비해 발전하지 못했다. 로베르 망드루(Robert Mandrou)가『세계대백과사전(Encyclopédie Universalis)』에서 그들의 정당화될 수 없는 선량한 양심에 대해 적고 있듯이, 프랑스 역사가들은 오랫동안 직업적 명예에만 만족해 왔다. 그랬던 그들이 특수한 분야의 문제들을 분석해 보려는 시도를 하지 않을 경우 자신들의 기존 이미지에 손상이 갈 것임을 갑자기 깨닫게 되었다.

그리하여 최근에 저명한 역사가의 이름으로 '이론서'라는 허울을 쓴 저작들이 유행하고 있다. 그러나 이렇게 때늦은 저작들은 다른 나라에서 이미 출판된 동일 주제의 많은 저서들과 비교해서 별다른 점이 보이지 않는다. 그들은 그러한 책들에서 보여주는 전통적인 역사에 대한 잘못된 가정들을 뛰어넘지 못하고 있으며, 오히려 주지주의, 기술주의, 생산주의 등을 비판없이 받아들이고 있을 뿐이다.

물론 블로크의 『역사를 위한 변명』처럼 비길 데 없이 탁월한 예외가 있기는 하다. 이 초기의 저작은 선구적인 업적이었으며, 지금까지의 어느 학자도 경험하지 못한 정치적, 개인적 상황에서 쓰여졌다. 그렇기 때문에 그 책은 그 자신이 한 번도 부인한 바 없는 '저명 인사'로서의 블로크 자신과, 다른 한편으로 유태인이라는 이유로 대학에서 쫓겨나 나치의 추격을 받으면서 집필할 당시의 전례 없는 위급한 상황과의 감동적인 타협을 보여주고 있다.

내가 『역사를 위한 변명』을, 심지어 모순되는 점조차도 인용하면서 지나칠 정도로 자주 언급하는 데에는 이유가 있다. 그 모순되는 점이란 '역사가의 상품'에 대한 전형적인 전문가로서의 태도를 예시하면서도, 또 다른 한편으로 새로운 지적 조명을 받아들여 현재를 파악하고 독자적인 개인의 위치에서 말하며, 자기 자신의 역할에 문제를 제기하려는 노력이 강조되고 있다는 점이다.

루이 알튀세르는 그보다 한 걸음 더 나아가려고 하였다. 「성찰 (La Pensée)」 1965년 6월호에 실린 「역사학의 개념에 대하여(Sur le concept d'histoire)」는 읽어볼 가치가 있는 글이다. 마르크스주의의 고전들은 역사적 문제에 천착하고 있지만, 어느 하나도 과거와 현재의 관계에 대한 일반적인 이론 분석을 시도한 적이 없었다.

알튀세르의 경우에는 역사가 미슐레 식으로 '성도들의 교제와 죽은 자의 부활에 대한 종교적 환상'이라 부른 것, 다시 말해 과거 그 자체가 목적인 것처럼 과거에 대해 최대한의 일관된 정보를 긁어모아 '과거를 재구성하려는' 역사가들의 주장으로부터 결별하려는 시도를 하였다. 그는 역사가의 진정한 임무가 역사를 되돌아보더라도 헤겔적인 의미에서의 보편 관념(Idea)을 찾아 내는 것이 아니라, '각 생산 양식에 독특하게 나타나고 있는 역사주의의 특수한 구조'를 분석해 보는 것이라고 했다.

여기까지는 좋다고 할 수 있다. 알튀세르의 논지와 제안은 많은 역사가들 속에 잠복해 있는 미슐레, 조르주 퀴비에(Georges Cuvier)와 같은 재구성주의자들이 가지고 있는 역사가의 전문가적인 수사법에 대해 통렬한 비판을 한 셈이기 때문이다. 몇 안 되는 파편들을 가지고 과거를 재구성한다는 것은 얼마나 야심만만하고 도전적인 일인가! 각 유형의 사회에 대한 특수한 역사적 접근 방법을 제시하는 알튀세르의 제안도 그에 못지않게 유용하다.

사실 자본주의의 내적 발전은 과거 사회들과는 비교가 안 되는, 그 자신만의 특별한 리듬을 보이고 있다. 전기, 원자력 그리고 '컴퓨터 혁명' 같은 기술 혁신, 세계적 위기와 세계대전의 불연속적인 발발, 전 지구적인 규모의 연쇄 효과 등이 나타나고 있는 것이다. 강력한 권력 구조, 농민 항쟁, 외세의 침입 등이 각 왕조별로 순환되어 나타나는 것은 아시아적 사회의 특징적인 리듬을 보여준다. 정복 전쟁과 무제한적인 노예 공급원은 노예제 사회의 역사적 구조를 형성했다. 권력은 토지에 기초하기 때문에, 전쟁과 상속 또는 외교에 의한 토지의 획득에 기초하는 봉건제 사회는 바로 그 전쟁과 정복에 의해 종지부를 찍게 되었다.

그러나 알튀세르는 한 걸음 더 나아가 추상화를 시도하고자 했다. 그의 견해에 따르면, 역사학의 진정한 목적은 '역사 안에서 어떤 일이 일어났는지를 아는 것이 아니라, 역사의 개념이 어떻게 해서 그런 독특한 형태로 만들어졌는지를 아는 것'이다. 물론 이 모든 것은 극히 지적인 성격을 가지고 있다. 알튀세르는 더 나아가 "역사에 대한 지식은 '설탕은 달다'라는 사실을 아는 것보다 더 역사적이지 않다"라고까지 말한다. 이는 마르크스주의의 모든 기여, 특히 과학 및 과학적 지식은 이론과 실천의 결합에서 이룩될 수 있다는 정의를 부정하는, 놀라울 정도로 나약한 궤변이다. 설탕이 그 자신의 실체를 스스로 알릴 수는 없어도, 우리는 그 실체를 알고 있는 것이다. 역사적 지식을 포함한 모든 지식은 그것을 만들어 낸 역사적 사회 유형으로부터 분리될 수 있는 것이 아니다.

알튀세르가 '역사의 개념' 안으로 도피할 때, 또는 존 루이스에 대한 답변에서 말했듯이 역사학을 목적이 없는 과학이라고 강변할 때, 그는 '누가 역사를 만드는가?'라는 근본적 질문을 묵살하고 있는 것이다. 그는 개념화라는 이름 아래, 생산력이 역사를 만든다든가 또는 생산력이 사회의 주요 모순을 결정한다는 등의 기계론적 이론으로 도피한다. 이것은 지금 유행하는 '대작 역사서'의 마르크스주의 판으로 보인다. 두 개의 서로 비슷한 접근 방법은 역사에서 민중의 지도적 역할을 부정하는 데 서로 합의를 보게 된다. 학술지 아날(Annales)에 의해 조직된 토론회에서 피에르 빌라는 알튀세르에게 다음과 같이 정확하게 대답했다.

"역사를 만들어 가는 주체는 인간이며, 또 그렇게 함으로써 인간이 자신의 미래를 지배할 수 있는 것이다."

이론적으로 아무리 정교한 것일지라도 세계사는 하나의 담론에 종속되어 있는 것이 아니라, 투쟁에 의해 이루어지는 것이다.

10장

•

자본주의 이전 사회들은
공통적인 과정을 거쳐 왔는가?

풍부한 시대의 매혹적인 장거리 연결 / 아주 오래된 뿌리
/ 제국, 이민, 대규모 교역, 기술 교환, 장거리 여행 / 전 자본주
의 사회는 장거리 교환으로부터 구조적인 필요성이 없음

　역사의 전 과정을 통해 다양한 민족들과 인간사회들 사이의 관
계를 검토해 본다는 것은, 백과사전적인 세계사 담론을 전개해
보고 싶은 지적 욕망에 저항하는 것과는 다른 전혀 별개의 일이
다. 우리들의 시대는 그 진정한 문제에 대한 해답을 찾으려는 희
망에서 역사를 되돌아보고 있다. 우리는 20세기 전체를 통하여,
특히 1970년대에 들어와서 각 민족 특유의 정체성과 모든 인간
집단들 사이에 존재하는 세계적 차원의 독립을 향한 경향의 증가
사이의 모순을 심각하게 느껴 왔다.
　마르크스에 따르면, 여러 민족의 공통된 역사로서의 세계사는
자본주의 및 국제적 자본 시장의 출현을 통해 비로소 시작되었
다. 노예제, 봉건제, '아시아적' 사회 등의 초기 생산 양식에 내재

하는 제한성과 고립성 때문에, 16세기에 이르기까지 공통된 역사라는 것은 존재할 수가 없었다. 자본주의는 그러한 공통된 역사의 출현을 촉진시켰을 뿐만 아니라, 일정한 공통 메커니즘에 의해 추진되는 세계사를 위한 토대를 찾아낸 것이다.

물론 자본주의적인 세계 시장이 발흥하기 전에도 자신들의 민족, 도시, 부족 또는 제국과 같은 소속 공동체의 내적 발전과는 관계없는 요인들에 의해서 인류의 운명이 결정되기도 했다. 또한 교역, 접촉, 멀리 떨어진 곳으로부터의 영향 등에 의해 그들의 운명이 전적으로 좌우되기도 했다.

늘 그랬던 것처럼, 그러한 관계와 영향들에 대한 연구는 매혹적이다. 이 시대에는 의자에 앉은 채로 지구의 반대편을 여행할 수도 있다. 그리고 우주 통신망과 콘크리트 및 강철로 건조된 획일적인 구조물 등을 통해 생활양식이 널리 표준화된 오늘날, 여러 세기 동안의 상호 접촉과 교환이라는 개념은 매력적이면서 곤혹스런 것이다. 그러나 그에 대한 연구는 단순한 호기심이나 이국적인 것에 대한 피상적인 취미에 그치지 않는다.

현재 나타나고 있는 자본주의 이전의 사회들, 특히 우리와는 가장 멀리 떨어진 수메르인, 잉카인, 고대 폴리네시아인, 드라비다인들에 대한 우리의 관심은 다음과 같은 몇 가지 분명한 필요에서 비롯된 것이다.

첫째. 각 민족들이 민족적 결집력을 강화하고 집단적 동질성을 주장하는 수단으로서, 자신들을 역사적 시간 속에 위치시키고 그들의 가장 오래된 뿌리를 의식하려는 욕구. 이것은 아보리진이나 베트남인, 멕시코인, 이란인들만이 아니다. 자신들이 현재의 프랑스 영토에 거주하게 된 기원이 로마의 정복이나 튜턴족(Teutonic)의 침입 때보다 더 거슬러 올라간다는 사실을 알고 있는 바스크족, 코르시카인, 켈트족에게서도 나타난다.

둘째. 서구의 주도권 요구에도 불구하고 제3세계의 국제적 관계를 활성화하기 위해 나타나고 있는 현재의 국제 교류에 특별한 차원을 부여하기 위한 역사적 기준점을 모색하기 위해서. 과거에는 그랬을지 몰라도, 이제는 더 이상 모든 길이 로마로 통하지 않는다! 중국 공산당 지도자 저우언라이는 탄자니아의 다르에스살람(Dar-es-Salaam)을 방문했을 때, 명 왕조와 아프리카 민족간의 우호 관계를 찬양하면서 탄자니아 해안을 따라 발견된 고대 중국의 도자기를 예로 들기도 했다.

셋째. 우리 현실 사회가 가지고 있는 부정적인 이미지를 찾아보고자, 과거 사회를 탐구해 보기 위해서. 역사적인 거리는 우리와는 몹시 다른 고대인들의 경험을 통해 현대 사회의 본질적인 특징들을 선명하게 드러낼 수 있도록 한다. 여기서는 자본주의 이전의 시대 이래로 지구상의 모든 민족들이 공통된 하나의 역사를 이룩하는 데에 역할을 담당했던, 모든 요인들을 체계적으로 열거할 만한 여유는 없다. 그렇게 할 경우, 아무래도 백과사전식의 나열에 빠지기 쉬울 것이다. 하지만 몇 가지 요인은 언급되어야 할 것이다.

정치·군사적 범주화 : '제국(empires)'이라는 현상은 신흥 부르주아 계급을 사로잡은 문제였다. 당시 몽테스키외, 볼니, 기번을 비롯한 여러 학자들이 로마 제국의 몰락에 대해 깊이 연구하였다. 보편적이고 영원한 새로운 사회질서를 창조하려는 야심을 가진 신흥 계급은, 그들과 똑같은 요구로부터 출발했던 다른 체제들 모두가 쇠퇴와 멸망으로 끝나게 된 배경과 원인을 규명할 필요를 느꼈다. 이 새로운 지배 계급은 자신들의 미래를 조금 더 확실하게 만들고 싶었던 것이다.

중국, 페르시아, 이집트, 로마, 잉카, 비잔티움, 게르만, 몽골, 무굴 등 모든 제국들은 군사적 정복을 통해 이룩되었다. 정치·행정적인 안정성 및 확정된 경계선에서 확실히 알 수 있듯이, 그들은 지역적 통합을 이루어 냈지만 결국에는 붕괴되었다. 하지만 그들은 여전히 영토의 범위라기보다는 이데올로기적 원리의 견지에서 보편성을 주장하고 있다. 광대하고 안정된 제국의 세력권이라는 현상은 노예제, 아시아적 생산 양식, 봉건제 등 여러 자본주의 이전의 사회에 공통된 것이었다.

이러한 제국들과는 대조적으로 일군의 도시 국가가 존재했는데, 각 도시는 상당히 동질적인 문화 및 사회 영역 안에 존재하면서도 정치적으로는 신성불가침의 절대권을 갖는 것으로 규정되었다. 그러한 존재는 고대 메소포타미아와 그리스, 앙코르

(Angkor) 이전의 캄보디아, 마야 문명, 중세 이탈리아, 발트해 연안의 한자(Hansa) 동맹 등에서 찾아볼 수 있다.

문화·종교적 체제 : 그리스·로마, 유교, 힌두교, 불교, 이슬람, 기독교 문명 등과 같은 체제들은 때때로 그리스·로마 종교와 로마 제국, 유교와 '속방'을 포함한 중국 제국, 제1 칼리프 시대의 아랍 제국과 같이 어느 정도 통일된 정치·군사적 실체들과 일치한다. 대체로 이러한 종교적 체제들은 그들을 지지했거나, 초기에 그들의 정치적 토대를 이루었던 구조들보다도 더욱 광대한 영역을 아우르며 오래 존속한다. 이는 불교의 경우에 특히 그러하다. 이슬람의 경우에는 필리핀뿐만 아니라 세네갈, 인도양의 군도(群島)는 물론 중앙 러시아까지 퍼져 나갔다. 기독교는 중세 이래 뉴펀들랜드에서 중앙아시아까지, 에티오피아에서 스칸디나비아까지 전파되었다.

이들 거대한 종교 체제들은 전쟁, 왕들의 개종 및 무역을 통해 확산되었으며, 가족, 법률, 행정, 문예를 포함하여 전 사회를 조직할 수 있음을 보여주었다. 또한 그들끼리 종종 무자비한 전쟁을 치르기도 했다. 지중해 지역에서 발생한 기독교 대 이슬람 전쟁, 인도차이나에서의 불교 대 힌두교의 전쟁이 그 사례들이다.

이주(migrations) : 대규모 이주는 소위 선사시대의 본질을 이루고 있으며, 중앙아시아, 인도차이나, 오세아니아 및 인도의 대부

분의 민족은 물론 유럽에서는 켈트족, 게르만족, 슬라브족의 정
착을 뚜렷하게 설명해 준다. 좀 더 시대가 내려와서도 이주는 계
속해서 중요한 역할을 했다. 중세 유럽의 노르만족과 헝가리족,
인도차이나의 타이족이나 근대에 있어서 서아프리카의 페울족
(Peuls)의 경우가 대표적이다. 원거리에 걸친 대규모 이주 사례는
그밖에도 많이 있다. 현재의 주요 민족·언어 집단의 분포 또한 다
양한 민족들의 이주, 즉 유대인(Jews)을 비롯해서 세계 5대륙에 걸
쳐 흩어진 집시(Gypsy), 아르메니아인, 레바논인들의 분산과 디아
스포라의 결과이다.

대규모 무역 : 원거리 교역은 매우 오래 전부터 있었다. 고대 로
마와 중국의 화폐, 도자기 등이 유럽과 아시아, 아프리카에 폭넓
게 퍼져 나갔다는 것이 발굴에 의해 확인되었다. 고대 지중해 지
역을 연구하는 지리학자들은 '야만' 지역까지 깊숙이 연결된 상당
히 긴 거리의 교역로가 있었다는 것을 탐사해서 찾아냈다. 그들이
찾아낸 네 개의 교역로는 대서양의 광산 섬들을 따라 이어진 '주
석길(tin route)', 중앙아시아를 따라 이어진 '비단길(silk route)', 발트
해를 따라 이어진 '호박길(amber route)', 나일 강 상류와 중앙아프
리카를 따라 이어진 '상아길(ivory route)'이다.

자본주의 이전 시대의 대규모 원거리 무역은 육로든 해로든,
운송비가 많이 들었다. 그렇기 때문에 중량에 비해 값이 많이 나
가는, 또는 부패가 잘 안 되는 물품을 취급할 수밖에 없었다. 교

역품은 차, 소금, 약품과 같이 대체 불능품이나 도자기, 유약, 상아, 가죽, 칠기 등 사치품들이었다. 그러한 원거리 무역의 관리가 '아시아적' 국가의 주요 기능의 하나였으며, '경제적 고도 통제'의 한 특징이었다. 거대한 공공 사업이 없었던 고대 아프리카 사회에서는 원거리 무역의 관리 감독이 국가의 핵심적인 경제 의무였다.

기술의 순환 : 전문가들은 항해에 사용된 돛의 유형과 세계적 분포, 유럽과 아시아에서 야금술의 발달, 세계 각 지역의 여러 문자와 경작 식물들의 상황을 보여주는 상세한 도표를 그려 낼 수 있었다. 오랜 고대로부터 기술의 교류는 상당히 먼 거리 사이에서도 꽤 빠른 속도로 이루어졌다. 페니키아 문자는 다양한 형태로 지중해 전역을 거쳐 퍼져 나갔고, 중동 전역과 동남아시아까지 전파되었다. 자본주의 이전 시대의 중국은 흔히 정체된 역사의 사례로 자주 언급된다. 하지만 16세기에 포르투갈인이 마카오에 정주한 지 얼마 안 되어, 그들이 가져온 토란, 고구마, 땅콩, 담배와 같은 아메리카 원산 곡물이 전 중국에 퍼졌다. 이렇게 생명력이 강한 식물들은, 논농사가 적당치 않았던 모래 땅이나 경사진 땅에서도 경작할 수 있었다. 중국은 진정한 '녹색혁명(green revolution)'을 겪었던 것이다.

원거리 여행 : 마르코 폴로(Marco Polo)가 특별한 사례는 아니다. 헬레니즘 시대의 여행가 메가스테네스(Megasthenes)나 코스마

스 인디코플레우스테스(Cosmas Indicopleustes)는 아시아 깊숙한 곳까지 들어갔다. 15세기에 아랍인 이븐-바투타(Ibn-Battuta)는 마르코 폴로가 거쳐 갔던 아시아 여러 나라뿐 아니라, 남아시아와 중동, 아프리카의 방대한 지역을 탐방했다. 바이킹들은 이미 10세기에 캐나다까지 다다랐을 것이다. 중국의 탐험가 현장(玄奘) 법사는 7세기에 히말라야를 통과하여 인도에 가서 신성한 불경을 가지고 돌아왔으며, 정화(鄭和)는 15세기에 명 제국의 함대를 이끌고 아프리카 동해안까지 도달했다.

이같이 자본주의 이전의 사회들은 고립 속에서 살지 않았다. 그들은 사회생활의 모든 분야에서 원거리 교류를 통해 진정한 상호 의존을 경험하였다. 그러나 이러한 관계들은 불연속적이며 부분적이고, 심지어 주변적인 것이었다. 제국들은 발흥하였다가 해체되었다. 위대한 탐험가들의 모험은 거의 알려지지 않았으며, 또 쉽게 잊었다. 원거리 교류가 '아시아적 사회'이건 노예제 또는 봉건제 사회이건 간에 상대방의 기본적인 경제 구조에 영향을 미치지 못했기 때문이다.

원거리 교류는 그러한 구조를 재생산하는 데에 역사적으로 필수적인 것은 아니었다. 캐나다에서의 바이킹이나 아프리카에서의 중국인들의 경우처럼, 일단 확립된 관계라도 쉽게 소멸되고 완전히 잊히기도 했다. 그래서 10~15세기 사이에 아랍인, 인도인, 중국인들은 오스트레일리아 해안에 도달하는 데에 성공했지만, 그들 간의 접촉은 취약해서 언제라도 파기될 수 있는 것이었다. 이러한 탐험가들이 오스트레일리아에 들어가 정착한 것이, 그들 사회 체제에서 비롯된 근본적인 경제적 요구에서 나온 결과는 아니었던 것이다.

한편, 자본주의 시대에 서구인들과 오스트레일리아 사이에 성립된 관계는 결코 파기시킬 수 있는 것이 아니었다. 구조적 필연성, 즉 자본의 확대 재생산을 위해 무한정으로 팽창해야만 하는 자본주의의 절박성에 기초하고 있었기 때문이다. 마르크스가 '세계사는 세계 자본주의 시장과 더불어 시작되었다'고 말한 것은 바로 그런 이유 때문이었다.

11장

•

자본주의 : 역사의 거대한 통합자

자본의 확장된 재생산은 세계사의 기초 / 자본주의는 자신의 이미지대로 세계를 새롭게 만든다 / 기술의 평준화, 이주, 세계대전과 세계적 위기들은 지구를 통합한다 / 부자 나라와 가난한 나라의 양극화 / 세계 촌락과 세계 도시

자본주의는 무제한적으로 자가 발전하는 능력과 필요성에 기초하고 있다는 점에서, 그 이전의 사회·경제 체제와 질적으로 구별된다. 자본주의 체제의 토대인 자본은 오직 자신의 실체를 불려 나감으로써만 존재할 수 있다. 자본은 항상 더 많은 잉여가치를 창출하는, 그럼으로써 더 많은 자본의 출구를 필요로 하게 되는 새로운 사업들에 계속 투자되어야 한다. 이러한 내적 원동력으로 말미암아, 자본주의 체제는 지구 끝까지 그 활동 영역을 확장해 나가지 않을 수 없었다. 『공산당 선언』의 가장 유명한 구절 중 하나는 쓰인 지 한 세기가 지난 지금에 와서도 생생하게 느껴지는 어조로, 전 세계적으로 일어나고 있는 침략에 대하여 다음과 같이 서술하고 있다.

상품 판매를 위한 지속적인 시장 확대의 필요성은 부르주아지를 지구의 모든 지역으로 내몰았다. 그들은 모든 지역을 찾아다니고 어디든지 정착했으며, 어느 곳이든지 관계를 맺어야 했다.

부르주아지는 세계 시장으로부터의 착취를 통해서 모든 나라의 생산과 소비에 범세계적 성격을 부여했다. 저항 세력에게는 유감스러운 일이지만, 그들의 산업이 가지고 있던 민족적 기반은 무너지고 말았다. 기존의 민족 산업들 대부분은 이미 파괴되었거나 하루하루 파괴되어 가고 있다. 이러한 민족 산업들은 도입 그 자체가 모든 문명 국가에게 생사의 문제가 되고 있는 새로운 산업들에 의해, 더 이상 국산 원자재에 의존하지 않고 멀리 떨어진 지역에서 가져와야 하는 산업들에 의해, 그리고 생산물이 본국에서뿐만 아니라 세계 곳곳에 널리 소비되고 있는 산업들에 의해서 제거된다.

국산품에 만족하는 과거의 욕구들이 자리 잡고 있던 그 자리에, 멀리 떨어진 미지의 풍토에서 만들어진 생산물에 의해서만 충족될 수 있는 새로운 욕구가 나타난다. 과거의 지역적이고 민족적인 폐쇄성과 자급자족은 모든 방면에서의 교류와 국가들 간의 범세계적 상호 의존으로 대체된다. 이러한 현상은 물질적 생산뿐만 아니라 지적 생산에서도 나타난다. 이제 각 나라의 지적 생산물은 모든 나라들의 공동 소유이다. 민족적 배타성과 편협성은 점점 더 존립 기반을 잃어 가고, 지역적 특성을 지닌 다양한 문학들이 사라지면서 세계 문학이 대두한다.

생산 도구들의 급속한 개선을 통해, 너무나도 편리해진 통신 수단을 통해서 부르주아지는 모든 국가들, 심지어는 가장 야만적인 국가들까지도 문명권 안으로 끌어들였다. …… 부르주아지는 모든 민족들에게 순종하지 않으면 멸망시켜 버리겠다고 위협하면서 자신들의 생산 양식을 채택하도록 강요한다. 또한 이른바 문명이라는 것을 받아들여 스스로 부르주아지가 될 것을 강요한다. 요컨대 부르주아지는 자신의 이미지에 따라 세계를 창조한다.

이러한 점에서, 각 민족의 독자적인 역사가 하나의 공동 운명 속에 병합된 것이라는 의미의 세계사는 16세기에 와서야 비로소 시작되었다. 이는 전 세계적인 무역망이 지리적으로 확장되고, 순수한 공간적 차원에서 세계사가 출현하는 것 이상의 의미를 지닌다. 각 민족의 역사는 공통된 통합 메커니즘, 즉 구 동인도 회사에서 현재의 거대한 다국적 기업에 이르기까지 수요, 세계 시장의 가격, 세계 금융기구 등을 통해 각국의 생산을 조절하는 세계 시장의 작용을 통해 동시에 질적으로 전환되었다. 이러한 모든 요인들은 지리적 활동 영역뿐만 아니라, 역사의 메커니즘 자체를 보편화시키는 데 큰 공헌을 했다.

심지어 이러한 상황은 1960년의 중·소 분쟁을 전후한 사회주의 블록의 발전에 의해서도 수정되지 않았다. 유럽의 사회주의 국가들은 점점 정도를 더해 가면서 서구 자본주의가 걷는 길을 따르고 있다. 그들은 열심히 자본주의 무역을 추구하고, 그것의 주도권과 자극에 반응하며 기술 혁신을 요구하면서 소비 패턴을 본받고 있다. 중국 역시 그들이 공언했던 자급자족의 원칙에도 불구하고 여전히 세계 원자재 가격, 금융 메커니즘, 기존의 공장들을 통해 그들 역시 지배적 생산 양식으로서의 자본주의 세계 시장에 여전히 의존하고 있다는 사실을 확실히 보여준다. 공통적인 세계사의 실재는 사회적 경험의 모든 중요한 영역에서 모습을 드러내고 있다.

가장 접근하기 어려운 내륙은 물론이고, 심지어는 남·북극까지 포함하여 세계는 철저하게 개발되었다. 지구는 하나의 폐쇄 회로가 되었는데, 이러한 현상은 19세기의 유명한 유토피아적 사회주의 사상가들에 의해 명확하게 간파된 것이었다. 프랑스의 사회주의자 푸리에(Charles Fourier)는 지구적인 차원에 사로잡혀 있었으며, 프랑스의 사상가이자 경제학자였던 생시몽과 그의 추종자들은 이렇게 말하곤 했다.

"지구만이 우리의 약혼자이고, 우리의 어머니이다!"

프랑스 소설가 쥘 베른(Jules Verne)도 같은 사상적 맥락을 이어받았는데, 그의 작품 모음집 『이상한 여행(Voyage Extraordinaires)』 시리즈는 지구적 조망의 대담한 서사적 표현이었다.

생산 기술과 소비자의 상품 및 생활 양식, 이 모든 것들이 점점 더 표준화되었다. 이는 오로지 잔인한 경제 메커니즘의 결과이거나, 마르크스가 위의 인용문에서 밝혔던 무자비한 시장 통합 법칙의 귀결이라고만 말할 수는 없다. 부르주아 계급은 이데올로기적 수단, 강력한 힘을 지닌 사회적 권위, 그리고 매스 미디어를 통해 '행복한 생활'의 모델을 세계 전체로 퍼지게 함으로써 '자신의 이미지에 따라 세계를 개조'하는 데 성공했다. 세계인들은 똑같이 코카콜라를 마시며, 같은 상표의 잼을 먹고, 같은 상품을 선전하는 TV 광고를 보며, 똑같이 생긴 단조로운 콘크리트 건물에서 떼 지어 살고 있다.

① **원거리 이주의 확산** : 선사시대에나 있었고 오늘날과 같이 앉아서 생활하는 '진보된' 사회에서는 분명히 과거의 영역으로 추방되어 버린, 수백만 명의 원거리 이주가 근래에 들어 세계적인 규모로 다시 전개되고 있다. 유럽의 산업화 또는 반(半) 산업화 국가의 빈곤에 찌든 백인 잉여 노동 인력이 북아메리카, 남아메리카, 남아프리카, 오스트레일리아 등 새로운 자본주의적 성장의 중심지로 퍼져 나가고 있다.

과거 식민지의 인력은 아메리카, 아프리카, 오세아니아의 플랜테이션(Plantation), 광산, 항구에서의 노동력 수요에 부응하여 한꺼번에 해외로 수송되었다. 18세기에는 흑인이, 19~20세기에는 중국인과 인도인이 지구 전역으로 흩어졌다. 최근에는 주요한 산업 중심국들이 제3세계와 저개발국으로부터 노동력을 수입함으로써 이러한 이동이 나타난다. 터키인과 유고슬라비아인은 독일로, 서인도인과 파키스탄인·아프리카인은 영국으로, 지중해인과 아프리카인은 프랑스로 수입되고 있는 것이다.

19세기에는 식민지 플랜테이션 경제, 즉 자본주의 주변부에서만 필요했던 노동자의 수입이 이제는 체제의 중심부에서도 필요하게 되었다.

② **자본주의 사회의 세계화** : 자본주의 사회 세계화의 성격은 정치적 지배에서 세계화 체제의 발달, 국제 전쟁이나 국제 위기와 같은 세계적 범위에 걸친 역사적 영향력의 작용 등을 통해서 나타난다. 프랑스 왕 샤를 5세(재위 : 1364~1380)가 스페인·오스트리아(Hispano-Austria) 제국에서는 해가 지지 않는다고 자랑스럽게 공언했을 때, 그는 16세기 합스부르크(Habsbrug) 왕가의 승리와 식민지 정복 이상의 더욱 근본적인 역사적 필연성을 표현하고자 했다.

주로 영국과 프랑스를 선두로 한 근대의 거대 식민 제국도 동일한 세계성을 띠고 있는 것이 특징이며, 최근에 우리는 달러와 CIA의 국제적인 투기를 목격해 왔다. 19세기부터 시장의 과다, 과잉 생산, 무모한 투기, 가격 폭락, 실업 등의 경제적 위기들은 고립된 여러 지역의 공업·농업의 번영에 영향을 미치는 연쇄 효과를 일으킬 수 있게 되었다.

1929년, 투기에 빠진 월 스트리트(Wall Street)의 증권 시장 붕괴는 버마의 농업 지역을 파멸시켰고, 브라질의 커피를 기관차의 땔감으로 쓰는 상황까지 내몰았다. 또한 코프라* 수출에만 의존하는 태평양 군도의 미묘한 경제적 균형을 뒤엎고, 독일의 격앙

---

* **코프라**(Copra) : 코코넛 껍질을 벗긴 후 햇빛에 말린 흰색 과육 혹은 알맹이. 이것을 압착해 오일을 추출한다.

한 쁘띠 브르주아지를 히틀러의 품에 몰아넣었다. 프랑스에서는 인민전선(Popular Front)*, 그리고 스페인에서는 내전의 성립을 가능케 했다.

20세기의 세계대전은 작전 지역이 육지와 바다에 걸쳐 광범위하게 펼쳐져 있었다. 그로 인해 군대라는 군사 노동력과 민간 요원의 동원 및 이동, 산업 생산의 완전한 방향 전환, 식민지·반식민지 국가와 외국 점령지에서의 정치 권력의 위기 등이 전 세계에 걸쳐 직접 또는 간접적인 영향을 미쳤다.

국제 사회는 독립 국가들을 특별한 구조 내에 편입시키는 한편, 정치적·행정적 통합을 이루기 위한 노력을 기울였다. 그에 따라 항공교통 통제기구, 국제 형사기구(Interpol), 약품 협정을 포함해서 사회의 전 영역을 감독하는 전문 단체, 제1차 세계대전 후의 국제연맹, 제2차 세계대전 후의 국제연합 등이 등장했다.

③ **혁명적 정치 세력의 세계화** : 현대의 혁명적 정치 세력 역시 전 세계적인 규모로 작용하고 있다. 이러한 흐름은 프랑스의 혁명적이고 민주적인 친(親) 자코뱅 이념이 멀리 떨어진 칠레, 이집트, 뉴잉글랜드, 바타비아(Batavia), 러시아, 마이소르(Mysore) 같

---

* **인민전선**(人民戰線) : 1930년대 후반 파시즘과 전쟁의 위기에 처하여 결성된 반파시즘의 광범한 통일전선. 이 용어의 본래 뜻은 파시즘과 전쟁에 반대하는 국민의 모든 계층과 그들을 대표하는 정당과 당파가 공동 강령을 정하고, 공동 행동을 전개하는 정치적 연합전선을 말한다. 1930년대의 프랑스와 스페인에서 실행으로 옮겨진 운동과 정권을 총체로서 표현한 것이다.

은 곳에서 이미 19세기 초반에 반향을 일으켰던 사실에서도 알 수 있다. 혁명적인 반(反)자본주의 운동의 경우에는 더욱더 그러하다. 세 차례의 노동자 인터내셔널, 사회주의 이데올로기, 마르크스주의, 서구 좌익 이념들은 세계적인 차원의 정치 세력이었으며 지금도 계속되고 있다.

그러나 이러한 세계 역사의 전 세계적인 통합 경향은 자본주의 경제 메커니즘 자체로 말미암아 제한을 받게 되는데, 여기서 그 기본 모순들 가운데 하나를 다루고자 한다.

자본주의는 이윤과 생산성 법칙 안에 세계인을 집어넣어 통합하고 평준화시킨다. 다른 한편으로는 특권적 소수와 그들이 착취하고 또 착취해야만 하는 세계 대다수 간의 격차를 더욱 심화시킨다. 선진 자본주의 사회에서는 이미 이런 양극화 현상이 삶의 한 단면이 되고 있다. 마찬가지로 국제적인 차원에서도 '부자 나라'와 '가난한 나라' 사이의 양극화 현상이 그대로 작용하고 있다. '가난한 나라'가 제2차 세계대전 후 공식적으로 정치적 독립을 획득한 이후로, 이 두 집단의 격차는 더욱 확대되어 왔다.

서구의 특권 엘리트가 자기 나라의 노동자들을 혹독하게 착취하고 그들을 희생시킴으로써 안락한 생활을 즐기고 있다는 사실은, 부자 나라와 가난한 나라 사이의 대조와 대립이라는 현실과 전혀 다르지 않다. 선진국의 모든 국민은 비록 국내에서는 착취를 당하는 입장이라 해도, 가난한 나라와 비교하면 '전반적인' 상황에 의해 혜택을 받고 있기 때문이다. 그리고 빈곤한 나라 안에 부자 나라의 특권적 집단과 공모하는 수혜자 및 착취자의 존재 여부에 관계없이 그러하다.

만약에 가난한 나라의 노동자가 부자 나라의 노동자와 같은 정도로 법정 최저 임금, 유급 휴가, 사회 보장 등의 혜택을 받는다면, 제3세계로부터 수입되는 상품의 가격은 위험 수위까지 급등할 것이다. 아마도 대형 마켓은 텅텅 비고 말 것이다. 그들도 착취당하고 있음에도 불구하고 그곳에서 물건을 사는 대부분의 고객들은, 싫든 좋든 가난한 나라의 노동자들이 그들보다 더 착취당한다는 사실로부터 이익을 보고 있기 때문이다.

전 세계 인구의 6%만을 차지하는 미국이 전 세계 자원의 43%를 소비하고 있다는 추계가 나와 있다. 그 안에 착취자와 피착취자가 함께 존재함에도 불구하고, 필연적으로 극히 소수 사람들의 생활 수준이 나머지 세계의 빈곤에 기초해 있음을 의미한다. 이것은 다음과 같은 단순한 계산으로 설명될 수 있다. 만일 또 다른 6%의 사람들이 미국인들이 누리고 있는 생활 수준을 얻는다면, 그들은 전 세계 자원의 또 다른 43%를 소비할 것이다. 결국 전 세계 88%에 해당하는 인구가 그 나머지, 즉 '100-(2×43)=14(%)'만을 이용할 수 있는 것이다. 어림셈이기는 하지만, '저개발국', '개발도상국'이라는 말 뒤에 숨어 있는 위선의 핵심을 찌르고 있는 계산이다.

그러한 용어는 출발부터 몹시 불평등한 수단이 주어진 국민들 간의 치열한 경쟁으로 생겨난 거대한 격차를 이데올로기적으로 합리화시킨 것일 뿐이다. 어떤 '저개발국'의 '선두 주자'라 하더라도 드물고 비싼 착취자의 '좌석'으로 건너가지 않는 한, 결코 그들을 따라잡을 수 없을 것이다. 이것은 비교적 유리한 위치에서 함께 출발해 놓고도 기계적으로 차이가 발생했다고 단순히 말할 수 있는 문제가 아니다. 착취는 구조적이다. 누군가의 빈곤과 다른 사람의 번영 사이에는 인과관계가 있는 것이다.

마르크스는 '부르주아 계급은 가장 야만적인 국가라도 문명 속으로 편입시킨다'고 하여, 자본주의에 의한 균등화 효과의 엄청난 결과에 대하여 전반적으로 파악하고 있었다. 또한 그는 '인도의 빈곤이 18세기 영국의 경제적 도약에 필수불가결한 기여를 했다'는 말을 쓰기도 했다. 하지만 그는 그 반대 방향, 즉 착취하는 국가와 착취당하는 국가 사이의 양극화에 대해서는 깊이 인식하지 못했다.

오늘날 우리의 관심을 끄는 것은 바로 양극화 현상이다. 중국에서 얘기되는 것처럼, 세계 도시(the world city)는 오직 세계 촌락(the world village)의 희생 위에서만, 또한 이들을 계속해서 착취함으로써만 지금의 형태와 수준을 유지할 수 있는 것이다.

12장

•

역사에 있어서 민족적 '소속'

부르주아지의 역사적 영역인 민족 국가 시장 / 역사에서 민족적 동질성의 대두 /
제3세계 국민들에 의한 민족적 동질성의 재탈환 / 서구 민족 국가와 서술된 운동
의 위기 / '민족적 소수'보다 더 나은 용어 / 민족적 '소속'과 전 세계적 과정에 참
여 / 중국 혁명은 세계 혁명의 일부 / 새로운 국제주의는 아직 드러나지 않았다

통합자로서 자본주의의 역할은 또 다른 모순에 의해 제한을 받
는다. 자본주의는 과거의 제국, 부족, 백성들보다 조직이 잘 된
국가들이 국제 사회를 양극화하도록 자극해 왔다.

완전한 의미에서의 국가(nation)는 서구에서 자본주의적 관계
가 견고해지기 시작한 18~19세기 무렵에 출현했다. 국가는 동질
적인 단위로서, 경제적으로는 통일된 국가 시장에 의하여, 그리고
정치적으로는 민족 국가에 의하여 공고화된 역사적 공동체였다.
이러한 '민족 국가 시장(nation-state-market)'은 유럽의 다른 나라에
서는 물론 프랑스, 독일, 영국의 신흥 부르주아 계급이 필요로 하
는 역사적인 장이었다. 부르주아 계급은 불완전하지만 언어, 문
화, 역사적 전통, 집단 심리를 가진 공동체를 기반으로 정치적·영

토적인 조직을 갖추고 '자본의 확대 재생산'이라는 경제적인 계획과 야심을 달성하는 데에 필요한 인적 자원을 모을 수 있었다.

19세기의 국제 사회는 이러한 민족 국가 시장과 그것이 포함하는 모든 것, 예컨대 각국의 주권, 외교 관계와 국제법의 발달, 맹아적이긴 하지만 최초의 초(超)국가적 기구의 출현 등을 기초로 하여 조직되었다. 스페인, 독일, 터키, 프랑스, 영국, 이탈리아, 포르투갈 제국의 정치적인 약화에 따라 독립을 획득한 다른 민족들도 민족 국가 시장을 구조적 모델로서 채택하게 된다. 이들 민족들은 그동안 서구 부르주아 계급의 이익을 위해 봉사해 왔던 것과 마찬가지로, 국제 사회의 구조에 적응하고 국가적 패턴을 따르는 것이 필요함을 깨닫게 되었다.

그들이 민족 국가의 지위로 상승한 것은 정치적인 승리로 간주되었으나, 동시에 서구 자본주의와의 제휴에 따라 막대한 사회·경제적 대가를 치러야 했던 부정적인 결과는 은폐되어 있었다. 이러한 관점에서 볼 때, '해방된' 민족들은 여전히 부르주아 계급의 역사적 활동 무대인 '민족 국가(nation-state)'에 갇혀 왔고, 지금도 갇혀 있다. 심지어 이러한 현상은 베트남, 쿠바, 중국 등에서조차 나타난다. 최근의 방글라데시와 비아프라(Biafra), 조만간에는 에리트리아(Eritrea), 쿠르드(Kurds)와 같은 민족 해방을 위해 투쟁하고 있는 제3세계 국민들의 경우에도 스스로를 '민족 국가'라는 낯익은 틀에 맞추려고 애쓸 것으로 보인다.

중국 공산당 지도자 저우언라이는 1970년에 미국의 아시아학

자위원회(Committee of Concerned Asian Scholars)에서 파견한 대표단을 접견하는 자리에서 이렇게 말했다. "우리는 국가들의 세계에 살고 있다." 이 말은 자본주의의 통합 능력에 열광했던 마르크스의 공상적 분석과는 거리가 먼 현실적인 관찰이다.

또한 마르크스는 이렇게 말했다. "낡은 지방적 고립과 자급자족 대신에 우리는 모든 방면에서 상호 접촉을 갖고, 세계적으로 국가들 간의 상호 의존에 이르게 되었다." 상호 의존은 사실이지만, 적어도 표면적으로는 민족 국가들을 둘러싸고 증대되고 있는 양극화 현상을 수반하고 있다.

역사적 지식에 있어서, 그리고 우리의 과거에 대한 관계에 있어서 이 모든 것은 무엇을 의미하는가? 민족 국가의 차원에서 민족적 동질성이 오래되었다는 역사적 사실을 주장함으로써, 각 민족은 그들의 존재를 국제 무대에서 인식시키려고 노력한다. 이 문제를 4분법의 폐단과 관련하여 다룬 적이 있는데, 그들은 각각 자신의 과거를 결정적인 분수령이라고 간주되는 사건 순서에 따라 배열하려고 노력한다. 그리스인에게는 비잔틴 제국의 몰락과 터키 점령의 종말에 강조점이 두어진다. 베트남에 있어서 관건이 되는 날짜는 1858년 프랑스의 침입과 민주공화국의 출범을 선언한 1945년 8월 혁명이다. 중국에 있어서 주된 역사적 사건은 아편전쟁과 5·4운동이다.

군사적인 정복이나 왕조의 격변에 의하여 연속적으로 건설되고 파괴된, 거대한 정치 역사적인 실체 안에 수세기 동안 통합되어 있었던 국민들 사이에서 민족적 소속에 대한 열망이 더욱더 두드러진다. 예를 들면 파라오가 지배하는 고대 제국의 핵심이었던 이집트는 나중에 차례로 페르시아, 알렉산더 대왕, 로마, 비잔틴, 아랍, 오토만, 영국 제국의 지배하에 놓여 있었다. 이집트는 영역과 성격이 다양한 각 제국의 구조 안에 통합되었다. 그러나 이집트는 그가 속했던 제국의 불연속성 속에 견지해 온 그 자신만의 역사적 연속성을 가지고 있었고, 또 그 사실을 잘 인식하고 있었다.

벨기에의 경우도 마찬가지다. 벨기에는 대대로 로마 령 갈리아, 샤를마뉴 제국, 신성 로마제국, 중세 말기에는 부르고뉴 왕국, 합스부르크 왕가, 혁명 시기 및 나폴레옹 시기의 프랑스, 마지막에는 네덜란드 왕국에게 없어서는 안 되는 지역이었다. 벨기에가 뚜렷한 정체성을 획득한 시기는 1830년 이후부터였는데, 지금은 다시 한 번 언어를 둘러싼 집단 간의 경쟁으로 흔들리고 있다. 그러나 벨기에의 역사는 멀리까지 소급된다. 오늘날의 벨기에는 자신이 잇따라 소속되었던 거대한 정치적 실체에 관계없이, 벨기에 역사의 각 발전 단계 가운데 한 부분을 이루고 있다.

독일이나 프랑스 같은 국가에게 민족적 연속성이나 동질성은 당연시 될 수 있다. 그러나 다른 대다수 민족들, 특히 거의 모든 제3세계 국가들에게는 '잠깐 동안의 식민지 상태'라 불리는 시대, 즉 강제로 서구 산업 사회의 영향권 안에 통합된 시기를 초월하려는 투쟁과 재탈환을 의미한다. 오늘날 필리핀은 스페인 치하

이전의 '민족적 뿌리', 즉 5세기 이전의 말레이시아 부족을 오늘날의 독립 국가 필리핀과 연결시킬 만한 모든 것을 매우 강조하고 있다.

베트남에서는 언어 자체의 차원에서, 그리고 언어가 전달하는 정치적 개념의 차원에서 민족적 연속성의 재탈환이 일어나고 있다. 프랑스가 지배하던 전 시기를 통해 '베트남'이라는 단어는 사라졌고, 그와 더불어 베트남이라는 민족적 실체가 존재한다는 개념도 없어졌다. 그 대신 베트남이라는 나라를 이중적으로 부정하는 '인도차이나', '인도차이나의 역사'라는 식으로 얘기되었다.

베트남은 완전히 다른 역사적 배경을 가지고 있는 라오스, 캄보디아와 동일시되었으며, 동시에 통킹, 안남, 코친 차이나와 같이 아무런 정치적·역사적 실체가 없는 이름으로 분리되었다. 두 경우 모두에 있어서, 프랑스 제국주의의 구조가 외부로부터 강요한 것이었다. 모든 공식 문헌은 총독 계승, 경제적 팽창, 식민지 경찰제도, '문명을 향한 진보' 등에 대한 '인도차이나'의 역사라 표현하고 있다.

프랑스 지배하에 있었던 80년의 세월을 복원한다는 것은 그 기간 동안의 민족적 실체를 다시 찾아내어 회복시킨다는 것을 의미한다. 물론 베트남의 역사가들은 '인도차이나' 기간 동안에 나타났던 식민지 지배의 영향을 계속해서 탐구하고 있다. 어쨌든 그것은 하나의 역사적 사실이기 때문이다. 그러나 베트남의 역사가들은 특별히 다음과 같은 단계들에 주목한다. 프랑스의 지배에 대한 베트남인들의 대응과 베트남 민족해방 운동의 단계, 즉 유학자들의 지도 단계, 베트남 부르주아 계급이 지도력을 장악하려 했으나 실패하고 말았던 단계, 마지막으로 1930년 인도차이나 공산당의 창설에 이은 노동자 계급의 지도 단계를 강조하고 있다.

내적인 역사적 연속성의 회복은 서구의 지배 하에서 살아가던 기간 동안 고의적으로 은폐되었던 역사적 업적의 모든 부분을 재생시키는 것을 의미한다. 바로 그러한 의미에서 느슨하고 화려한 아프리카 옷인 부부(boubous)가 사하라 사막 이남의 흑아프리카(Black Africa)에서 공식 의복으로 채택되거나, 중국이나 베트남에서 침술이나 뜸과 같은 전통적인 의술이 체계적으로 부활하고 있는 것이다. 극동 지역의 경우, 고대로부터 내려온 모든 지식들은 서양 의학만이 권위와 수익을 가져다줄 수 있었던 긴 기간 동안 일종의 동면 상태로 있어야 했다. 베트남에서는 이러한 부흥 정책을 '고대로부터 내려온 자본의 개발(the development of ancient capital)'이라고 한다.

그러므로 자기 민족의 과거를 평가하여 현재의 바람과 투쟁에 대해 부정적 및 고무적인 요소 모두를 확인해 보는 일은 각 민족이 해야 할 책무이다. 중국 공산당 지도자 마오쩌둥은 1940년에 중국 역사를 다음과 같이 비판적으로 요약했다.

중국은 유사 이래 수천 년 동안, 많은 국가적 영웅과 혁명적 지도자를 배출해 왔다. 그러므로 중국은 영광스러운 혁명적 전통과 찬란한 역사적 유산을 가지고 있다.……

　우리의 민족사는 수천 년 전으로 거슬러 올라가며, 고유한 특성과 수많은 보배를 가지고 있다. 그러나 우리는 이러한 문제들에 대해서 이제 겨우 배워 가는 학생에 불과하다. 오늘날의 중국은 과거의 중국으로부터 성장해 왔다. 역사를 접근하는 방법에 있어서 우리는 마르크스주의자들이며, 우리의 역사를 단절시켜서는 안 된다. 우리는 우리 역사를 공자로부터 쑨원(孫文)까지 정리해야 하며, 이러한 가치 있는 유산을 계승하여야 한다.

- 『마오쩌둥 선집』, 2권

　자기 민족의 역사를 강조하려는 열망이 다른 민족의 역사적 경험으로부터는 배울 게 전혀 없다는 것을 의미하지는 않는다. 하지만 자기 민족에 대한 선호 경향을 피할 수는 없다. 그것은 대대로 어린이들 사이에 전승되는 민속놀이의 중요성, 속담이나 거리 이름에서 느끼는 암시적인 메시지, 관습의 친근성, 말로는 표현되지 않는 사회적 경험 등에 의해서 나타난다. 모든 사람은 자기 민족의 과거에서 더욱 편안함을 느낀다.

　그러나 이러한 자기 민족의 역사 강조는 계급적 관점에서 표현되지 않으면 의미가 없으며, 오직 민중에 뿌리를 둔 역사가만이 주장할 수 있다. 예를 들어, 마다가스카르의 안드리나(Andrina) 귀족들은 프랑스가 정복하기 이전의 마다가스카르의 모든 역사가 노예와 왕들 간의 적대 관계에 기초하고 있었다는 사실에 맞설 수가 없었다. 그들의 역사적 수사법은 경멸적인 표현으로 바자하(Vazaha, 백인) 역사가들과 다를 것이 없었다. 역사에서 자기 민족에 대한 강조와 열망은 대중의 특권이다.

그러나 오늘날의 민족 국가들, 적어도 자본주의적 서구에서는 내부로부터 흔들리고 있다. 민족 국가들은 한 번도 완결된 형태를 보이거나 역사의 미래를 통제하지도 못한 채, 오히려 강력한 중앙집권 반대 운동에 의해 거센 도전을 받고 있다. 이러한 운동은 그 지역의 원주민에 대한 차별 대우를 거부한다. 또한 노동 시장의 메커니즘에 따라 값싼 노동력의 필요에 의해서 유입된 미국의 인도인, 흑인, 치카노스, 서유럽 이주 노동자들에 대한 차별 대우를 거부한다. 새로운 운동은 전통적인 지역적 차별 대우나, 지배 계급 또는 지배적인 인종 집단의 이해 관계에 따라 소수 민족의 경제, 문화, 언어를 억압하는 것을 받아들이지 않는다.

영국*의 스코틀랜드·웨일즈·북아일랜드, 스페인의 카탈로니아·갈리시아·바스크의 경우, 벨기에의 왈롱, 이탈리아의 시실리아·사르데냐·티롤 등에서 벌어지고 있는 운동이 바로 그러한 사례들이다. 국가 수립의 긴 역사적 과정을 가장 완벽하게 이루어 나간 것으로 당당하게 묘사되는 프랑스에 있어서, 코르시카와 카

---

* **영국** : 우리가 주로 '영국'이라 부르는 나라는 '잉글랜드, 스코틀랜드, 웨일즈, 북아일랜드'로 구성되어 있다. 이 가운데 잉글랜드가 주도권을 잡고 다른 지역을 연방으로 편입시켜 통치하고 있는 체제이다.

탈랑, 바스크와 알자스, 옥시탕과 브르타뉴 등지에서 나타나는 반중앙집권 투쟁은 선진 자본주의 민족 국가의 심장부에서 일어나고 있는 위기의 폭과 깊이를 나타내 주고 있다.

이러한 운동들에 대한 이론적 분석은 아직 원초적인 단계에 불과하며, 하나의 모델로서 정의하기는 불가능한 것 같다. 또한 분석을 해 본다 하더라도, 이러한 운동들을 19세기 유럽의 민족 해방과 20세기 제3세계의 해방 운동을 계승한 민족주의 운동의 '제3의 물결'로서 해석할 수는 없다.

이러한 운동들은 선진자본주의 사회의 주변이 아니라 핵심을 공격하고 있으며, 전통적인 국민 국가와 새로운 다국적 제국주의 모두에 대하여 위협이 되고 있다. 미국의 억압받는 인종 집단이나 서유럽의 이주 노동자들과 같이 국토가 없는 소수 민족들, 또는 유럽의 자신들의 영토에 살고 있는 소수 민족들은 민족 국가가 충족시켜 줄 수 없는 정치적 요구를 제시하고 있다. 이러한 운동은 선진 자본주의 사회에 있어서 사회주의로의 이행이라는 낡은 문제를 새로운 방식으로 제시하고 있다.

민족 국가의 위기는 만연해 있는 역사적 수사법에 큰 파란을 일으켰다. 프랑스나 미국에서는 소수 민족들이 자신의 과거를 되찾고 있으며, 그것을 재탈환하려 애쓰고 있다. 이미 이 책에서 그러한 투쟁의 사례들이 제시되었다. 그들은 자신들의 과거에 호소함으로써 억압에 저항하며, 그렇게 함으로써 현대 프랑스와 미국을 있게 한 전체 역사의 과정을 재고하도록 요구한다.

오늘날 프랑스에서 일어나고 있는 반중앙집권주의 투쟁은 '프랑스 국가(French nation)'의 성립이 지금의 프랑스를 구성하고 있는 다양한 민족에게 요구했던 희생에 직면하게 된다. 그러한 희생은 프랑스 전쟁에서 사라져 간 수많은 생명들과 관료적 국가 기구의 구성에 있어서 북부·동부에 편중된 산업 발전에 따른 주민 이동 등을 통해서 인구학적으로 계산될 수 있다. 이는 또한 초등학교 교육이나 병역 의무를 통해 강요되는 문화적 동화, 왜곡된 경제 개발, 정치적 독창성의 부인이나, '다를 수 있는' 권리의 거부라는 측면에서도 평가될 수 있다.

그러나 유감스럽게도 프랑스의 중앙집권주의 역사학은 이러한 현상들을 그다지 중요하지 않은 작은 '단층'으로 취급한다. 그들에게 있어 반중앙집권주의 투쟁은 리슐리외·콜베르부터 나폴레옹까지, 자코뱅으로부터 드골에까지 이르는 군주국 및 부르주아 공화국에 의한 완만하고도 장대한 민족 국가 건설보다도 덜 중요한 사실들에 불과하다.

각 민족의 투쟁은 대체로 그들 자신의 내적 발전이라는 하나의 측면이다. 그러나 그것은 또한 국제적인 역사 과정의 측면이기도 하다. 역사적 분석은 이러한 두 측면을 모두 고려해야 한다. 두 측면은 서로 떨어질 수 없게 연결되어 있으며, 단순하게 분리된 '요소들'이 아니다. 학자들의 요리에 양념을 넣듯이 한 방울의 국제주의, 소량의 민족적 특징으로 분리될 수 있는 '요소'가 아니다.

① 1921년의 중국 공산당 창립은 대내적으로는 5·4 운동, 마르크스주의와 프롤레타리아 혁명을 지향한 중국 민족 운동 발전의 결실이었다. 그와 동시에 코민테른이 유럽을 잠시 떠나 아시아에 전력을 집중하려는 새로운 노선을 수행하고자 모스크바 대표단을 중국에 파견했던, 외부로부터 개입의 결실이기도 했다. 오늘날 소련은 두 번째 측면을 강조하는 반면, 중국에서는 첫 번째 측면을 강조한다. 그러나 내적인 성숙이나 외부의 개입 어느 한 쪽도, 각기 다른 쪽이 없었으면 불가능했을 것이다.

② 프랑스의 1968년 5월 봉기는 거대한 총파업의 물결로 표현된 드골주의의 내적인 위기와 전 세계적인 청년 학생 운동의 고조가 융합함으로써 큰 세력을 얻을 수 있었다. 당시 시위 노동자들은 '10년이면 충분하다'고 외쳤다. 그러나 두 측면의 통일은 충분히 이루어지지 않은 채, 단지 가능성으로만 남아 있었다. 그 결과로 1968년 5월 봉기는 실패로 돌아가고 말았다.

③ 1970년 5월에 오스트레일리아의 10만 군중은 멜버른 가두에서 베트남 전쟁에 반대하는 시위 행진을 벌였다. 이는 제임스 쿡 선장의 도래 이래로 가장 강력한 정치적 시위였다. 그 시위를 후원한 '베트남전쟁중지위원회(Vietnam Moratorium Committee)'의 호소는 오스트레일리아 내에서 쌓여 온 국내적 불만, 즉 20년간의 보수적 통치, 인플레이션, 정치·경제적 침체로 인해 만연된 피로감 등이 폭발하게 되는 촉매제 역할을 했다.

민족적 동질성과 전 세계적인 반향·영향 간의 관계라는 문제는 그와 관련된 국제주의의 필요성과 한계의 문제를 제기한다. 자주 인용되는 '중국 혁명은 세계 혁명의 일부이다'라는 문장은 실제로 무엇을 의미하는가? 물론 이 문장은 도덕적 지원과 단결을 호소하고 있다. 모든 혁명 운동은 다른 민족의 도움을 필요로 한다는 것, 동시에 혁명 운동의 성공은 다른 민족의 무장 투쟁을 촉진하여 연쇄적인 반응을 일으킨다는 점을 선언한 것이다. 베트남 전쟁은 페미니스트, 흑인, 치카노스, 대항 문화주의자, 학생, 반전 운동 등을 포함하는 미국 좌파의 모든 투쟁에 촉매제가 되었고, 통합적 영향을 미쳤다. 동시에 이들 운동은 미국 내부에서 미국의 권력 구조와 전쟁 정책을 점차로 약화·고립시키는 데 기여했다.

국제적 연대는 공동의 목적에 기초하고 있기 때문에, 조직적인 접촉과 경험의 상호 교환을 의미한다. 그리고 자본주의는 고도로 통합된 체계이므로, 그것에 대한 투쟁은 분할될 수 없다. 또한 어떤 특정한 지역이나 분야 및 국가에서 성공적으로 진행된다 하더라도, 전체 체계가 자본주의의 통제 하에 놓여 있는 한에는 아직 성공했다고 할 수 없다. 중국인들이 자신들의 혁명은 세계 혁명의 일부라고 말할 때, 그들은 중국 혁명이 세계 혁명의 지연, 한계, 후퇴에 대해 함께 책임져야 함을 의미한다. 따라서 이 문장은 많은 사람들이 생각하는 것보다 덜 낙관적이며, 덜 이상주의적이다.

국제주의는 항상 존재하는 '국가들의 세계'라는 현실적 압박에 직면한다. 우리 시대의 민중 혁명이 당면한 커다란 위험은, 흔히 '국가들의 콘서트'라고 불리는 전 세계적인 민족 국가들의 경쟁이라는 수렁에 빠져드는 것이다. 레닌 시대의 소련은 특수한 민족적 특징에 구애를 받지 않는 상당히 개방적인 정치 구조를 갖고자 했다. 그러나 자본주의 국가에 포위된 상황에서, 러시아 민족주의가 득세하는 상황은 현실적으로 당연한 일이었다.

여기서 우리는 역사에서의 민족적 '소속'이라는 문제로 돌아간다. 우리는 다국적 기업, 인터폴과 같은 국제적 억압 기관이 전능한 힘을 가지고 있고, 정보가 대륙에서 대륙으로 전달되는 고도로 통합되고 표준화된 기술의 세계에 살고 있다. 하지만 우리 시대의 주요 모순 중의 하나는, 작은 나라든 큰 나라든 관계없이 대다수 민중이 단지 그들이 소속되어 있는 민족 국가의 틀 안에서만 행동할 수밖에 없다는 사실이다. 이러한 모순의 주요한 측면에 대해 중국의 마르크스주의자들이 '내적 요인의 우위'라 했던 것이다.

다시 베트남 문제를 예로 들어 보자. 1965년과 1970년 사이에 미국의 침략 확대로 생긴 희생자와의 국제적 유대 관계를 강화하는 강력한 운동이 일어났다. 하지만 이 운동은 항상 우위를 지닌 국내 문제를 둘러싼 대중 투쟁의 중요한 부분으로 받아들여지지 않았다는 사실이다. 미국에서의 몇몇 예외를 제외하고 다른 서구인들에게는 그 당시 프랑스 영화인 단체에 의해 제작된 베트남과의 국제적 연대 운동에 관한 다큐멘터리 영화의 제목처럼 '머나먼 베트남'이었다.

비슷하게 칠레의 마르크스주의자로서 대통령이었던 아옌데(Salvador Allende)*의 비극적인 죽음과 이어진 학살 때문에 고양되었던 전 세계적 공감은 곧 퇴조하고 말았다. 그것이 다수의 국가에서 진행되고 있는 민중 투쟁과 연결되지 않았기 때문이다. 그러나 칠레 국민을 짓누른 힘은 다른 나라에서 민중 운동을 탄압하는 힘과 똑같은 성격의 것들, 즉 다국적 기업, 자본가의 착취, 군부 관료주의, 남성 우월주의 등이다.

그 연결이 잘 되지 않고 있는 이유는 적대 세력들이 각 나라에서 다른 모습의 탈을 쓰고, 다른 중개자들을 통해서 작용하기 때문이다. 1962년 2월 파리의 노동자 구역에서 반식민주의자들의 시위가 벌어졌을 때, 경찰에 의해 지하철역에서 자행된 대학살에 분개하여 백만 명의 사람들이 자발적으로 가두 시위를 벌였다. 그러나 스페인에서 프랑코(Franco) 정부에 의해 선고되고 집행된 집단 학살은 프랑스에서와 같은 관심을 불러일으키지 못했다. 대부분의 사람들은 '외부적' 문제와 '내부적' 문제에 대해 질적으로 다른 반응을 보인다. '외국'의 문제는 단지 외국에서 벌어지는 일로 남을 뿐인 것이다.

---

* **S. 아옌데** : 1970~1973년까지의 칠레 대통령. 의사로서 칠레 사회당을 창당(1933)하여 당 대표가 되었다. 1970년 PU(Popular Unity) 연합 후보로 대통령선거에 출마하여 3파전 끝에 의회의 결선 투표로 당선됐다. 당선 후 산업 국유화, 토지 개혁을 추진하였으나 미국의 지원을 받은 군사 쿠데타로 실각하였고, 군사 정권에 의해 피살되었다.

민족적 '소속'과 국제적인 상호 의존은 아직 잠재적으로만 연결되어 있다. 오늘날의 현실은 새로운 국제주의가 아직도 제 갈 길을 찾지 못하고 있는 상태인 것이다.

13장

•

자연사와 사회사의 융합

자연은 역사적 활동 공간의 한 부분이다 / '사람 없는 역사'란 존재
할 수 없다 / 생태적 와해는 자본주의의 기본적 모순, 즉 무제한적인 자
기 확장의 충동과 제한된 천연 자원 사이의 모순을 반영한다 / 사회주
의는 생산력의 '맹렬한 발전'을 통제할 수 있는 능력을 스스로 입증해
야 한다 / 생태적 투쟁은 정치적 영역을 침범하며 역사에 편입된다

　여기서 논점은 자연사(natural history)를 사회사(social history) 안
으로 끌어들이자는 것이다. 어떤 사람들이 하고 싶어 하는 것처
럼 무제한적인 고도 성장의 문제와 모든 복잡한 사회 구성에 대
한 반동으로서, 인간을 원시 자연의 상태로 되돌아가게 하자는
것이 아니다.

　최근에 인간을 '단순한 생활'로 돌아가게 하고, 자연의 순환 제
도에 다시 집어넣어 원시 공동체 사회로 돌아가자는 접근 방식
이 유행하고 있다. 그러한 접근의 궁극적인 목표는 인간을 꿀벌
이나 비버와 비교될 수 있을 만큼, '사회'를 최소한의 기술 수준을
가진 동물적 차원으로 떨어뜨리는 것이다. 그러나 자연사를 사
회사에 끌어들인다는 것은 완전히 다른 문제로서, 모든 자연 세

계를 존중하면서 인간들의 자연에 대한 권능과 책임을 확인하는 것이다.

이는 인간과 자연을 기계적으로 구분하는 것과도 다른 문제이다. 프랑스의 사회심리학자인 모스코비치(Serge Moscovici)가 지적한 것처럼, '야생'이라 불리는 자연도 거의 대부분은 인간에 의해 형성되었다. 인간이나 사회와 마찬가지로, 자연도 역사의 한 부분이다. 예를 들어, '야생종'이라 불리는 것들도 인간이 파괴할 시간이나 욕구가 아직은 부족했기 때문에 남겨진 것에 불과하다. 사바나(savannas), 삼림, 스텝 지대(steppes)와 같은 '자연적'인 생태 복합체도 식물과 동물, 그리고 비록 간헐적이라도 나무꾼, 양치기, 농부 등의 역할을 하는 인간 사이에 있는 복잡한 관계망의 산물이다.

엥겔스가 『자연변증법(The Dialectics of Nature)』에서 말했듯이, '우리는 결코 다른 민족에 대한 정복자나 자연 밖에 서 있는 사람처럼 자연을 지배하지 않는다. 살과 피와 머리를 가지고 있는 우리는 자연에 속해 있다.'

그렇기 때문에 역사적인 '혁신가'라고 자칭하는 사람들이 '사람이 없는 역사(history without people)'나 어느 순간의 자연 세계만의 역사가 있을 수 있다고 생각하는 것은 극히 순진한 사고방식이라 할 수 있다. 점성학적 시대, 지질학적 시대, 진화론적인 생물학적 시대와 같이 장기간에 걸친 모든 종류의 시대에 '역사적(historical)'이라는 상표를 붙이는 것이 역사가들의 전문가적 자부심을 치켜세울지 모르지만, 그것의 유용성은 거기서 끝나고 만다.

　다른 한편으로 자연에 대한 연구가 '자연 현상을 인간의 시간적 척도에 따라 연구하는 것'을 의미한다면, '인간 없는 역사'라는 말은 용어상의 모순이다. 비교적 짧은 기간이라 할 수 있는 수천 년에 걸쳐 이루어진 기후의 변화 및 화산과 해안의 형성을 연구하는 일은, 그러한 현상을 목격하고 분석하며 후원하는 인간과 연관되지 않으면 아무런 의미가 없다. 자연 현상들은 역사가가 측정하고 인간의 행동 영역으로 통합시킬 수 있을 때에만 비로소 의미를 갖게 된다.

　마르크 블로크는 『역사를 위한 변명』에서, 겉보기에 가치 중립적이고 순전히 '지질학'적인 현상에 불과한 자위더르 해(Zuyder Zee)의 침니(沈泥) 현상*을 예로 들면서 다음과 같이 주장했다.

　10세기에 플랜더스 해안은 즈빙(Zwin) 만 때문에 움푹 들어가 있었는데, 침니 현상이 나타나고 말았다. 이러한 현상에 관한 연구는 어떤 학문 분야에 속하는가? 지질학이 먼저 떠오른다. 퇴적물의 운반, 해류의 역할, 해수면의 변화 등은 그러한 문제를 다루기 위해 지질학이 이루어 놓은 업적일 것이다. 물론 그것은 사실이지만, 좀 더 자세히 살펴보면 그렇게 간단한 문제가 아니다.

　먼저 변화의 기원이 무엇인지가 검토되어야 할 것이다. 여기서

---

* **침니 현상** : 모래와 진흙의 중간 정도인 토양이 퇴적 작용에 의해 쌓임으로써 바다의 지면이 점점 상승하는 현상. 이러한 현상이 계속되면 항구로서의 기능은 결국 끝나고 만다.

벌써 지질학자들은 그들의 영역으로서는 해결할 수 없는 문제에 직면하고 있음을 깨닫게 된다. 만이 막힌 것은 의심할 여지도 없이 댐의 건설, 하수구의 기울기, 배수구 등에 의하여 촉진된다. 그런데 이 모두는 사회적 욕구에 의하여 명령되고 특정 사회 구조의 틀 안에서만 파악될 수 있는 인간의 행위인 것이다.

다른 한편에서는 '그 결과가 무엇인가?'라는 새로운 문제가 제기된다. 만에서 멀지 않은 곳에 하나의 도시가 건설되었다. 그 도시의 이름은 브뤼허(Bruges)인데, 넓은 강에 의해 만과 연결되고 있었다. 브뤼허는 즈빙의 근해를 통해 상품을 교역하는, 오늘날의 뉴욕이나 런던과 같은 도시였다. 그런데 침니가 계속됨에 따라 강의 입구로부터 외항을 더욱더 멀리 옮기는 노력에도 불구하고, 브뤼허의 하역장은 더 이상 기능을 할 수 없게 되었다.

물론 이것만이 그 도시가 쇠퇴하게 된 유일한 원인은 아니다. 하지만 인간이라는 요소에 의해 촉진되지 않고서도, 자연적 과정이 사회에 적응할 수 있을까? 그러나 복잡한 관계망 중에서 인간은 틀림없이 가장 결정적인 요인 가운데 하나인 것이다.

한 사회가 대지를 새로운 모습으로 변화시키는 것이, 명확히 '역사적'인 사실임을 우리는 본능적으로 인식하고 있다. 바로 이러한 관점에서 우리는 현대에 와서 더욱 첨예화된 생태적 위기, 환경의 위기를 검토해야 하는 것이다. 이 위기는 소위 '난폭'한 기술적 성장에 의해 발생했다. 그것은 자본주의 체제의 본질적 메커니즘이며, 기본적 경제 법칙인 이윤 추구에 기인하고 있기 때문이다.

마르크스가 살던 시절에는 자연이 무한한 산업, 영양, 에너지의 근원으로 간주되었을 것이며, 인간의 생산을 위한 활동 영역으로 인식되었다. 계몽주의의 낙관론을 이어받은 마르크스는, 생산의 끊임없는 발전을 인류 역사의 중심된 맥락으로 파악했던 것이다. 그 당시에는 자연을 정복하는 것이 유일한 문제였다.

한편으로 자본의 성장과 끊임없는 확대 재생산이라는 무한한 욕구, 그리고 다른 한편으로 자연이 제공할 수 있는 자원이 제한되어 있다는 불일치 사이에서 오늘날의 자본주의는 질적으로 새로운 차원에 진입하고 있다. 이러한 모순은 새롭게 나타난 것이다. 마르크스와 엥겔스는 이를 분석할 수 있는 위치에 있지 않았다. 그들이 살던 시대에는 환경의 파괴 현상이 미약하고 지역적이었기 때문에, 그러한 현상은 산업 자본주의 발전에 있어서 중요한 측면을 구성하지 못했기 때문이다.

어쨌든 이 사실은 마르크스주의 원리가 가지고 있는 풍부함과 한계를 같이 인식해야 한다는 것과 함께, 그것을 창조적으로 적용해 나가야 할 필요성이 있음을 역설해 준다. 이러한 낯선 지형을 설명해 주는 이정표가 될 마르크스의 언급이 없기 때문에, 교조주의자들은 환경과 성장의 위기에 대하여 지적으로 충분한 대응을 보이지 못한다. 그들은 자본주의가 소멸함에 따라 그러한 문제들은 자동적으로 사라진다는 주장으로 도피하고 만다.

한편 근대화론자들은 마르크스가 '시대에 뒤떨어졌다'고 주장한다. 그러나 자본주의의 무한한 자기 확대와 제한된 천연 자원 사이의 모순은 마르크스주의에 의거하지 않고서는 효과적으로 분석될 수 없다. 하지만 이는 마르크스가 수행하지 않았으며, 수행할 수 없었던 분석이다.

물론 인간은 항상 적극적으로 자연을 변형시켜 왔다. 인간은 비닐하우스를 통한 채소의 수급 균형, 사막 지역의 작물에 대한 관개 사업을 통한 기후 변화, 제방과 운하 및 댐을 통한 수리 사업, 계단식 농업을 통한 지구 표면의 변화 등을 이룩해 냈다. 하지만 자연계의 기본 순환이 이러한 활동에 의해 심각한 영향을 받아 온 것은 아니었다. 그런데 오늘날에는 심각한 지점에까지 도달하게 되었다. 이제는 근본적인, 그리고 뒤집을 수 없는 방법에 의해 기본 순환이 영향을 받게 되었기 때문이다.

첫째, 대기권에서의 핵폭발, 초음속 비행기, 지구를 둘러싼 탄산가스 층의 점진적인 형성에 의해 기후적 균형이 위협받고 있다. 이 층은 지구와 우주 간의 열 교환을 방해함으로써, 온실효과 (greenhouse effect)로 불리는 전 대기의 급격한 가열을 초래했다.

둘째, 화학 물질, 공해, 생활 하수, 연성 세제, 냉각 기술을 사용하는 공장으로 인한 대기권 불안정, 원자력 발전소 등에 의해 수 자원의 균형이 위협받고 있다. 지중해와 발트 해는 죽은 바다가

되었다. 페니모어 쿠퍼(Fenimore Cooper)* 시대에는 무진장한 낚시터였던 오대호(五大湖)가 이제는 거대한 하수구가 되어 버렸다.

셋째, 땅과 바다에 미생물로도 분해되지 않는 물질들이 축적됨에 따라 생물학적 균형이 위협받고 있다. 또한 동물과 식물 및 인간의 몸에 축적되는 일련의 화학적 물질이 생성됨에 따라 자연과 인류의 생존이 위협받고 있다. 영국에서는 1960년대에 농업 생산을 촉진하는 정책을 취했다. 농부가 일하러 나가는 시간을 단축시키고, 대규모의 농기구를 사용할 수 있게 하려고 흩어져 살던 농민들을 한곳에 모여 살도록 하는 정책이었다. 이러한 재조직 과정에 따라서 울타리를 제거하였는데, 그 결과 차가운 기후나 틈새 바람 및 열기의 영향을 증폭시킴으로써 사람들이 국지적 기상 변화에 고통을 겪게 되었다. 또한, 물의 흐름이 방해를 받아 벌레를 잡아먹고 사는 새들이 죽어 갔다.

자연사를 사회사적으로 이해하자는 것은 자연과 인간 자신에 대한 인간의 책임을 가늠해 보자는 것을 의미한다. 즉 자연에 대한 신비로운 감정에서 나온 것이 아니라, 거기에 내재된 이해관계의 중요성 때문인 것이다.

이윤 체계가 자연 파괴의 주범이다. 속물적, 교조적 마르크스

---

* **페니모어 쿠퍼**(1789~1851) : 미국 뉴저지 출신의 소설가. 예일대학을 다니던 중 퇴학당하고 선원, 해군 사관을 거쳐 30세에 이르러서부터 소설을 쓰기 시작했다. 그의 대표작으로는 『모히칸족의 최후(The Last of the Mohicans)』 『대평원(The Prairie)』 등 인디언과 백인 접경 지대에서의 생활상을 보여주는 작품이 있고, 『가죽양말 이야기(leatherstocking Tales)』와 같은 그의 고향 쿠퍼스타운의 시가지를 묘사한 작품들이 있다. 그외에 정치, 사회 관련 소설을 썼다.

주의의 관점에서 볼 때, 생산력의 '억누를 수 없는 발전(irrepressible advances)'은 사회적 진보의 주된 요인이다. 교조적 마르크스주의자들은 자본주의 아래에서 생산력의 발전과 생산 관계의 정체 사이의 모순이 심화됨에 따라서, 사회주의는 점점 더 실현 가능해진다고 한다.

하지만 이러한 전망은 일종의 '생산력에 대한 물신숭배(fetichism)'라고 할 수 있다. 이는 결국 생산성과 성장을 최고의 가치로서 찬미하는 자본주의의 기본 철학을 새롭게 변형시킨 것에 불과하다. 이런 식의 사회주의는 지속적인 생존의 조건으로서 무제한적인 성장을 요구하는 자본주의의 모든 기본 특성을 그대로 답습하고 있으며, 또한 미래의 모습으로서 그리고 있다. 그러나 이러한 무제한적인 성장은 결국은 제한된 천연자원과 필연적으로 모순 관계에 이르게 된다.

이 모든 것은 급속히 발전하는 생산력과 정체된 사회질서 간의 관계 설정이라는 문제가 전혀 새로운 방식으로 제기되지 않으면 안 된다는 것을 의미한다. 환경의 오염과 끊임없는 이윤 창출을 기대하는 생산력 향상의 부정적 효과를 제거하기 위해서는, 생산력의 발전이 사회적 요구에 의거하여 선별적으로 통제되어야 한다.

그러나 선별적 통제가 곧 서구 세계 내부와 남반구와 북반구 사이의 사회적 불평등을 은폐하기 위해, 어떤 기술관료(technocrat)들이 사용하는 슬로건인 '제로 성장'의 정책을 의미하는 것은 아니다. 그러한 성장의 통제는 생산력과 생산 관계 사이의 전통적인 관계를 더욱 복잡하게 할 뿐이다. 사회의식은 역사의 진행 과정에서 증대된 영향력을 미치게 된다.

그러므로 환경의 위기는 자연과 생산력 발전 사이의 관계를 가장 효과적이고 책임 있는 방식으로 통제할 수 있는 사회질서로 전망될 수 있는, 사회주의에 대한 보다 나은 정의를 요구한다. 또한 생산력을 이윤과 생산성의 압제로부터, 그리고 성장을 목적 그 자체로서 추구하는 물신숭배로부터 해방시킬 수 있는 사회질서이기도 해야 한다. 이는 우리에게 소련과 유럽의 인민민주주의(people's democracy)* 그리고 중국의 사회주의의 성격을 평가할 수 있는 기준을 제공한다.

소비에트 블록의 산업 중심지인 보헤미아 지방에서는 부끄러운 줄도 모르고 공장의 쓰레기를 블타바 강(Vltava), 엘베 강(Elbe), 북해 등에 쏟아 버린다. 1975년 상하이 그룹의 좌익 이념가들은 중국이 아직 '부르주아 법칙'의 지배 하에 있으며, 자본주의 사회의 잔재가 아직 완전히 제거되지 않았다고 단언했다. 그들은 대도시의 두꺼운 매연 층, 농촌 지방의 유독성 살충제 남용, 공업지대의 수돗물 오염 등의 해결되지 않은 많은 문제를 명확하게

---

* **인민민주주의** : 제2차 세계대전 이후 동유럽과 아시아의 몇몇 나라에서 수립된 정치 체제. 의회주의를 부정하고 소비에트 권력을 수립하여 곧바로 공산 혁명을 수행한 러시아와 달리, 형식적인 의회제를 남겨 두고 복수의 들러리 정당과 다양한 계급, 세력에 의한 통일전선을 내세워 점진적으로 실현한다는 명분을 내세웠다. 그러나 단원제(單院制) 의회에 권력을 집중시켜 공산당이 절대적인 지도권을 확보하고 있다는 점에서 서구형 의회 민주주의와는 근본적으로 다르며, 이른바 프롤레타리아 독재의 한 형태로 간주되고 있다.

인식하고 있었다.

오늘날 인간과 자연의 상호 관계는 인류 역사의 중심으로 이동하였다. 프랑스뿐만 아니라 미국에서도 레이철 카슨(Rachel Carson)*, 배리 코모너(Barry Commoner) 등에 의해서 경고음이 나오고 있으며, 생태적 문제가 전통적 정치 영역에 직접적으로 침투하고 있다.

과거에는 원자력 발전소 반대 운동이 우익은 물론 좌익의 '책임 있는' 정치 집단에 의하여서도 배척당했지만, 오늘날 스웨덴, 독일, 영어권 국가뿐만 아니라 프랑스에서도 대중의 지지를 획득하였다. 또한 '부차적인' 문제로 취급되었던 해양 오염에 대한 전투적 투쟁은 코르시카인의 정치의식을 각성시키는 데 큰 자극을 주었다.

1974년 프랑스 대통령선거 기간 동안, 농업학자 르네 뒤몽(René Dumont)이 벌인 선거 운동은 생태적 문제가 전통적 정치 영역에 어떻게 뛰어들고 있는가를 보여주는 좋은 사례였다. 처음에는 '공상적'이라는 이유로 주목을 끌지는 못했지만, 마침내는 이 '정치적 생태학' 후보자가 예상했던 30만 표를 훌쩍 뛰어넘는 득표를 할

---

* **레이철 카슨**(1907~1964) : 미국의 존스 홉킨스 대학에서 생물학을 전공한 생물학자. 그녀의 『침묵의 봄(Silent spring)』이라는 책은 화학 오염의 위험에 대해 대중들의 공감을 불러일으켰다. 그녀의 책 『우리를 둘러싸고 있는 바다』는 39주 동안 베스트셀러 1위를 기록했으며, 30개 국어로 번역되었다. 그녀는 그 책으로 '미국 저작상'을 수상했다. 1962년에 그녀가 『침묵의 봄』을 출판했을 때, 전 미국이 떠들썩했다. 수백만 달러의 살충제가 매년 판매되고 있었는데, 그녀는 그것이 바로 수질과 토양을 오염시켜 인체에 축적되고 있음을 발견하고 살충제의 제한을 주장했기 때문이다. 결국 살충제의 성분 가운데 유독성 물질의 사용 금지가 결정되기에 이르렀다.

정도로 많은 사람들의 관심을 불러일으켰던 것이다.

생태학자들의 지속적인 정치적 투쟁은 쓸모없는 전문가적 권위를 옹호하는 사람들과는 달리, 자본주의 체제에 직접적으로 도전하고 있다. 시간의 흐름에 따른 인간 행위의 영향에 대한 날카로운 인식에 기초하여 있기 때문에, 그들의 투쟁은 충분히 역사적이다. 여기서 우리는 자연사를 사회사로 이끌자는 생각으로 다시 돌아가게 된다. 특히 그것은 확실히 '단기 지속(short run)'적 측면에서 그러하다.

생태학자들은 공식 통계에 의거하여, 프랑스에서 매 5년마다 한 개의 행정구역(Departement)이 통째로 콘크리트에 의해 먹혀 들어가고 있음을 알려 준다. 바꾸어 말하면 프랑스를 구성하는 90개의 행정구역 중 하나에 해당하는 지역이 새로운 고속도로, 슈퍼마켓, 주차장, 주유소, 주택 택지, 새롭게 고안된 주거 단지에 의해 매 5년마다 엄청난 변화를 강요당하고 있다는 것이다. 이렇게 무모한 초도시화(super-urbanization) 과정이 상당 기간 동안 진행되어 왔다.

한편, 새로운 생태학적 각성은 장기 지속(long run)적 측면까지도 고려하고 있다. 생태학자들의 자본주의 체제에 대한 고발은 확고하게 과거에 대한 능동적이고 투쟁적인 관계에 뿌리박고 있다. 과거와의 관계는, 예를 들면 빵이 맛있었고 강에는 물고기가 살고 있었던 시절을 회상하는 노인들의 기억에 의해 꾸준히 제공되는 관계이다. 현대 사회의 기술적 압제에서 벗어나고, 현재의 요구들이 가진 오류를 인식하도록 노인들이 가지고 있는 요리법, 집에서 만든 약과 같은 전통적인 노하우에 의해 우리가 풍요로워 질 수 있는 것이다.

이러한 시간에 대한 인식은 미래를 지향하고 있다. '우리는 어떠한 모습의 지구를 후손에게 물려줄 것인가?' 바로 이 물음은 자본주의 사회라는 '무중력 상태'와 뿌리 없고 밀폐된 현실에 대한 찬양과는 대조되는, 인류의 역사적 차원에 대한 하나의 확인인 것이다.

제3세계에서는 서구를 근본적으로 뒤흔드는 생태학적 위기가 매우 다르게 파악되어 왔다. 이는 자본주의의 또 다른 모순, 즉 모든 측면에서 '선진국'과 '종속국'으로 양극 분해되어 있는 문제를 반영하고 있다. 기아와 가난에 시달리고 있는 제3세계에서는 아직까지도 생태 오염이 우선 과제가 되고 있지 않다.

아무리 정직하고 사심 없는 사람이라 할지라도 신생 국가의 지도자와 행정가들은 생산성의 향상, 새로운 직장의 창출이라는 뚜렷한 단기적 이익과 환경을 파괴하는 통제되지 않은 산업 발전의 장기적인 부정적 영향을 비교해서 평가할 수 있는 위치에 있지 않다. 지중해의 '낙후' 지역, 남부 해안 지역은 공장, 대도시, 유조선 등에서 쏟아져 나온 폐기물로 인해 '부유'한 지역보다 더 심하게 오염되어 있다.

이렇게 자본주의의 틀 안에서는 전 지구적인 생태 재앙을 해결할 수 있는 전반적인 해결책이 존재하지 않는다. 다시 말하지만

타 민족을 착취하는 민족은 스스로 자유로워질 수 없으며, 자연 세계와의 관계에 있어서 집단적인 지배자가 될 수 없다.

14장

•

단기 지속과 장기 지속
- 역사에 있어서 연속성과 불연속성

장기 지속적 접근 : '양적' 역사인가, 수동적 역사인가? / 단기 지속과 장기 지
속의 변증법적 통일 : 모멘트, 전쟁, 선거 / 역사에서의 과잉 모순 / '세대'의 개
념 / 역사적 흐름, 소비에트 스타일과 중국 스타일 / 장기 지속 기간의 다양
성에 대한 지적 논쟁과 역사적 기원의 활발한 사용에 대한 정치적 의견

요즘 역사가들 사이에서 '장기 지속'적인 접근 방식이 유행하
고 있다. 창시자들인 뤼시앵 페브르와 마르크 블로크의 발자취
를 따르는 아날학파는 장기 지속을 하나의 혁신적인 방법론으로
제시하기 위해 거의 반세기에 걸쳐 노력을 기울였다. 그들은 '전
투의 역사'를 비웃으며 '사건 중심' 역사의 수준에 머무르는 것을
매우 큰 치욕으로 생각한다. 그들에게는 '역사의 기본 구조'가 중
요하다. 예를 들어 무역 항로나 대중적 습관의 역사, 또는 수 세
기에 걸친 인구 통계적 균형, 수공 기술, 식사 습관, 질병과 사망
메커니즘 등의 변화에 대한 역사와 같은 것들이다.

이들 '역사 지식의 선구자들', 혹은 '새 분야 개척자들'은 상상력
이 매우 풍부하다. 최근에 이러한 '새로운 영역들'을 충분히 제시

한 저작이라 할 수 있는 피에르 노라와 자크 르 고프의『역사의 행위』속에는 그러한 승리감에 도취된 표현이 사용되고 있다.

더욱이 1950년대 말 사회과학에서 구조주의가 출현한 이래로, 장기 지속적인 접근 방식은 역사가들에게 딜레마에서 벗어날 수 있는 효과적이고 매력적인 방법을 제시한 것 같다. 역사가들은 역사적 시간에 따른 사회적 경험의 발전, 즉 '통시성'을 고려하지 않을 수 없었지만, 동시에 구조적 접근이라는 새로운 요구에 직면하게 되었다. 그래서 그들이 역사의 표면을 흔드는 데 불과하다고 생각하는 전쟁, 혁명, '사태' 등과 같은 간과하면 할수록 더욱더 '보다 깊은' 실재(reality)로 돌입할 수 있다. 그리고 그 실재의 상대적인 안정성은 역사가들로 하여금 사회과학에서의 구조주의자와 똑같은 차원에 이르게끔 한다고 보았다.

하지만 그들이 관심을 두는 역사적인 '장기 지속'이란 어떤 것인가? 그것은 일반 대중을 개인적으로든 집단적으로든 간에 오로지 소비하고, 일하며, 기술을 발명하여 그것을 전수하거나 잊어버리고, 재생산하고, 병들고, 민속 문화를 발전시키는, 다시 말해서 자신들의 운명을 받아들이는 존재로서 간주하는 것이다. 이러한 '양적(massive)'인 역사는 실질적으로는 수동적인 역사다.

새로운 역사학자들이 사모하는 '장기 지속'은 탈정치화된 장기 지속이다. 이를 증명하기 위해서는『역사의 행위』의 목차라든가 아날학파의 출간 책자, 또는 그들의 토론 무대인『누벨 옵세르바퇴르(Nouvel Observateur)』에 정기적으로 기고된 이 학파의 지도자들이 쓴 논문의 제목 등을 잠깐 살펴보는 것으로 충분하다. 그들에게 있어서 전쟁, 국제적인 권력 체계, 정치적 권력 투쟁이나 혁명 등과 같은 문제들은 흥미의 대상이 아니다. 혹시 관심을 가진다고 해도 그저 사소한 것으로 취급되고 있을 뿐이다.

예컨대 프랑스 혁명은 부르주아 혁명도 민중 혁명도 아니며, 다만 흥분한 군중의 격발이거나 몇몇 정치 지도자들의 교묘한 자리 바꿈에 불과한 것으로 본다. 이들 '근대주의자'들이 전문적으로 연구하고 있는 장기 지속적 현상이라는 범주 속에서는 모든 정치적 차원이 실제로 간과되고 있다. 예를 들어 그들은 17세기의 식사 습관에 대해 수많은 자료를 수집하지만, 누가 잘 먹었고 누가 불충분하게 먹었으며, 왜 그랬는지, 즉 힘과 계급 투쟁의 정치적 관계 속에서 굶주린 자와 포식하는 자들의 역할에 대해서는 무시해 버린다.

오늘날 심한 비판을 받고 있는 사건 중심의 역사에서 묘사된 사실들에 못지않게 '장기 지속'은 확실히 정치적인 실재이다. 예나 지금이나 진정한 정치적 영역은 장기 지속과 단기 지속의 결합을 통해 이루어진다.

그렇다면 어떤 종류의 정치를 의미하는가? 분명히 1914년 이전의 전통적 역사가들이 만들어 낸 외교적이거나 공식적 차원에서의 정치는 아니다. 요컨대 정치는 다수 민중의 문제이고, 민중에게 있어서 존재하는 단 하나의 의미는 '정치적인' 것이다. 문화, 기술, 질병, 식량 등은 모두 민중 투쟁에 제동을 걸거나 촉진시키는 경우에 한해서 중요성을 지닌다. 동시에 어떠한 정치적 변화도, 개인적 삶의 모든 측면에 영향을 미치지 않거나 가족, 자연에 대한 우리의 관계, 노동 수단이라든지 죽음 자체에 대한 우리의 태도에 영향을 미치지 않는다면, 진정한 변화라고 할 수 없다. 그람시가 표현한 바와 같이 '시민' 사회(civil society)가 함께 변화하지 않는 한, '정치' 사회(political society)에서의 변화는 단지 형식적이고 피상적인 것에 지나지 않는다.

물론 미셸 푸코가 『지식의 고고학』에서 쓴 대로, '육안으로는 판별할 수 없을 만큼 변화가 미약한 역사적 시기'도 있다. 그러나 이 역시도 정치적 영역의 필수적인 부분이다. 중세 이래로 로렌(Lorraine) 지역에서 프랑스어권과 독일어권의 경계는 실질적인 변화를 겪지 않았다. 그것은 정치적 사실이다. 역사 인구 통계학은 계급적이다. 그것은 부자와 가난한 자 사이의 분명한 대비를 보여준다. 이는 계급 투쟁에 부인할 수 없는 영향을 미쳤다. 이러한 영향을 분명하게 정의하는 것이 바로 역사가의 임무다. 그럼에도 불구하고 이러한 문제는 컴퓨터 친화적인 역사가에 의해서 제시된 적이 없다.

다른 사례를 들어 보자. 중세의 농업 기술 발달이 봉건 질서를 강화하였는가? 아니면 반대로 자크리(Jacquerie) 반란 같은 농민 항쟁 또는 부르주아 계급의 완만한 상승을 촉진하는 결과를 가져다주었는가? 물론 파리 민속박물관의 '프랑스 민족학' 전문가처럼 고대의 조각이나 도구를 모으는 것에만 관심을 가져서는 이러한 의문에 대해 결코 해답을 제시할 수 없다.

그 연속성이 날카로운 단절과 격렬한 대변동에 의해 중단되기 때문에, 장기 지속은 정치적이다. 이러한 변화의 내적 본질은 장기 지속 현상 및 갑자기 폭발되는 갑작스러운 위기로 이루어져 있다. 이것이 바로 '행복한 민족은 역사가 없다'라는 옛 격언이 의미하는 바이다. 역사란 본질적으로 격변과 폭발, 그리고 그것에 이르도록 하는 내재적 발전 과정으로 구성되기 때문이다.

역사는 정치적, 경제적, 기술적 변천을 강조하는 표현인 '혁명'들로 이루어져 있다. 또한 모멘텀(momentum) 또는 모비멘텀(movimentum)에서 유래한 모멘트(moment)들로 구성되어 있다. 그러한 모멘트들은 시간 속에서의 시점이기도 하며, 극한 상황에 이르는 과정의 복합체이기도 하다. 그러므로 '모멘트'의 범위와 영향은, 모멘트의 순간적인 표현에 불과한 '사건'을 초월한다. '사건 중심'의 역사가 갖는 장점을 주장할 수 있는 근거는 전혀 없다. 오직 빙산의 일각에만 관심을 두고 있기 때문이다.

예를 들어 1789년 프랑스 혁명의 '모멘트'는 지배 계급의 내적 위기, 특히 재정 분야에서 군주국가 기구의 위기, 생산과 무역 분야에 있어서 부르주아 계급의 맹렬한 상승, 단기적인 경제 후퇴, 수 세기에 걸쳐 누적된 피압박 농민들의 분노, 철학자들이 중심 역할을 한 이데올로기적 위기들의 제 모순들이 한꺼번에 폭발적으로 결합한 것이었다.

다른 사례로, 유럽의 혁명 운동이 성숙 단계에 이른 1917~1919

년 러시아 혁명의 '모멘트'를 살펴보자. 제1차 세계대전의 격변과 함께 사람들 사이에 만연된 전쟁의 피로감으로 말미암아, 주요 자본주의 국가에서 사회적 모순이 비등점에 이르게 되었다. 이는 승전국에 있어서도 마찬가지였다. 프랑스에서는 1919년에 거대한 총파업이 있었으며, 영국에서는 스코틀랜드인 노동자들이 반란 상태에 있었고, 이탈리아 북부에서는 노동자 회의가 피에몬테(Piedmont) 지역에서 출범했다.

패전국에서는 위기가 더욱 첨예하게 드러났다. 독일에서는 스파르타쿠스 동맹(Spartakusbund)*이 조직되었고, 비엔나에서는 혁명적 사회주의의 태동이 있었다. 그러나 사슬의 연결 고리가 가장 약했던 곳은 볼셰비키가 개입했던 러시아였다. 러시아만이 아니라 모든 국가들의 안에서, 표면 아래 오랫동안 축적되어 온 일련의 사회·문화적 힘이 혁명적 폭발의 형태로 나타났던 것이다.

1968년 5월의 '모멘트'의 경우를 보자. 노동 계급의 희생 위에서 팽창 정책을 실시했던 권위주의적 정권인 드골주의의 단기적 위기는, 그때까지 잠재해 왔던 보다 깊고 전반적인 사회적 위기를 폭발시켰다. 1968년 5월 봉기는 자본주의 사회에서의 '삶의 질(quality of life)'이라는 문제를 제기하였고, 정치적 행위의 영역을 급속도로 확대하여 이민 집단, 여성, 지역적 소수 집단, 죄

---

* **스파르타쿠스 동맹** : 독일의 혁명 단체. 독일 사회민주당 극좌파가 제1차 세계대전 중에 조직하였으며. 중심 인물은 칼 리프크네히트, 로자 룩셈부르크, 클라라 체트킨, 프란츠 메링 등이다. 1919년 스파르타쿠스 봉기를 일으켰으나 실패했고, 리프크네히트와 로자 룩셈부르크가 처형당했다.

수, 반문화 등의 투쟁들까지 포함하게 되었다. 그러나 1968년 5월 봉기 때 일어났던 '사건'과 그로 인한 '무질서'에만 자신의 시야를 한정시키는 사람들이라면, "다시 그런 일이 일어나서는 안 된다(Never Again)!"라고 주장할 것이다. 이는 프랑스에서 고전적 우익과 좌익 모두가 함께 외쳤던 슬로건이었다.

1789! 1917~1919! 1968년 5월! 이들 세 가지 역사적 모멘트는 각각 아주 다른 운명에 봉착하게 된다. 첫 번째 경우에는 부르주아 계급의 성공적인 부상을 가져왔다. 두 번째 경우에는 볼셰비키의 확실한 승리를, 그러나 보다 광범위한 전 유럽적인 혁명을 수반하지 못함으로써 미래에 고난의 씨앗을 배태하고 있었다. 세 번째 경우에는 봉기의 단기적인 좌절을 경험하게 된다. 그러나 각각의 모멘트는 모두 똑같이 값지며 중요성을 지니고 있다.

일시적인 사건과는 달리 역사적인 모멘트는 '가능성'이라는 문제를 제기한다. 반동 세력과 온건파들 모두가 '불가능하다'는 것을 언제나 강조하는 데에 반하여, 1968년 5월 봉기의 참가자들이 표현한 것처럼 '모든 것이 가능해지는' 것은 바로 이 모멘트에서였다. 호치민(胡志明)에게 있어서, 베트남 혁명가들이 봉기하여 독립 공화국의 출범을 선포한 1945년 8월은 베트남 혁명 전략의 중심 개념인 '유리한 모멘트'였다.

연속성과 불연속성의 변증법적 결합은 전 역사 과정을 관통하는 맥락이다. 예를 들어 중국의 농민 운동은 완만하면서도 지칠 줄 모르는 비밀 결사의 활동과 징병 거부, 항조·항량 운동, 부자와 착취자에 대한 간헐적인 공격 등과 같이 농촌 지역에서의 지속적이지만 잠복적인 불만 표시로부터 그 힘을 끌어낸 것이다. 이러한 개별 투쟁의 누적 효과는 마침내 한, 당, 명 왕조를 위협하거나, 심지어 전복시키기까지 한 전국적 규모의 민중 반란과 농민 전쟁의 도화선이 되었던 것이다.

'전쟁'이란 단지 '평화'와 번영이라는 국면이 마치 낮과 밤의 교대처럼 일시적인 군사적 폭력의 국면으로 대치된 것이 아니다. 그렇게 보는 것은 부르주아 역사학의 기계적이고 도덕주의적 견해이며, 그런 점에서 군주제 시대의 역사와 다를 것이 없다. 전쟁이란 실제로 '다른 수단에 의한 정치의 연속'이다. 노예제 하의 노예 노동의 추구, 봉건제 하의 토지와 그 토지로 살아가는 농노 소유의 추구, 자본주의 하의 이윤의 추구와 같이 '평화' 시기에 작용하는 것과 마찬가지로 역사적 불가피성의 표현인 것이다.

1914~1918년의 제1차 세계대전을 예로 들어 보자. 교과서에서는 이 전쟁을 단지 하나의 군사적 현상으로서만 취급하고 있다. 고전적인 해석에서는 그것을 여러 단계들로 구분하고 있다. 먼저 1914년 여름의 기동전(war of movement), 다음으로는 참호전과 베르됭의 장엄한 4년여에 걸친 진지전(war of position), '후방'에서의 풍기 문란, 마지막으로는 1918년에 다시 전개된 기동전 등이 강조된다. 그러나 실제에 있어서 '신성한 민족적 단결'이라는 구호를 앞세운 전쟁은 흔히 주장되는 것처럼 사회·경제적인 힘의 작용이 일시적으로 중지된 것이 아니다. 외국과의 전쟁이 국

내의 '사회적 평화 유지'를 의미하는 것도 아니다.

반대로 1914~1918년의 전쟁은 프랑스 제3공화국의 기본 메커니즘들을 낱낱이 드러내었다. 구체적으로 말하면 의회의 미약한 역할, 부패한 산업가의 전쟁물자 산업을 통한 이윤 추구, 선동적인 국수주의자들, 노동 운동의 무기력, 만연한 빈곤과 기아 및 추위의 고통에 시달리는 사람들을 앞에 두고 자행되는 지배 계급들의 부의 과시와 같은 부도덕성이다. 특히 브르타뉴나 옥시탕, 코르시카와 같은 낙후된 지역에서 두드러졌던 인적, 물적 자원의 대대적인 공출이었다.

한 사회를 기본적으로 이해하는 데 있어서 '평화'보다는 전쟁이 더욱 풍부한 소재를 제공해 주고, 훨씬 더 진실된 모습을 보여 준다. 이는 유럽 전역에 걸친 전쟁 기간 동안의 나치 독일, 베트남 전쟁 기간 동안의 미국, 알제리 전쟁 기간 동안의 프랑스에 그대로 적용될 수 있다.

우파와 좌파 양측 정치가들 모두의 관심을 집중시키고 있는 선거는 거시적인 시각에서 살펴보지 않는다면 무의미하다. 비록 게리맨더링과 같은 선거구 조작과 이데올로기적 제약 등을 감안한다 할지라도, 엄밀하게 말해서 선거는 다른 곳에서 이미 결정된 정치 세력의 관계를 반영한 것일 뿐이다. 예를 들어 1936년의 프랑스 선거는 인민전선 측에 극적인 승리를 안겨다 주었다. 그러나 그들이 구성한 입법부는 1940년에 압도적인 다수의 찬성으로 페탱(Henri Philippe Pétain) 원수에게 비상 대권을 주고 말았다.

현대 프랑스가 경험한 '압도적 승리'는 공산당과 사회당 및 가톨릭당의 3당 연합이 다수당이 된 1945년, 그리고 드골과 그의 추종자들이 여당이 된 1958년 단 두 번에 불과했다. 국민의 마음속에서 긴 준비 기간이 지난 후에야 비로소, 하나의 새로운 정치적 역학 관계를 승인하는 것에 불과한 1945년의 제4공화국과 1958년의 제5공화국의 도래가 가능했던 것이다. 제4공화국은 나치의 점령과 레지스탕스 운동, 제3공화국의 와해가 가져다준 결과였다. 제5공화국은 이른바 '제3세력'으로 등장한 정당들의 무능력, 그들의 비생산적인 논쟁, 해방에 뒤따른 경제 문제, 인도차이나와 알제리에서의 길고 값비싼 대가를 치러야 했던 식민지 전쟁 등으로 인해 이루어질 수 있었다.

루이 알튀세르는 구체적 사건의 상호 의존성과 그 사건의 기초를 이루는 역사적 과정을 강조하면서, 일관된 전체(coherent whole) 속에 결합되어 있는 역사의 '중층결정적(overdetermined) 모순'을 명석하게 분석하고 있다. 그는 1917년 10월의 위기를 분석함에 있어서, 구체적 역사라는 개념에 대해 항상 반대해 온 그의 이전 논문과는 매우 대조적으로 장소와 시간상의 구체적인 상황에 대해 강조하고 있다.

1917년 10월 혁명은 표면상으로 볼 때는 단지 하나의 지엽적인 주변적 위기에 불과하며, 당시 자본주의의 기본적 모순에 있어서 하나의 예외였다. 러시아에 있어서 자본주의의 모순은 다른 곳보다 미숙했을지 모르나 오랜 전쟁, 억압 속에 살아온 농민, 낙후된 경제, 정치적 전제군주제, 지방의 반식민지적 지위, 급진적인 인텔리겐치아의 존재 등과 같은 여러 모순들이 결합되어 폭발하게 되었다. 러시아는 '사슬의 가장 약한 연결고리'였던 것이다.

사람들은 장기 지속과 단기 지속의 변증법에 어떻게 대처하는가? 그들은 한 시대가 다른 시대에게 자리를 넘겨주는 '무슨 일이 벌어지고 있다'는 느낌을 받는다. 혹은 그와는 달리 실제로 아무 것도 일어나고 있지 않다는, 즉 변화는 오직 외견상의 것에 불과하다고 느낄 때도 있다. 수천 년 동안 이러한 역사적 변화에 대한 감각은 모호하고 혼란스러웠으며, 오직 절반 정도의 진실만을 포함하는 것이었다.

그러나 해를 거듭할수록 역사적 변화의 국면 가운데 살고 있다는 의식은 민감해지고 있다. 봉건제에서 자본주의로의 이행기에 있어서 그러한 자각은 이미 크롬웰 시대의 급진주의, 18세기 계몽주의의 도래, 1793년의 자코뱅 력(曆) 등과 같은 구체적인 역사적·정치적 모습을 띠고 나타나게 되었다. 사회주의를 향한 투쟁에 있어서 변혁기에 살고 있다는 자각은 진보를 위한 적극적이고 집단적인 요인이 될 수 있다.

마르크 블로크가 적절하게 표현한 것처럼 동일한 경험과 격변을 거치며 살아온 사람들은 '공통의 흔적'을 가지고 있다고 말할 수 있다. 그것이 집단적 경험이라는 중요성을 내재하고 있는 한도 내에서 세대라는 개념은 역사적·정치적인 의미를 갖는다. 기계론적인 마르크스주의자들은 계급 투쟁이라는 이름 하에, 동일한 세대라는 소속감의 중요성을 고려에 넣지 않으려고 한다. 그러나 중국의 문화혁명은 그러한 경험의 적극적 역할을 강조했다. 그것의 구체적 목적 중의 하나는, 앞선 혁명 세대에 의하여 손쉽게 넘겨받은 사회주의의 지도권을 떠맡아 온 관료 기구를 무시하고 새로운 세대들에게 혁명의 횃불을 넘겨주는 것이었다. 그것이 홍위병들에게 호소하게 된 기본 취지였다.

한편 그 이면에는 역사적·사회적으로 자신과 직접 관련된 시기, 즉 '공통의 흔적'을 지닌 시기를 무사히 헤쳐 나온 사람들의 기구한 운명이 있다. 1870년 프랑스가 독일과 벌였던 전쟁의 스당(Sedan) 전투에서 패배한 데에 큰 책임이 있는 나폴레옹 3세의 부인 외제니(Eugénie) 황후, 볼셰비키 혁명에 의하여 전복당한 불행한 '임시 정부'의 수반으로서 반세기 후인 1970년 뉴욕에서 죽은 케렌스키(Alexander Kerensky), 1942년 소련에서 죽은 마지막 파리코뮌 지도자가 대표적인 사례라고 할 수 있다.

역사의 흐름은 이질적이며 자주 방해를 받는다. 우주적 시간은 별들의 냉정한 규칙성과 함께 전개되며, '상용시'의 시간도 달력의 날짜와 햇수에 있어서 우주적 시간과 유사하다. 반면에 진정한 역사적 시간은 끊임없이 확대되고 축소된다. 그것은 인류의 시련과 투쟁에 의하여 형성된다.

소련식의 역사적 시간은 사회주의 국가 건설의 기초로서, 생산력의 지속적 성장을 반영하는 규격적이고 획일적인 흐름 안에서 5개년 계획의 자동적인 연속을 강조한다. 중국식 역사적 시간은 전진과 후퇴, 가속과 안정, 대약진 운동이나 문화혁명과 같은 급격한 속도 변화 등으로 구성되어 있다. 그들은 인간의 선도성에 호소하고, 민중의 에너지를 동원하는 수단으로서의 정치적 투쟁에 우위성을 두며, 이러한 동원이 진행되는 동안 방해물로부터 받는 저항의 질적 차이를 강조한다.

단기 지속과 장기 지속, 연속성과 불연속성의 문제는 기본적으로 하나의 정치적 문제이다. 이것을 언급함에 있어서, 우리는 그 배경으로서 역사에 있어서의 장기 지속적인 시간대의 문제에 관해서 최근에 벌어진 일련의 지적 토론을 살펴보아야 할 것이다.

예를 들어 페르낭 브로델은 관점이 어디에 있느냐에 따라, 즉 상업적, 인구학적, 문화적, 또는 기술적인지에 따라 시간대(temps longs)*의 차원을 각기 달리할 것을 강조한다. 이는 질적으로 다른 시간대가 있을 수 있음을 의미한다. 알튀세르는 역사의 개념에 대한 연구를 통해, 브로델의 '질적으로 다른 시간대'라는 다원주의적 명제를 자신의 논리적 전제로서 받아들인다. 대단히 비타협적인 마르크스주의의 전문가에게서 이러한 자유주의적 면모가 발견된다는 것이 놀랍게 보일지 모르나 충분히 가능한 일이다.

앞에서 언급했던 점진주의적 연속성을 역사의 기본 조직으로 생각하는 근대주의자와 교조주의자들의 관점이 서로 한데 모이고 있다는 것이 확인된다. 알튀세르는 다양한 종류의 '시간대'가

---

* 예를 들면, 한국사에 있어서 경제사적인 관점에서의 근대의 시작과 문학사적인 관점에서의 그것이 다른 것이다.

갖는 탈정치적인 다원성을 당연하게 여긴다. 그러면서 역사가들에게 그것들 사이의 복잡한 관계를 분명히 밝히고, 그것을 위계적 질서 속에 배열함으로써 경제가 결정적 역할을 한다는 것을 증명하라고 요구한다.

하지만 푸코의 접근 방식은 조금 다르다. 그는 『지식의 고고학』의 서문에서 알튀세르처럼 브로델의 '시간대'의 다양성이라는 개념을 받아들이면서도 '글로벌 역사(global history)'와 '일반사(general history)'를 명확히 구분한다. 알튀세르는 다양한 시간대들의 유기적 통합을 열망한다. 한편 푸코는 연속, 중지, 간격, 부침, 모순, 시간과 관련된 특성, 역사적 경험의 독특한 영향 등과 같은 다루기 어려운 문제들을 강조한다. 알튀세르는 모든 것을 '단일 중심(single centre)'에 연결시키려 하고, 반면에 푸코는 '분산된 공간(the space of a dispersion)'을 펼친다.

'시간대'의 다원주의, 다양한 과거 경험의 '복잡한 연결', 통합 또는 분산 등은 확실히 중요한 문제들이다. 그러나 사회적 실천과 분리되어 있는 경우에는 그 모두가 무의미하다. 그것들을 현재 진행 중인 투쟁에 관계없이 논의한다는 것은 낡은 역사적 수사법을 다시 한 번 답습하는 것에 불과하다. 요점은 오히려 그것을 확실하게 자신의 두 발로 서게 하는 것이며, 오늘날의 투쟁에 뿌리박게 하는 것이다.

중국의 농민들은 그들이 한 시대로부터 다른 시대로 이행하고 있다는 사실을 잘 인식하고 있다. 그들에게 있어서의 역사적 실재는 '일관된 전체'이다. 그러한 기본적 사실은 그들이 겪어 온 개별적 경험의 '복잡한 연결'을 초월하고 통합한다. 예를 들면 수 세기 동안 계속된 봉건제, 최근에 경험한 국민당의 테러 행위, 기억할 수 없을 정도로 오래된 여성의 예속, 19세기 이래 제국주의자들의 착취 같은 것들이다. 여기서 우리는 다른 것보다 조금 긴 '연장된 시간대의 다원성'을 부인할 수 없게 된다. 그러나 시간대들이 각자의 정점이며, 그들 모두를 둘러싸고 있는 지구적인 변환을 통해 통합되고 모아지는 것은 바로 현재 안에서이다.

오늘날 프랑스에 있어서 '시간대'의 다원성과 그것들의 연결이라는 문제는 근본적으로 정치적이다. 옥시탕 사람들에게 있어서 투쟁을 경험했던 장기 지속적인 시기는, 길게 보면 13세기에 있었던 북프랑스의 남프랑스 정복까지 거슬러 올라간다. 노동자에게는 19세기의 공장 제도의 성립과 그 뒤를 이은 기술적 적응, 예를 들어 일관 작업 공정이나 8시간 교대 등과 시간이 겹친다. 대도시의 주민들에게는 20세기의 거대한 콘크리트 주택 지역의 개발, 이민 노동자들에게는 모국의 독립을 둘러싸고 벌어진 위기 상황의 시기에 해당한다.

이러한 투쟁들이 대부분 먼 과거에 발생한 것이지만, 자본주의 체제라는 공동의 적에 맞서기 위해 현재에 와서 통합되었다. 그들의 개별적 과거, 즉 '연장된 시간대의 다원성'은 공통된 현재와 미래를 위한 투쟁을 위하여 융합되었다. 어떻게 하면 이렇게 개별적인 장기간의 경험들이 서로 모이고 하나로 통합되어 폭발력을 발휘할 수 있을 것인가? 이는 '직업적 역사가'의 문제가 아니라, '역사의 창조자'인 민중의 문제이다.

15장

●

'위로부터'의 역사와
민초들의 역사
- 민중의 역할

역사학자들은 상류 사회에서 더욱 편안함을 느낀다 / '미미한 사람들'
을 포함시켜 역사의 영역을 확장하려는 최근의 시도들 / 확장 그러나 역
전이 아닌 / 민중은 수동적이든, 능동적이든 역사를 만든다 / 범죄와 사람
의 이야기들 / 민중, 영웅 그리고 선봉 / 여성들은 역사를 가지고 있나?

역사적으로 볼 때, 역사학은 '위로부터' 발전해 왔다. 역사 지식
은 권력 구조와 지배 계급의 이익에 봉사해 왔으며, 전통적으로
역사의 연구와 저술에 있어서 지배자들과 상층 집단들은 인기 있
는 주제들이다.

① **주제의 선택** : 아날학파의 공격에도 불구하고 군사사와 정
치사, 그리고 외교사는 여전히 우위를 점하고 있다. 심지어 역사
가들이 그 구체성과 '인간적인 측면' 때문에 특별히 선호하고 있
는 영역인 전기(傳記)조차 지배 계급들에 대해서 거의 집중되어
있다. 지배 계급들만이 편지와 일기를 쓸 시간적 여유를 가질 수

있었으며, 기록될 만한 가치가 있는 인간으로 간주되었기 때문이다. 예를 들어, 청 왕조 지배하의 중국사에 대한 가장 좋은 교과서는 『청대인물고(淸代人物考)』라고 여겨졌다. 그 책은 미국의 정책 결정자들이 장제스와 중국 국민당을 중국이라는 국가와 동일시하고, 막스 베버(M. Weber)의 '관인(官人)'이라는 사회학 이론이 미국의 대학가에 영향을 미치기 시작했던 1946년이라는 시점에 워싱턴 D.C에서 다시 출판되었다.

② **자료의 성격과 이용** : 개별적으로든 여러 국가 기관을 통해서든 또는 개인 회사나 종교 단체, 대학 등 기타 권력 구조를 통해서든, 후대에 자료를 남기는 자의 거의 대부분은 부자와 강자이다. 이는 계량적인 자료의 경우에 특별히 더 부합되는 말이다.

③ **메커니즘의 서술** : 부자들의 살롱(salon)이나 사교 클럽에 자주 드나들고 영향력 있는 사람들 사이에서 행동하는 부르주아 역사가는, 자연스럽게 그의 저작 내에서 자신이 속해 있는 정치 세계에 우선권을 두는 경향이 있다. 예컨대, 그는 가두의 시위보다는 국무총리의 막후 발언을 중요하게 취급한다. 그의 관점에서 시위란, 단지 '선동가들'의 행위일 뿐인 것이다. 그는 모든 투사들이 너무도 잘 알고 있는 것들, 즉 대중에게 알리는 문제, 효과적인 전단 작성, '얼마나 많은 사람들이 참가할 것인가?'와 같은 미묘하고 골치 아픈 문제에 대해서는 전혀 무지하다.

④ **언어 사용** : 역사가의 언어는 '교육 받은' 지식인들의 언어이다. 다시 말해서 부르주아 계급의 언어이다. 역사학자들 간에는

계급성을 무시하고, 중립성과 과학적 객관성의 시금석으로서 심지어는 직업적 응집력의 상징으로서의 언어를 사용한다는 무언의 합의가 있다. 그래서 경찰들이 주로 사용하는 용어이고 이데올로기인, '무질서'나 '선동가'와 같은 말을 쓰는 것이다. 반면에 그것을 민중 투쟁이라고 말하면, '객관적'이지 못하다고 간주한다. 이사회나 회사의 경영자가 쓰는 언어, 예를 들어 '외교적 압력'이나 '경제적 침투' 같은 언어는 수용된다. 그러나 '식민주의자들의 테러 행위' 혹은 '제국주의자들의 약탈'이라는 말을 쓰면, '편견'에 빠진 것으로 간주되고 만다.

⑤ **배제** : 정치적 결정 과정에서 배제된 자들은 역사책에서도 마찬가지로 배제된다. 반란이나 모든 종류의 주변적 요소들이 여기에 해당된다. 보수적인 역사가들은 평범한 사람들인 노동자들을, '이름'에 커다란 비중을 두는 사람들이 잘 쓰는 용어인 '이름 없는 대중'으로 꾸준히 표현한다. 여성들에게도 똑같은 기준이 적용된다.

최근의 프랑스 중등학교 교과서에 대한 조사 결과를 보면, 여성들은 전통적인 프랑스 역사에서 매우 제한적인 역할을 수행했다고 쓰여 있다. 블랑슈 드 카스티유 모후(Blanche de Castille)*, 투사 잔 다르크, 지식인 롤랑 부인(Madame Rolland)과 같은 경우는 일시적인 스타에 불과했으며, 대부분의 경우에는 집안에서 하녀

---

* **카스티유 모후**(1188~1252) : 프랑스 국왕 루이 8세의 부인. 아들 루이 9세의 섭정을 맡아 1226년 남작들의 반란을 진압했고, 1230년 영국의 침략을 격퇴했다.

로서의 역할을 했다는 것이다. 일반적인 교과서는 우리에게 '농노의 아내는 가정을 돌본다'는 것을 알려 준다. 또한 1789년 프랑스 혁명 당시 베르사유의 여성 시위자, 또는 1871년 파리코뮌의 혁명적인 여성들에 대해 부르주아 역사학자들은 신경질적으로 '선동자들'이라는 낙인을 찍어 버렸다.

　최근에 들어서 많은 역사가들이 상류 계급을 선호하는 역사학계 내의 전통적 편견을 극복하려는 노력을 보여 왔다. 그들의 시도는 정보와 연구 방법론에 집중되고 있다. 그들은 대중들 사이에 계승되어 왔던 전설·비유, 소설과 개인 편지, 최근의 여론 조사 등과 같은 '문학적' 자료들까지도 사용한다. 그렇게 함으로써, 당시의 지배자들에 의해 배타적으로 통제되고 있었던 '1차 사료'에 의존해야 한다는 기왕의 장애물을 부분적으로나마 극복할 수 있었던 것이다. 그 결과, 우리들은 과거 민중의 생활에 관하여 보다 쉽게 많은 것을 알 수 있게 되었다.

　이와 같이 역사학을 '민주화'하려는 노력은 기존에 무시되었던 주제들을 선택하는 데에도 영향을 주었다. 공포, 망각, 기억, 비합리적 충동과 같은 집단적인 의식 현상을 비롯해서 탈 정치화된 '거시적' 안목에서 접근하기도 했다. 이외에도 노동 기술, 태도, 대중문화와 같은 평민들의 생활상 및 농민 운동, 노동자의 파업, 노동조합의 경험은 물론이고 최저 생활, 감옥 생활, 성매매업과 같은 저항·투쟁의 형태 등이 새로운 연구 주제로 떠올랐다. 젊은 역사학자들이 새로운 주제에 관심을 갖는 것은 바람직한 현상이다. 하지만 연구의 영역을 넓히려는 그들의 적극적인 시도는 학술적인 역사학을 쇄신하는 것뿐 아니라, 거기에 새로운 생명력을 부여할 수 있을 때에야 비로소 완성될 수 있을 것이다.

프랑스의 『사회 운동(Le mouvement social)』이나 영국의 『농민 연구(Peasant Studies)』와 같은 정기 학술지들은 문제 해결보다도 계량화, 학술적인 논문, 문헌 조사에 대한 우선권 등을 숭배하는 역사가의 직업적인 수사법이 불가피하다는 것을 인정해야 한다고 생각한다. 그래서 농민·노동자들처럼 착취를 당하는 사람들은, 대학 세계가 전통적으로 중요시하는 직업적 전문성을 지니고 그들을 자신들의 '연구 영역'으로 삼고 있는 사람들의 중개를 거쳐 학문이라는 기계 속에서 내던져지고 마는 것이다.

여기서 말하고자 하는 바는, 구세대의 학술적인 속물 근성을 청산하자는 것이다. 문헌 조사의 마법을 깨뜨리고, 부르주아적 순응주의와 도덕주의적 터부(taboo)에 도전하며 민중들의 과거 생활을 진지하게 조사·검토하는 진보를 이룩하자는 것이다. 이러한 새로운 접근법의 대두는 필연적이다. 이제까지 배제되어 온 사람들이 프랑스 역사의 문을 힘차게 두드려 왔기 때문이다.

저 성난 노동쟁의의 폭발, 특히 1968년 이래의 농민들의 도로 점거, 젊은이들의 반(反)문화적 도전과 죄수들, 성매매 여성들의 운동을 보라! 그러나 역사적 지식은 관심 범위 안에 대중을 포함시키는 방향으로 확장되었다 하더라도, 형식적으로만 민주적일 뿐이다. 그것은 우리들 '외부'에 그대로 남아 있기 때문이다. 학문적 관습과 불가피한 타협이라는 명목 하에서, 현실에 있어서의 투쟁들에 대한 적극적인 참여가 배제되고 있는 것이다.

우리는 한 걸음 더 나아가지 않으면 안 된다. 우리는 더 이상 농민 항쟁이나 미국의 유토피아적인 공동체에 대한 '작업'에 만족하고 있을 수만은 없다. 사실, '작업'은 왜곡되어 사용되는 용어의 한 예이다. 왜냐하면 작업이란 그것의 사회적 지향과 유용성에 의해 정의되는 것이기 때문이다.

우리는 민중 운동사의 전문가라는 소박한 용어라든가, 주변적 사회 집단에 대한 논문을 준비하는 젊은 학자, 프랑스 역사에서 노동쟁의 발생에 관하여 찾을 수 있는 자료들을 '반숙련 노동자'들의 전적인 도움으로 컴퓨터에 바쁘게 입력시키고 있는 앤 아버(Ann Arbor)에 있는 미시간(Michigan) 대학의 연구자들에 만족하고 있을 수 없다. 필요한 것은 노동자·농민, 즉 민중에 대하여 연구하는 것이 아니라, 민중과 더불어 연구하는 능력이다. 그런데 그것은 대학 세계의 내부에 남아 '창의적'이고, '자극적' 또는 '암시적'인 논문으로 성공을 이루려는 시도보다 훨씬 더 어려운 일이다.

역사 지식의 발전에 있어서 민중의 역할은, 역사 그 자체의 일반적인 과정에서 민중이 수행한 역할에 달려 있다. '역사를 만드는 것은 민중이다'라는 말이 진정으로 의미하는 바는 무엇인가? 민중은 어떻게 행동하며, 그들 자신의 영향력을 어떻게 느낄 수

있는가? 그것은 바로 노동에 의해서 시작된다. 역사의 기본 구조
는 사회적으로 조직된 생산적 노동의 산물이며, 민중이 역사에
영향력을 발휘할 수 있는 이유는 그들이 생산자이며, 또한 노동
력이기 때문이다. 베르톨트 브레히트(Bertolt Brecht)* 는 자신이 쓴
시에서 민중이 없이 역사가 이루어질 수 없었다는 주장을 한 바
있다.

책을 읽던 어느 노동자의 의문

일곱 성문의 테베(Thebe)를 누가 세웠는가?
책 속에는 왕들의 이름만이 쓰여져 있다.
그 왕들이 바윗돌을 손수 날랐을까?

---

* **베르톨트 브레히트** : 독일의 시인, 극작가. 반전적이며 비사회적 경향을 보이면서, 제대 군
인의 혁명 체험의 좌절을 묘사한 희곡들이나 풍부한 환상과 냉정한 객관성, 그리고 시민 사
회에 대한 도발을 곁들인 서정시, 정서적이며 환상적인 연극과 오페라의 부정을 목적으로
한 스캔들에 찬 오페라 등을 시도하고, 서사적 연극의 발상을 발전시켜 사회 기구를 비판하
는 희곡에 많이 반영시켰다. 그는 1920년대 후반부터 마르크스주의로 접근하여 교화를 목
적으로 하는 일련의 교육극을 썼다.
1933년 나치가 정권을 잡자, 덴마크로 망명하여 반(反)파시즘 활동을 계속하면서 희곡을
집필하였고, 동시에 많은 정치 시를 썼다. 이 시기의 작품에는 종전의 리얼리즘 수법으로서
의 접근이 다소 나타나며, 다음 완성기의 여러 작품으로 계승되어 갔다. 1940년에는 핀란드
로 옮겼고, 1년 뒤 다시 미국의 캘리포니아에 정착했는데, 거기서 그의 대표적 작품인『용감
한 어머니와 그 아이들』등 다수의 희곡을 썼다.
제2차 세계대전 이후 그는 동독으로부터 초청을 받고 동베를린으로 옮겼다. 1949년에는
아내인 여배우 헬레네 바이겔을 중심으로 극단 '베를리너 앙상블'을 결성하였고, 망명 중의
여러 작품과 고전을 개작한 「가정교사」, 「북과 나팔」 등을 연출하면서 실천 활동에 정력을
쏟았다. 만년에는 자신의 연극 체계를 더욱 발전시켜 '변증법의 연극'을 창도(唱導)하면서
연극인을 양성하였다.

그리고 몇 차례나 파괴되었던 바빌론!

그때마다 누가 파괴된 바빌론을 재건했는가?

황금빛 찬란한 리마(Lima)의 노동자들은 어떤 헛간에서 살았던가?

만리장성을 쌓을 때까지 석공들은 어디서 밤을 지새웠던가?

대 로마 제국은 개선문으로 가득 차 있다.

그것들을 세운 자들은 누구였던가?

황제들은 누구에게 승리를 하였던가?

끊임없이 찬양되었던 비잔틴의 집들은 모두 다 궁전이었는가?

전설적인 아틀란티스(Atlantis), 그 섬이 바다 속으로 가라앉던 밤에

물에 빠진 주인들은 죽어가는 순간에도 노예들을 찾았을 것이다.

젊은 알렉산더 대왕은 인도를 정복했다.

모두 혼자서 했을까?

시저는 갈리아를 정복했다.

요리사도 음식을 만들어 주는 것으로 그를 돕지 않았을까?

스페인의 필립 왕은 그의 무적 함대가 격침되었을 때 크게 슬퍼
하였다.

다른 사람은 어느 누구도 울지 않았던가?

프레데릭 대제는 7년 전쟁에서 이겼다.

그밖에 또 누가 승자였던가?

모든 페이지마다 승리가 기록되어 있다.
누가 승리의 결실을 맺게 했는가?

매 10년마다 위인들이 나타났다.
누가 그 연표를 만들었는가?

기록들도 많고
의문점들도 많구나.

승리의 기념비를 세운 무수한 이름 없는 장인들은, 흔히 기존
질서에 충실하고 복종적인 지지자들로 간주된다. 민중은 오랜
시기에 걸쳐 기존 체제를 받아들이거나, 적어도 그것을 참아 왔
기 때문이다. 민중은 기존 체제의 경제법칙에 예속되었고, 우세
한 생산 관계 안에 수렴되었다. 동시에 민중은 기존 체제의 정치
권력 구조를 인식하고 그것의 가치관을 체득한다. 이러한 의견
의 합치, 사회적 타성은 어떤 경우에는 극단적으로 두드러지게
나타났다.

이탈리아의 언론인이며 정치가였던 마리아 마치오치(Maria
Macciocchi)가 무솔리니(Benito Mussolini)의 파시즘을 이탈리아 여
성들이 수용했던 근거에 대하여 말했듯이, 기존 체제는 비합리적
인 행동 양식에 입각하고 있을지도 모른다. 이탈리아 여성들은
'참을 수 없는' 생활 조건을 심리적으로 보상받기 위하여 파시스

트의 교리, 조국, 지도자, 남성적인 힘의 상징을 맹목적으로 신봉했다. 심지어 에티오피아에서의 전쟁 기간 동안에는 수백만 명이 결혼 금반지까지도 내놓았다.

드골, 나폴레옹, 히틀러를 비롯한 고도의 개인 숭배적인 권력자들이 누린 대중적 지지에 대해서 눈을 감는 것은 잘못된 태도이다. 노동자들에 대한 이데올로기적 억압, 즉 지배 계급의 사고방식에 의한 지배는 그들에 대한 경제적 억압만큼이나 격렬하다. 그리고 이것이 현재와 인류 역사 전체를 통해서 하나의 현실로서 존재하고 있음을 인식하지 않는 사람은 반드시 불쾌한 경악을 느끼게 될 것이다.

그러나 권력 구조는 반드시 민중의 저항을 불러일으키게 된다. 비록 저항이 잠재되어 있거나, 단지 개별적인 표현일지라도 그렇게 되어 있다. 자본주의 사회의 경제적 필연성을 완강하게 거부하는 '비생산적인' 노동자나 농민으로부터 젊은 히피에 이르기까지, '타당한 이유 없이' 직장을 계속 바꾸는 노동자에서부터 사람들이 자신을 웃긴다고 생각하든 말든 상관치 않는 '괴짜 노인'에 이르기까지 모든 영역에 걸친 거부와 불복종으로 나타난다. 민중의 전통적인 가치들에 대한 거부는 범죄 및 재산권이나 '품행이 단정한 모범 시민'이라는 원칙을 무시하는 것을 통해서 표출되기도 한다.

전통적 가치들에 대한 민중의 거부와 불복종은 조르주 다리엥(Georges Darien)의 소설 『도둑(Le Voleur)』, 조지 잭슨(George

Jackson)의『솔다드 형제(Soledad Brother)』가 주는 메시지였다. 공장에서의 꾀병 부리기, 경미한 태업(sabotage), 고의적인 작업 방해 등은 거부와 항의의 광범위한 양상들이다. 그러한 억압 받는 자들의 생활 방식인 태만은 일종의 반역이다. 이와 마찬가지로 부자들 또는 자칭 부자들의 범죄는 그들의 탐욕성의 표현이며, 사회적 출세의 길에 오르는 영웅적이지 못한 지름길이다. 장 발장(Jean Valjean)과 알 카포네(Al Capone)는 두 개의 상반된 범죄 형태의 전형이다. 동일한 계급 범주들이 '상류 사회(polite society)'와 지하 세계에 걸쳐 있다.

그러면 범죄는 정치적인가? 권력 구조, 국가, 법률에 대한 반역이라는 점에서 그렇다. 그러나 자본주의의 '최소한의 노력으로 너의 주머니를 채우라'는 기본 원리에 의해 고무된 개인적 행위라면 아니다. 하지만 도둑질이 근본적 원리에 대해 도전하는 행위가 될 수 없다. 그것은 분명히 반대의 의지를 표방하고 있음에도 불구하고, 집단적인 몰수라는 행동이기보다는 거의 거래 행위에 가깝기 때문이다. 그러한 집단적 몰수 행위의 예로서는, 프랑스의 리프(Lip) 시계 공장 노동자들이 자신들의 파업에 재정적 충당을 하려고 점거했던 공장 안에 쌓여 있는 시계들을 '불법적'으로 몰수했던 것을 들 수 있다.

권력 구조에 대한 개별적 저항의 모든 형태는 일상생활의 경험에 속하고, 인간의 이해관계에 대한 많은 이야기들이 드러날 수 있는 기회를 제공한다. 그들의 그릇된 감상주의를 벗기는 신중하게 해석된 이야기들은 훌륭한 정치적·역사적 교훈이 된다. 이러한 인간의 이해관계에 대한 이야기들은 현재와 과거에 모두 적용된다.

우리는 우연하고 잡다한 '범죄와 비행'이 아니라 거리의 싸움, 가정 불화, '사고(事故)' 등에서 드러나는 사회의 기본 모순을 발견한다. 인간의 이해관계에 대한 이야기를 역사적으로 수집함으로써, 우리는 그토록 많은 문헌과 자료를 학술적으로 편집한 책 이상으로 어떤 특정 시기에 관해 많은 것을 알게 된다.

기존의 권력 구조를 결정적으로 전복시키고 사회의 잠재된 모순을 비등점으로 끌어올리는, 민중의 직접적이고 집단적인 행동의 예는 흔하지 않다. 그러한 민중의 행동은 프랑스에서 1789년과 1793년에, 중국에서 1911년에, 러시아에서 1917년에, 그리고 중국에서 다시 1937년과 1949년 사이에 일어났다. 그러한 급격하고 직접적인 대중적 행동의 폭발은 '지도자'들, 행정가들, 기관들을 매우 놀라게 하는 것이다. 쑨원은 미국 콜로라도 주의 덴버에서 청 왕조의 몰락 소식을 들었다. 미국의 평론가이자 칼럼니스트 존 리드(John Reed)는 자신의 책 『세계를 뒤흔든 10일(Ten Days That Shook the World)』에서 즐거움에 찬 무질서를 감추려고 하지 않았다. 그 어떤 전투적 전위 조직이나 지도자 그룹도 1968년 5월의 파리 봉기를 예측하지 못했다.

그러나 역사에 있어서 민중의 역할은 극적인 폭발에 한정되어 있지는 않다. 직접적으로든 대변자가 되어 민중의 이름으로 권위를 부여받은 개인이나 조직을 통해서든, 역사의 진행 과정에 영향을 미치는 부단한 민중의 역량에 대한 논의를 하는데 있어서 그러한 일이 어떠한 상황에서 일어날 수 있었는가에 대한 조사를 회피할 수 없는 것이다. 현재와 과거 모두에 있어서, 지도적인 개인들및 전위 집단들과 민중 간의 관계 설정이 핵심적인 문제들이다.

역사에 있어서 '영웅'들에 대한 문제는 마르크스주의의 고전적주제 가운데 하나였으며, 레닌과 플레하노프(Georgi Plekhanov)*시대에서부터 류샤오치(劉少奇)와 홍위병의 시대에 이르기까지수많은 유명한 논쟁을 낳았던 주제였다. 1972년 7월 21일자 『북경평론』에 실린 기사는 그것을 다음과 같이 표현하고 있다.

……영웅들은 민중에 의한 역사 창조를 촉진하거나 지체시키는데 있어서 상당한 영향력을 행사한다. 그러나 그들은 속도를 변화시킬 수는 있지만, 역사적 발전 방향을 변화시킬 수는 없다. 영웅들은 혁명적 투쟁의 산물이며, 민중과 함께 할 때에만 그들의 역할을 할 수 있다. 선구적인 사상과 이론들은 민중의 혁명을 위한 요구가 반영된 것이며, 투쟁에서 나온 경험의 축약판이다. 그리고그것들은 민중에 의해서 포착될 때에만, 선구적인 역사의 물질적원동력이 되는 것이다.

---

* **게오르기 플레하노프**(1856~1918) : 러시아의 혁명가. 나로드니키 혁명 결사인 '토지와 자유' 참가. 제2 인터내셔널 러시아 대표. 멘셰비키의 리더.

이러한 분석은 민중의 이익과 '영웅'들의 목표 간의 진정한 일치가 역사의 전 과정을 통하여 계속되는 경우는 드물다는 사실에 의해서 확실해진다. 흔히 후퇴와 전진이라는 변화하는 국면에서 예외적인 정치적 인물이 나타난다. '강력한 인물'과 '탁월한 능력'에만 사로잡혀 있는 부르주아 역사학자들은 어떻게 해서 '평범한' 민중이 돌연 최고의 지도력과 책임을 지닌 위치에 등장할 수 있는지, 어떻게 해서 '천재'들이 각광을 받던 위치에서 몰락할 수 있는지, 왜 그렇게 탁월한 능력을 가진 사람들이 더 일찍 모습을 나타내지 않았는지 등에 대해서 의문을 가질 수밖에 없다.

변화하는 국면은 티에르(Adolphe Thiers)*와 드골, 쑨원과 간디, 처칠과 트루먼 같은 정치 지도자들을 등장시킨다. 지배 계급의 이익에 이바지하든 아니면 혁명적인 대중 운동에 이바지하든, 개인들의 행동이라는 것은 항상 순간적이며 단절적이다. 정확하게 언제, 그리고 어떤 조건 하에서 개인의 행동이 역사의 내재적 흐름과 일치될 수 있는 것인가? 반대로 어떤 지점과 메커니즘을 통해 이러한 일치가 깨어지는 것일까?

그렇지만 마르크스주의자들의 글들에서마저도, 민중과 전위 집단 사이의 관계에 대해서 명확한 입장을 보이지 못하고 있다. 그들은 자주 스스로 전위 집단이라고 자처하는 사람들이, 또는

---

* **아돌프 티에르**(1797~1877) : 프랑스의 정치가, 역사가. 루이 나폴레옹의 야심을 막기 위해 노력했으며, 나폴레옹 3세의 전제 정책에 반대하는 자유주의자들을 지도했다. 프랑스 제3공화국의 대통령을 역임했으며, 1871년 파리코뮌을 억압했다.

민중이 자신들의 역사적 사명을 특별히 질적으로 우수한 지도 집단에게 위임하는 것이 훨씬 더 효과적일 수 있다고 쉽게 판단해 버린다. 그들은 물고기와 바다, 식물의 뿌리와 땅, 피아니스트와 피아노 건반 같은 비유를 인용함으로써 자신들의 태도를 합리화 시키고 있다. 이와 같은 생각들을 종합해서 보여주고 있는 것이 바로『마오 주석 어록(The Little Red Book)』이다. 그러나 물고기, 피아노나 식물의 뿌리는 항상 민중에게 있어서 외재적(外在的)인 것이다. 그러면 이와 같은 한계는 어떻게 극복될 수 있는가? 자격 없는 자발성은 늘 실패해 왔다. 절대적인 전위 집단으로서 '당'을 강조하는 것은 레닌과 스탈린에 의해 가장 먼저 수행되었다.

스탈린은 1924년 레닌의 무덤 앞에서 '우리 공산주의자들은 특별하게 빚어진 사람들'이라고 말했다. 그렇지만『공산당 선언』에서『프랑스의 시민전쟁』에 이르는 마르크스의 저서 그 어느 곳에서도 이러한 개념이 나타나지 않는다. 중국의 문화혁명이 이룩한 가장 위대한 공헌 가운데 하나는, 비록 일시적일지라도 '당'이 도전할 수 없고 무오류라는 신화를 깨뜨린 데 있다.

우리는 민중이 그들 자신의 요구에 입각하여 생산한 역사를 생각할 수 있을까? 역사학자들이 특권화된 지혜의 수호자가 아닌, 유용한 보조자로서의 역할을 수행하는 역사는 가능할 것인가? 이와 같은 입장에서 여러 실험적인 시도들이 이미 행해져 왔다.

미국에서는 '게릴라 극단(guerrilla theatre)'*이 있듯이, '게릴라 역사' 가 있다. 게릴라 역사란 전통적인 학자들의 엄격한 요구에 구애 받지 않는 구체적인 요구에 입각해 있고, 누구나 이해할 수 있는 용어로 표현된 과거에 대한 융통성 있고 탄력적인 접근을 말한다.

이러한 접근법은 1970년대에 미국 시카고의 노동 계급 주거 지역에서 수행되었다. 그리고 중국에서는 1960년에서 1965년 사이에 '네 가지 역사', 즉 촌락, 가족, 공장 그리고 인민공사(人民公社)의 역사를 학습하도록 강조했다. 민중에 의해서 지역의 경험, 기억, 전통, 기록들이 가까운 과거와 사회주의의 수용을 이해하기 위하여 수집되었다. 민중의 과거는 바로 민중 투쟁의 무기였던 것이다.

그러나 이 무기의 가치를 평가하고 그것의 용도를 규정하는 것은 직업적인 역사가를 위한 것이 아니고, 바로 민중 자신을 위한 것이다. 또한 자신들의 과거 기록이 현재의 투쟁에 어떻게 이바지할 것인가를 결정하는 것은 바로 여성들 자신을 위한 것이기도 하다. 예를 들어 19세기 미국의 총파업이나, 1848년과 1871년 프랑스에서 일어난 혁명적 격변에서 전위적 역할을 한 플로라 트리스탄(Flora Tristan), 루이즈 미셸(Louise Michel)과 같은 인물을 통해서 영감을 발견할 수도 있다.

여성들은 수 세기 동안 자신들의 생활 상태가 마리아 마치오

---

* **게릴라 극단** : 반정부, 반체제 운동을 위한 극단 운동. 혹은 넓은 의미에서 지하 조직에 동조하는 극단 운동.

치가 말한 '몰역사적인 단조로움'과 여러 세대 동안의 무거운 짐과 굴종의 계속적인 반복이었다는 것을 오랫동안 고통스럽게 고찰해 왔다. '우리 할머니, 그리고 그 할머니의 할머니는 어떠했는가!' 여성들은 '히스토리(history)'에서 '허스토리(herstory)'*로 전환하는 긴 여정을 걷고 있다.

더 이상 직업적 역사가의 고유 영역일 수 없고, 민중의 소유가 되어야 하는 역사의 가능성을 고찰하는 것은 '우리가 살고 싶은 사회 체제가 어떤 것인가?'라는 보다 근본적인 문제의 제기를 의미한다. 또한 그것은 그 문제의 해결에 기여하는 길이기도 하다.

---

* **허스토리** : 뉴질랜드의 여성 운동가들이 발간하는 연감(年鑑)의 제목이다. '히스토리'가 남성의 역사라는 점에 대한 반발로서 생긴 신조어라고 할 수 있다.

16장

•

발전의 속도
- 역사의 오르막과 내리막

부르주아지의 이데올로기 '진보' / 하나의 생산 양식에서 다른 생산 양식으로의 전환은 복잡한 과정 / 간격, 봉쇄, 도약, 대비되는 환경 / 모델의 전이, 부활, 지름길, 생존 / 로메인의 선도 감속의 법칙 / 진보, 억압, 퇴보 / 역사에 돌아갈 수 없는 지점이 있는가?

19세기의 부르주아 계급은 자신들의 야망, 이익 및 미래를 역사 그 자체의 전개 과정과 동일시하였다. 절대성을 지닌 진보라는 개념은 자유 자본주의의 이데올로기적 기초였다. 20세기에 들어와 인간 사회의 실천적인 전진 운동이며, 우월한 동력으로서의 진보라는 이념은 제국주의의 기술주의적 이데올로기 가운데 하나로 남아 있다. 이것은 특히 경제학 이론에서 잘 드러나고 있다. 예를 들어, 케네디 대통령의 경제 고문이었던 로스토(Walt Whitman Rostow)는 '저개발 국가'들에 대한 미국의 정책 관련 연구에서 기초가 된 '도약(take-off)' 이론을 창안했다.

케네디는 미국에 의해 라틴아메리카에서 자행된 억압과 착취 체계를 '진보를 위한 동맹'이라고 표현했다. '진보'는 제국주의를 정당화하며, 지배적인 발전 모델의 입장에서 한 사회나 사회 계급을 판단하는 기성의 기준을 제공한다. '당신들은 진보를 방해할 수 없다'라든지 '그것은 진보의 법칙이다'와 같은 표현들은 반박하기 어려운, 민중 자신들이 널리 수용하고 내면화하고 있는 주장일 것이다.

그와 비슷한 역사적 낙관주의, 인간 생활 조건의 진보적이고 끊임없는 개선에 대한 확신들이 여러 차례에 걸쳐 고전적인 마르크스주의에 침투하였다. 이러한 현상은 스탈린주의의 '사회 발전 5단계설'뿐만 아니라 제2인터내셔널의 수정주의와 베른슈타인(Eduard Bernstein)*의 저작들에서 특히 잘 나타나며, 마르크스의 사상에서도 찾아볼 수 있다.

사실 역사의 일반적 운동은 훨씬 더 복잡하다. 거시적으로 진보라는 원리가 실제로 의미하는 가치는, 모든 인간 사회들이 점진적으로 자신들을 자유롭게 할 수 있는 능력이 있다는 것이다. 그것은 상황이 전개되는 과정에서 어떤 일이 벌어졌는지에 관계없이, 자동적으로 진보했다고 생각하는 개념과는 전혀 다른 것이다.

---

* E. 베른슈타인(1850~1932) : 독일의 사회주의 지도자 중 한 사람으로서 수정주의 또는 개량주의적 경향을 대표한 인물이다. 영국 망명 기간에 페비아니즘(Fabianism)의 지도자였던 버나드 쇼, 웹 부부와 교류함으로써 그들의 혁명적 마르크스주의에 대한 거부와 '점진성의 불가피함'을 받아들였다.

그는 통계를 이용하여 노동자들은 점점 더 가난해지고 있지 않으며, 자본주의는 안정을 잃어 가지 않을 것이므로 자본주의 체제의 붕괴는 요원하다고 주장했다. 따라서 온건한 제도적 개혁을 추진하고, 중산층의 세력을 확장하자고 주장했다. 그의 주장은 1903년 독일 사회민주당에 의해 공식적으로 거부되었는데, 그에 따라 사회민주당은 양분화되고 말았다. 제2차 세계대전 후 서독의 사회민주당을 재건할 때, 그의 사상이 당 강령의 기저가 되었다.

'인간을 숙명의 왕국으로부터 자유의 왕국으로 상승시키자!'

엥겔스의 이 유명한 구절 속에 요약된 발전적인 해방의 과정은, 역사적 필연성에 의해 서로 연결된 사회적 형태의 계승을 통해서 발생한다. 자본주의는 노예제의 선행 조건이 아니라 사회주의의 선행 조건이지만, 그러한 선행 조건의 실현은 또 다른 차원의 문제다. 그러한 각 단계는 그 이전 단계보다, 시간상으로 뿐만 아니라 질적으로도 진보적이다. 진보는 단선적인 것이 아니다. 자본주의는 분명히 노예제보다 진보한 상태에 있다. 즉 보다 높은 수준의 개인적인 자유, 보다 나은 생사(生死)의 조건에 대한 통제, 그리고 더 넓은 시야와 가능성 등을 가지고 있다.

그러나 자본주의가 사회주의에로의 길을 예비하면서도 동시에 사회주의의 도래를 방해하기 때문에, 자본주의는 노예제나 봉건제보다도 훨씬 더 새롭고 뛰어난 억압의 형태일 뿐 아니라 복잡한 착취의 형태를 동원한다. 미셀 푸코의 적절한 표현을 빌리면, 물질적으로나 도덕적으로 '감금하는' 사람들과 '통제하고 처벌하는' 사람들의 작업에 의해서 진보는 이룩되어 왔다.

우리 자신뿐 아니라 모든 계급 사회에 퍼져 있는, 과거에 있었던 '황금기' 신화와 과거에 대한 향수의 뿌리가 바로 여기에 존재하고 있다. 자본주의 하에서 얻어진 '진보'는 기본적으로 잠재적인 것일 뿐이며, 그것이 실제로 사회주의로 발전되지 않는 한 아무런 의미를 갖지 못한다. 지금까지 그러한 잠재력은 자본주의가 권력을 유지하기 위해 만들어 놓은 수많은 착취와 억압 장치들에 의해 질식되어 왔다. 예를 들어 알렉산더 대왕, 십자군, 나폴레옹, 미국의 군대들이 가지고 있던 군사 장비를 비교해 보라.

마르크스주의 이론에 의해 정의된 생산 양식들과 체제의 사회경제적 형태들은 추상적 모델이다. 그리고 추상적인 모델로서 없어서는 안 되는 것이다. 그러나 실제에 있어서, 한 체제에서 다른 체제로의 전환은 기계적인 과정이 아니다. 실재하는 역사는 완성되지 않았으며 종결되지 않는다. 그것은 우회, 간격, 장애물, 도약, 지름길, 생존, 역전으로 채워져 있으며, 심지어는 역행과 후퇴를 동반하기도 한다.

이러한 복잡한 현상에 대한 연구는 좁은 전문 영역에만 머물고 있는 역사학자들에 의해 계속적으로 간과되어 왔다. 그들은 그 복잡한 현상들을 가장 나쁜 의미로서의 '역사철학자들(philosophers of history)'에게 팔아먹었다. 그들은 공허한 수사를 가지고 떠들썩한 '시간의 행진'의 각 장마다 허튼 소리를 끝까지 지껄이는 사람들인데, 이제 그들은 몰락하는 과정에 있는 집단이다.

그러나 실재하는 역사의 복잡한 현상들은 특히 중요하다. 그 이유는 그 현상들이 우리가 사는 세계, 즉 우리가 이해해야 할 뿐만 아니라 변화시켜야만 하는 세계의 씨실과 날실을 구성하고 있기 때문이다. 오늘날 제3세계에 있어서 역사적 지름길의 문제와 브르타뉴와 아메리칸 인디언들의 문화적 생존과 부흥 등의 문제와 마찬가지로, 역사적 역행의 문제는 아주 날카롭게 대두되고 있다. 그러므로 현재의 복잡한 현상들을 완전히 이해하기 위해서는 과거에 발생했던 현상들을 연구할 필요가 있는 것이다.

역사의 발전은 '불균등'하다.* 계급 사회에서 노예제부터 자본주의에 이르는 전형적인 발전 과정은 서유럽과 지중해 지역에서만 나타난다. 거기에서조차 많은 예외가 있다. 방대한 지역들은 오랫동안 이러한 발전의 선상에서 벗어나 있었다. 그리하여 '아시아적 사회'는 뒤늦게 봉건제의 특수한 형태로 발전했는데, 그러한 형태는 내적으로 전화되어 그 자체로서는 자본주의를 주된 흐름으로 하는 사회로 발전할 수가 없었다. 그러한 경우는 중세 초기의 북부와 북서 유럽에 존재하고 있었던 '야만 왕국'들인 스칸디나비아와 오늘날의 브리튼 제도 혹은 오세아니아와 남미의 주변 사회들도 마찬가지였다.

우리는 이러한 사회 속에서 문화적 격차의 복잡한 현상을 발견한다. 이러한 격차는 적어도 각 시대의 중간적 시점에서는 봉쇄와 정체 등의 형태로 자주 나타난다. 하지만 다른 고대 사회보다 월등한 '그리스의 기적', 영국을 봉건적인 서구의 다른 나라들보다도 더 앞서게 한 산업혁명, 그리고 제3세계에 있어서 사회주의 캄보디아와 같은 극적인 도약으로 나타나기도 한다. 현재 인도와 중국 두 나라 사이에는 확실한 격차가 있는데, 그 이유는 해방 전쟁 이후 25년 동안의 과정이 명확하게 차이가 나기 때문이다.

---

* **불균등 발전**(uneven development) : 레닌과 마오쩌둥의 개념으로, 어떤 사회 구성체 안의 모든 모순들의 중층적 결정으로 말미암아 그 모순들 중의 그 어느 것도 단순하게 발전될 수 없음을 의미한다. 즉 상이한 시간과 장소들 속에서 이루어지는 중층적 결정들로 말미암아 상이한 패턴의 사회적 발전들이 산출된다는 것이다.

또한 이러한 불균등 발전은 하나의 상관적(相關的, combined)인 발전이다. 격차는 발전을 위해 역사적으로 필요하고, 주어진 사회의 생존을 위해 필요한 대조적인 환경의 표현이다. 고대 그리스-로마의 노예제는, 노예제에 기초하지 않은 상태여서 막대한 노예 자원을 가지고 있는 '야만적인(아시아적인)' 주변 국가들의 희생 위에서만 존속할 수 있었다. 양자 사이의 관계는 그리스와 로마를 위한 구조적인 필연성에 근거하고 있었다. 고대 세계는 서기 410년의 로마 멸망과 같이, '야만인'들이 그들의 도시에 입성했을 때 붕괴했다.

자본주의의 경우에 원료, 노동력, 수출 시장 등을 얻을 수 있는 비 자본주의적인 국가들을 착취하지 않고서는 생존할 수 없었다. 따라서 자본주의에 있어서 제3세계의 '저발전'은 또 다른 구조적 필연성인 것이다. 그러나 이것은 봉건제의 경우에는 해당되지 않았다. 봉건제는 고대 게르만족이나 외면적으로 로마화된 갈리아족 사회 같은 오래된 부족 사회를 기반으로, 그 자신의 '국내적 기반'을 가지고 발전해 나갈 수 있었기 때문이다. 이런 관점에서 볼 때, 봉건제는 다른 계급 사회와 질적으로 다르다. 오히려 역사적으로 더 오래 전이었던 노예제가 '근대적'인 것처럼 보인다. 이것이 스탈린주의의 기계적이고 단선적인 '사회 발전 5단계' 개념을 거부하는 또 하나의 이유이다.

우리는 '불균등 발전'이라는 개념을 통해서 모형의 전이(transference of models)를 위한 모든 시도가 그동안 실패했던 이유를 이해할 수 있다. 한 사회가 가진 집단적인 경험으로부터 얻어진 하나의 패턴을 가지고 다른 특정한 사회 형태를 인위적으로 규정짓고, 전자를 후자의 모형으로 뜯어 맞추어 규정하는 것은 의미가 없다. 그러한 부당이득은 이미 거부되었다! 그러한 실패의 사례들은 지중해 연안의 '야만 지역'에 설치한 고대 그리스의 식민지들, 중세의 시리아에 있었던 라틴 국가들, 캐나다로 이식된 프랑스 봉건제, 영국의 식민지에서 독립 직후에 설치된 영국식 의회 제도, 1950년대 중국에서의 소비에트식 관료제 등에서 찾아볼 수 있다.

불균등하고 상관적인 발전이라는 개념은, 또한 오랜 기간의 겨울잠 이후에도 다양한 역사적인 역량이 재기할 수도 있다는 가능성을 도출한다. 미국의 인디언들이나 뉴 칼레도니아(New Caledonia)의 멜라네시안들은 20세기 중반까지 역사의 장에서 지워져 버렸다. 그런데 오늘날 그들은 자본주의 사회가 분열의 기미를 보임에 따라 갱신된 에너지를 보여주고 있다. 최근 중국에서 부활된 침술은 중국이 서양 문명의 문화적 모형의 지배하에 놓여 있었고, 거기에 수반되어 상하이나 다른 개항장의 '현대적' 의사들에게만 혜택을 주었던 '불평등 조약' 시기 동안 겨울잠 상태에 있었다.

그러나 이러한 재기도 문제의 사회적 억압이 그들로 하여금 '문턱'을 넘지 못하게 한다면 기회를 갖지 못한다. 오스트레일리아의 아보리진들은 재기를 이루었으나, 대량 학살의 희생자들인 태즈메이니안(Tasmanian)*들에게는 그러한 기회가 올 수 없었다. '문턱'이라는 개념은 식민주의자와 그들에게 식민지화된 두 진영 모두에게 적용된다. 그리하여 네덜란드와 포르투갈의 식민지는 나폴레옹 전쟁 이후 부활하여 19세기까지 존속하였으나, 덴마크와 스웨덴의 식민지들은 너무 작아서 더 이상 확대되거나 교역 거점에서 제국으로 발전하지 못했다.

불균등하고 상관적인 발전은, 또한 지름길이 있을 수 있는 가능성을 만들어 낸다. 어떤 민족들은 자본주의를 거치지 않고 바로 사회주의로 진입할 수 있었다. 그 이유는 보다 커다란 정치적 실체로의 편입에 의해서 그러한 이행을 촉진할 수 있었기 때문이다. 그 예로, 티베트와 몽골을 들 수 있다. 혹은 북베트남과 캄보디아의 경우처럼, 투쟁의 높은 정치적 수준에 의하여 '단계를 뛰어 넘어' 곧장 사회주의로 가는 경우도 있다.

지배적인 생산 양식이 그 경제적 원리를 전 사회 구조에 기계적으로 항상 적용시킬 수 있는 것은 아니다. 그리고 그렇게 하는 것이 항상 적절한 것이 될 수도 없다. 지배적인 관계들은 자주 선행 시기의 남은 유산과 상관되어 있다. 때로는 독점자본주의 시대에 뒤늦게 가담한 프랑스 제5공화국의 경우처럼, 그러한 유산을 제거하려고 노력한다. 반대로 지배적 체제를 강화시키기 위해 그 유산들을 그대로 계승하려는 시도가 있게 된다. 그러한 예

---

* **태즈메이니안** : 오스트레일리아의 태즈메이니아 섬 원주민. 그들은 백인들에 의해 인종적 순수성을 완전히 잃은 대표적인 예로 알려져 있다.

로서는, 자본주의 국가인 영국이 왕실이라는 봉건적 제도를 유지하고 있다는 것과 부자연스럽게도 18세기에서 19세기에 걸쳐 자본주의 국가인 미국에서 노예제가 존속되고 있었던 것을 들 수 있다.

그러나 유산은 반대 방향으로 작용하기도 한다. 그것들은 지배적인 생산 양식에 대한 저항의 중심이 될 수 있다. 즉 그것들은 과거를 연장하는 한편, 새로운 방향으로의 출발점을 제공하는 상호 모순적인 역할을 수행한다. 서구 자본주의 사회에서의 민족 국가의 위기는, 이런 새로운 현상에 대한 이론적인 분석이 없는 상태에서 임시로 '민족적'이라 정의되는 소수 민족 집단의 재기로서 특징지어진다. 스코틀랜드인, 아메리칸 인디언, 브르타뉴인, 사르디니아인, 치카노스, 옥시탕인들은 그들의 동질성을 자신들의 오랜 과거에서 찾고 있다. 그러나 그들이 반대해서 일어난 그 민족 국가 모형의 축소판을 스스로 다시 만들지 않으려면, 자신들이 가야 할 방향을 새로운 사회주의 사회로의 이행으로 잡아야만 할 것이다. '선진적인 민족'과 '퇴행하는 민족'의 역할은 역전되어 왔다.

보다 더 일반적으로 말하면, 어떤 특정한 발전 단계에서 가장 선진적이었던 요소가 다른 경제 원리가 지배하는 다른 단계로 이행할 수 있는 가능성을 오히려 더 어렵게 할 수도 있다는 것이다. 그 자체의 선진성과 그것이 수반하는 '초과 적재'에 의해서 장애를 받게 되기 때문이다. 이집트 같은 '아시아적' 사회는 그들이 이룩한 대규모의 수리 사업에서 볼 수 있는 것과 같은 세계 최고의 선진성을 지속시켜 나갈 수 없었다. 이집트에 비해 훨씬 뒤떨어 졌던 그리스와 로마 부족 사회가 보다 발전된 사회 형태인 노예 제 사회로 먼저 이행하여 추월해 버렸던 것이다.

1913년에 쓰인 글에서 레닌은 '후진 유럽과 선진 아시아'라는 말을 썼지만, 그가 말한 의미는 위의 경우와 조금 달랐다. 그는 20세기 초에 아시아에서 진행 중이던 민중 혁명을 서구 자본주의 국가들의 보수주의와 대비시켰던 것이다. 알렉산더 게르첸은 조금 더 일반적인 의미에서 자신들의 '후진성'이라는 역사적인 이점을 향유하는 '후발 주자'의 개념을 일찍이 체계화한 바 있다.

러시아에서는 길고 고통스러운 과정을 통해 자신들의 관념과 다소간 일치하는 사회생활의 형태를 창출해 냈던 나라들이 직면 했던 틀에 박히거나 침체, 불가피성과 같은 징조를 찾기 어렵다. 러시아가 아직 가톨릭, 로마법과 부르주아 계급이라는 서구의 발전을 방해해 온 세 가지 재앙을 경험하지 않았다는 것을 잊지 말라. 우리는 당신들의 해방을 향한 서사시를 암송할 필요가 없다. 그 여정에는 당신들이 겨우 최소한의 진보밖에 이룩할 수 없었던 과거의 수많은 기억들로 얼룩져 있기 때문이다. 당신들의 노력과 고통은 역사가 매우 불공정하다는 교훈을 주었다. 후발 주자는 이미 누군가 입을 댄 고기가 아니라, 경험이라는 테이블에서 가장 좋은 자리를 제공 받는 것이다. 역사 발전의 전 과정은 시간의 배은

망덕을 표현하는 데 지나지 않는다.*

니콜라이 체르니셰프스키(Nikolay Chernyshevski)**도 비슷한 생각을 생생한 화법으로 표현한 바 있었다.

역사는 할머니와 같다. 할머니는 제일 어린 손자를 가장 사랑하신다. 그녀는 막내에게 뼈가 아니라, 서구 유럽이 남을 파괴하려다가 다쳤던 손가락 뼈의 골수를 준다.

마오쩌둥도 중국을 하나의 백지에 비유함으로써 비슷한 생각을 표현했다. 프랑스나 미국과 같은 오래된 선진 국가들에게는 좌절의 파편들이 널려져 있고, 사회주의로 가는 길은 매우 느리고도 고통스럽다. 이 모두는 1930년 경에 네덜란드의 역사학자 얀 로메인(Jan Romein)에 의해서 제시된 '선도 감속의 법칙(law of the retarding lead)' 안에 요약될 수 있다. 빌렘 베르트하임(Willem Wertheim)은 자신의 책 『동서 비교(East-West Parallels)』에서 로메인의 저작에 나오는 이 설명을 소개하고 있다.

---

* Jean-Jacques Lentz, 러시아와 아메리카에서(De La Russie et de l'Amerique), Paris
** **니콜라이 체르니셰프스키**(1828~1889) : 1860년대 러시아를 대표하는 사상가, 문학자. 다양한 계급 출신의 혁명적 민주주의자들의 영수로서 문예 비평, 철학, 경제, 정치 등 폭넓은 분야에서 논설을 전개했다. 포이에르바하의 영향을 받아 유물론적 미학을 주장했으며, 1862년에 투옥되어 유형 생활을 하다가 사망했다. 그때 쓴 소설 『무엇을 할 것인가?(What is to be Done?)』는 혁명적 청년들을 감동시켰고, 특히 레닌은 그에게서 큰 영향을 받은 바 있다.

……결코 점진적인 방법으로 발전하는 것이 아니라, 인류의 역사는 자연 세계에서 나타나는 변종만큼이나 비약적으로 진보한다. 인류 진화의 다음 단계는 주어진 방향으로 고도의 성취를 이루어 낸 사회 내에서 발생할 것으로 보이지 않는다. 오히려 과거에 일단 성취된 진보는 더 앞으로의 진보에 브레이크로서의 역할을 하기 쉽다. 현재의 만족스러운 분위기와 기득권들은 기존 제도나 장치의 완전한 분해를 수반할지도 모르는 진일보를 반대하는 경향이 있다.

그러므로 인류 진화의 길에 있어서 급격한 진보는 사회 변화에 대한 저항이 보다 더 약한, 보다 후진적인 사회에서 나타날 가능성이 더욱더 높은 것이다. 로메인은 지나친 전문화가 어제의 지도자를 막다른 골목에 다다르게 하며, 인류 진화에 있어서의 지도권은 끊임없이 한 사회에서 다른 사회로 옮겨 간다는 사실을 보여준다. 그의 논문에서 가장 인상적인 설명은 다음의 것이다.

최초로 가스를 이용해 등불을 밝히고, 그 방법을 놀랄 만큼 완벽하게 발전시킨 런던에서 전기 조명의 도입이 다른 나라에 비해 늦었던 것, 대규모 석탄 광산을 최초로 개발한 영국, 프랑스, 벨기에 같은 나라에서 나타나는 채탄 생산성의 저하, '근대화'에 관한 한 영국을 넘어선 후발 주자 일본의 유리함, 끝으로 당시에 공업적으로 가장 발전된 국가였던 독일에서 프롤레타리아 혁명이 발생할 것이라고 예상했던 마르크스주의자들의 예언과는 대조적으로 후진 러시아에서 이런 혁명이 발생한 것 등이다.

그의 주장은 대체적으로 과거의 급속한 발전이 브레이크로서 작용하는 반면에, 어떤 상황 하에서는 후진성이 이점으로 작용할 수도 있으며, 보다 많은 노력에 박차를 가할 수 있게 할 수도 있다는 것을 설명한 것이다. 이것이 그가 말하는 '진보의 변증법' 또는 '선도 감속의 법칙'인 것이다.

따라서 진보라는 것은 단선적인 것도, 불가피한 것도 아니다. 정글로 뒤덮인 앙코르 사원, 마야 문명의 도시들, 이제는 찾기조차 어려운 이란의 테헤란과 마슈하드(Meshed) 사이에 있던 사막 지대의 조그만 마을이 되어 버린 티무르(Tamerlane) 제국의 수도 니카프루(Nichapoor)와 같은 사회들은 모두 사라져 갔다.

진보는 다른 부분의 희생 위에 사회의 특정 부분들에게만 적용되는 것이다. 대규모의 산업은 소규모 생산자들을 무자비하게 제거했다. 그러한 예로서는 영국의 농부들, 19세기 초의 영국 총독이 성경 투로 '그들의 뼈가 갠지스 평원을 하얗게 물들였다'고 썼던 인도의 직조공들, 한때 파리의 거리에서 번성했던 소매업자, 스탈린 치하에서 완전히 사라졌다가 후에 외화 획득을 위한 관광 상품으로 다시 부활된 러시아 수공업자 등을 들 수 있다. 이 모든 것들은 '진보의 대가(price of progress)'라는 이름으로 당연하게 받아들여지며 기록된다.

그러나 이반 일리치(Ivan Illich)*가 지적했던 것처럼, 오늘날 1톤의 밀을 수확하는 데 쓰이는 에너지는 중세에 비해서 14배 이상이나 소요된다. 중세에는 말과 먹이, 그리고 생산하는 데 필요한 간단한 도구 및 그것을 만드는 주물 공장 등만 있으면 되었다. 그러나 현대에는 지루하게 긴 목록이 필요하다. 즉 비료, 사일로(silo), 기계, 연료, 그리고 생산에 수반되는 모든 행위의 순환 등이 필요하다.

진보와 퇴보 사이의 선택은 어떤 특정한 사회 조직 내에서만 일어난다. 최소한 겉보기에 어느 정도의 발전 수준에 이른 사회들이라 해도 충분한 응집력을 이룩하지 못한다면, 그 전의 사회 형태로 회귀할 위험성을 지니고 있다. 역사에 있어서 돌아갈 수 없는 지점이란 것이 있을까?

• 로마와 소아시아의 비잔틴 제국은 처음에는 노예제에 기반을 두고 있다가 그 다음 봉건제로 전환했으나, 중세 말 오토만(Ottoman) 제국의 정복에 의해 '아시아적' 생산 양식으로 회귀하였다.

• 모든 전 자본주의 사회가 영국이 그랬던 것처럼, '도약'을 하

---

* **이반 일리치**(1926~2002) : 오스트리아 태생의 작가, 교육가, 사회비평가. 신부 수업을 받고 푸에르토리코 가톨릭 대학의 부학장으로 재직 중, 1960년 선거에 대한 대주교의 간여를 공개적으로 비판하다가 푸에르토리코에서 강제로 출국당했다. 그 후 1969년, 전통적인 선교 행위에 대한 그의 비판이 극도로 문제시되자 신부 직을 떠났다. 민족우월주의, 인종차별주의, 관료제 등을 신랄하게 비판한 그는 1971년 『탈학교 사회(De-schooling Society)』에서 전통적 교육과 교육 제도에 대해서 비판하였다.

거나 비슷한 연속성을 가졌던 것은 아니다. 그들 대부분은 중세 말까지 새로운 자본주의적 생산 양식의 길을 따라 매우 선진적인 사회가 된 것처럼 보였으나, 16세기 이후에 들어와 봉건제로 회귀하고 말았다. 그러한 예로서는 보헤미아, 베니스 및 어느 면에서는 네덜란드 등이 있다.

• 20세기 초에 레닌은 러시아가 '아시아적 사회로 회귀'하지 않을까 하는 공포에 사로잡혀 있었다.

• 동구의 사회주의 사회들은 호선(互選)으로 충원된 관료적 신부르주아 계급에 의해 생산 수단의 집단적 소유에 기반을 둔 새로운 형태의 국가자본주의로 회귀하였다.

• 특히 문화혁명 기간 동안에 쓴 마오쩌둥의 '미간행' 저작들은 중국에서도 유사한 회귀가 일어나지 않을까 하는 강박 관념을 드러내고 있다.

17장

역사에 있어서의 공간 차원
- 지정학(地政學)

지리적 요소들은 특별한 생산 양식 안에서만 영향을 준다 / 섬나라 특
성, 대륙성, 인접성 / 현상의 내용과 유리한 위치 사이의 왕래 법칙
/ 임금과 관련된 노동자 투쟁의 중심 이동 / 독일, 영국, 중국의 경우
/ 1968년 5월 이후, 파리는 '지방의 선도를 따르는' 것을 알게 되었다

앞에서 논의된 격차, 장애물, 그리고 환경의 차이는 모두 공간
안에 존재한다. 그것들은 지정학(geopolitics)적인 현상들이다. '지
정학'이라는 용어는 사람들을 겁먹게 한다. 그 용어가 나쁜 인상
을 주기 때문이다. 이 용어는 19세기에 라첼(Friedrich Ratzel) 같은
독일 제국주의의 지리학자들에 의해 사용되었다.

그들의 견해에 따르면, 각 나라의 자연적 위치는 그 나라 국민
들의 운명을 좌우한다. 또한 그들은 독일이 유럽의 중심부에 굳
건히 자리 잡고 있기 때문에, 독일의 운명은 전 유럽 대륙을 지배
하는 것이라고 주장했다. 그리고 끝이 없는 평원에 자리잡고 있
는 러시아는 자연적으로 동서의 열강에 의해 계속해서 정복당할
운명에 처해 있다고 하였다.

이처럼 지리적 조건들을 결정적인 요인으로 간주하는 견해는 매우 어리석은 생각이다. 하지만 그렇게 유치한 지리 결정론을 일률적으로 거부함으로써 만족감을 느끼는 것, 역시 어리석은 생각이다. 공간이란 객관적인 사실이고, 역사의 공간적 차원에는 일련의 복잡한 관계가 포함되어 있기 때문이다. 지리적 요인은 실제적이고 구체적인 영향력을 행사한다. 그것은 발전을 구체화하며, 그 방향과 한계를 설정한다. 이러한 지리적 영향력은 주어진 생산 양식 및 그 기본적인 경제 원리와 상관관계를 맺고 있다.

① **산맥과 평야** : 인도차이나 반도의 동해안을 따라 이어지는 산맥과 평야의 형태는 수 세기에 걸쳐 베트남 농민의 '남으로의 행진(南遷)'이라는 전형을 성립시켰고, 그런 방식으로 지금의 영토를 형성시켰다. 양쪽 끝의 델타 지방은 팽만하고, 산맥이 바다에 거의 맞닿아 있는 중부 지방은 좁고 긴 형태를 취하고 있다. 하지만 이러한 자연적 위치는 자치 촌락과 평야의 공공 관개 사업에 기초를 둔 봉건제의 '아시아적' 형태인 베트남의 생산 양식을 지배하는 법칙의 틀 안에서만 결정적인 요소로 작용한다.

② **지리적 고립** : 보헤미아 지방의 계속된 고립은 16세기부터 계속해서 '차단'된 지리적 조건 때문에 나타난다. 중세 말기에는 유럽 전역에서 모인 학자들이 참가한 과학·기술적인 발명의 쇄도, 거대한 상사, 탄광, 공장 등과 함께 자본주의의 맹아가 이미 고도의 단계에 이르렀다. 지적이고 종교적인 급진주의의 급격한

분출은 후스(Jan Huss) 교단의 봉기로 두드러지게 나타났다.

그러나 보헤미아의 대륙적인 위치는 당시의 경제 발전 국면을 고려할 때, 자본주의의 발전에 커다란 약점이 되었다. 그 시기는 영국과 같은 해상 원거리 무역이 자본의 본원적 축적과 확대 재생산을 촉진시키는 데 사실상 필수적이었던 때였다. 철도의 출현으로 말미암아 비로소 보헤미아 지방의 대륙적 입지 조건은 더 이상 체코의 중공업 발전에 장애가 되지 않게 되었다. 그러므로 자연적 요소의 충격은 특정한 사회·경제적 조직에서만 작용할 수 있다. 경제적인 기초가 변하게 되면 이러한 지리적 요소는 다른 방향으로, 그것도 여러 방향으로 작용하게 된다.

③ **섬나라 특성**(insularity) : 고대 그리스의 유리했던 지리적 위치는 터키의 지배 시기 동안 그 이점을 상실했었다. 영국은 16세기 이후로 섬나라라는 위치 때문에 많은 이익을 보았지만, 일본은 1868년 메이지 유신으로 봉건적 국가 체제를 깨뜨리기 전까지는 그런 이익을 보지 못했다. 영국의 석탄 보급소는 '7대양'을 항해하는 증기선에 연료를 공급해 주기 위해 19세기의 모든 해로를 따라 설치되었다. 그 시기는 공상가인 푸리에가 그렇게도 감탄했던 영국의 '해양 독점'의 시대였다. 하지만 이러한 수많은 섬과 기항지는 연료를 싣고 항해하는 시대가 오자 그 가치를 상실하고 말았다.

④ **대륙성**(continentality) : 그동안 중국은 역사적으로 정체되도록 저주받은 거대한 대륙적 구조에 의해 폐쇄될 수밖에 없었던

것으로 경솔하게 묘사되어 왔다. 그런데 정치·경제적으로 보았을 때, 사실상 중국의 역사는 경제적 맥락에 따라 바다를 통한 관계가 우세했던 시기와 육지를 통한 관계가 우세했던 시기가 교차된 역사이다.

원(元) 왕조를 포함한 고대 왕조 시대에는 육지를 통해 대륙으로 광대한 영역을 확장시켰다. 14세기에서 17세기에 이르는 명(明) 왕조 기간에는 바다를 통해 포르투갈인보다 먼저 아프리카를 '발견'했고, 동남아시아로의 이민을 시작한 것으로 특징지을 수 있다. 청(淸) 왕조가 스스로 손을 떼면서 다시 육지를 통한 관계로 돌아가 서구 침입의 위험과 이미 잘 알고 있던 인도가 당해야 했던 운명을 피하기 위해 '쇄국 정책'을 폈다. 그리고 제국주의, 불평등 조약, 상하이와 같은 문호 개방의 시대에는 다시 바다를 통한 관계가 되었다. 자본주의의 봉쇄와 소련과의 밀접한 협력 시기에는 육지를 통한 관계로, 모스크바와 결별한 뒤에는 바다를 통해 서방뿐만이 아니라 제3세계 쪽으로 관계를 맺고 있다.

⑤ **인접성**(contiguity) : 봉건제 경제에서는 국경이 자본주의 경제에서와 같은 기능을 갖지 않았다. 봉건제의 경우에는 불명확한 정치적 지위를 갖고 있는 상업과 인적 교류의 영역이 존재한다. 푸아(Foix) 백작, 나바라(Navarre)의 왕들, 사부아(Savoy) 백작, 작은 아르덴(Ardennes) 공국 등의 통치권은 산맥을 경계로 제한된다. 이것이 바로 지리학자들이 '변경 지대'라고 부르는 것이다. 그러나 자본주의가 되면 모든 토지와 개인은 반드시 국가의 관할

아래 놓이게 된다. 국가의 확대된 요구에 부응하기 위해서 뚜렷하게 그어진 국경선이 존재한다. 과세를 목적으로 한 주민과 이민자들에 대한 세밀한 관리, 병역 의무의 부과, 지하자원에 대한 권리 주장, 뚜렷한 통화 체계가 필요하기 때문이다.

그와 마찬가지로 중국과 베트남 사이의 인접성은 베트남이 유교 문화권에 포함되는 데 결정적인 역할을 했다. 중국과 베트남 혁명가들 사이의 최소한의 우연한 접촉을 제외하고는, 식민지 시대에 있어 중국과 베트남 사이의 국경 지역은 역사적 운동성에 관한 한 '저기압' 지대에 불과했다. 당시 식민지 베트남의 외부 세계와의 접촉은 바다를 통해 대부분 이루어졌고, 식민 모국인 프랑스 및 자본주의적 세계 시장을 향하고 있었다. 하지만 현대의 해방 전쟁 시기에는 그러한 상황이 바뀌게 되었다. 일찍이 1950년대의 프랑스 식민주의에 대한 전쟁 기간에, 그리고 1965년에 시작된 미국의 확전 기간 중에는 베트남의 북쪽 국경이 베트남 국민과 그들의 '거대한 후방'인 중국 사이의 유대 관계를 수립하는 데 더욱더 결정적인 역할을 했다.

일반적으로 말해서 인접성, 지원 기지를 갖는 유리함 또는 국경 너머의 우호적인 중립성은 20세기 중반의 혁명 전쟁에 있어 기본적인 지정학적 원리임이 판명되었다. 물론 의심할 여지도 없이 '내부적 요인'이 가장 중요하다. 혁명 전쟁이란 민중의 투쟁 의지에 기초하는 것이기 때문이다. 그렇지만 알제리 민족해방전선(Algerian National Liberation Front)은 튀니지와 모로코의 도움을 받을 수 있었으며, 크메르 루주는 베트남과 남부 라오스에 의지할 수 있었다. 타이 북동부의 게릴라들은 중국에 의지했고, 혁명적인 파테트 라오(Pathet Lao)는 북베트남에 기댈 수 있었다. 그들 모두는 국경 너머에 훈련장과 보급 기지, 그리고 외부 세계와 접촉할 수 있는 기회가 마련되는 은신처를 확보할 수 있음을 알고 있었다.

전 세계적인 외교 관계의 운영 원리가 적의 진압군이 그들의 '성역'까지 추격할 수 없도록 규정하고 있기 때문에, 이러한 가능성이 존재하는 것이다. 나중에 그 합의를 이란의 왕이 교묘하게 폐기시켰지만, 1946년 소련은 이란 북부의 석유 이권의 대가로 아제르바이잔(Azerbaidjan) 혁명군에게 소련 국경을 폐쇄시켰다. 그러자 그 결과로서 타브리즈(Tabriz)에서의 수만 명의 죽음과 더불어 아제르바이잔 공산주의자들에 대한 대량 학살이 초래되었다. 그리고 티토(Josip Tito)가 1948년 코민포름(Cominform)과 결별하자, 그때까지 유고슬라비아의 산악 지대에 은신할 수 있었던 그리스의 좌익 유격대인 안다르테스(Andartes)는 종말을 고하게 되었다.

역사의 진행은 언제나 나라마다, 지역마다 다른 특수하고 구체적인 지리적 조건하에서 일어난다. 그것은 가장 적절한 경제적, 정치적, 사회적 조건이 주어진 지역에서 가장 완전하게 성숙된다. 이것이 역사적 현상의 경제적, 정치적 내용과 그 지리적 위치 사이의 대응 원리이다. 그 원리는 역사에 있어서 중층적 결정의 개념을 구체적으로 적용한 것에 불과한 것이다. 일반적인 모순은 구체적이고 중층적인 조건하에서 작용하며, 아주 특수한 지리적 위치에서 구현된다.

- 포르투갈령 인도는 고아, 캘리컷(현 코지코드), 마이소르와 같은 남부 인도의 부유한 상업 도시에 건설된 무역 기지를 가지고 있었다. 그에 반해 영국은 인도에서 봄베이(현 뭄바이), 캘커타, 델리 등과 같이 더 북단에 주요 기지를 확보했다. 이러한 침략의 형태는 산업의 발전이라는 관점에서, 단지 연안이 아닌 내륙에 기지를 건설하려는 영국 식민 제국의 특수한 경제적 내용을 반영하는 것이었다.
- 봉건 시대에는 베트남 중부의 벤투이, 파이포(현 호이안), 퀴논과 같은 작은 연안 항구가 베트남 국민 생활에 결정적인 역할을 수행했다. 그 도시를 통해 북부의 홍하(Red River)와 남부의 메콩(Mekong) 델타 지역 사이의 상업적, 정치적 유대가 이루어졌던 것이다. 그러나 19세기 이후부터 이 항구들은 주로 사이공이나 하이퐁과 같이 세계 시장과 연결된 지역에 전적으로 집중하려는 식민 자본주의 경제하에서 방치되어 폐항으로 변해 갔다.
- 비잔틴 시대와 중세 초기에 이탈리아에서 가장 활기를 띤 항구들은 아말피(Amalfi)와 같이 남쪽에 위치해 있었다. 그 후 원(原)자본주의(proto capitalism)의 발현, 활발한 원거리 무역과 더불어 이탈리아의 중심은 피사, 제노아, 베니스와 같은 북부로 이동하

게 되었다. 그 뒤에는 활동의 중심지가 근대적인 대규모 공업에 적합한 지역인 포(Po) 강 유역으로 북상하였다. 남부 지방은 로제 바양의 소설『율법(The Law)』에 나오는 나폴리 신사 돈 세자르(Don Cesare)처럼 긴 잠에 빠졌다. 경제적 현실과 공간에서의 중요한 위치 사이의 대응 원리는 이탈리아 대도시의 전 역사에 완전히 적용된다.

• 중국에서 19세기 중엽의 서구인들에게 '유용'했던 지역은 아편 전쟁으로 강제 개항된 다섯 항구가 위치하고 있는 동남부의 차와 비단 생산지였다. 이 지역은 가장 수입이 좋은 활동 영역을 제공해 주었기 때문이다. 반세기가 지난 금융 제국주의 시대에는 외국인 금융가와 광산 및 철도 이권 중개자들이 북부 지방에 자리를 잡았다. 1842년 이래로 가동해 온 다섯 개의 항구에는 1950년에 이르기까지 철도가 부설되어 있지 않거나, 단지 소규모의 지선만이 운행되었을 뿐이다.

경제 발전의 내용과 잇따른 변화 및 이동의 결과로서 생겨난 중심지 사이의 대응에 대해서는 이 정도로 해두자. 이것은 정치적·경제적 모순뿐만 아니라 계급 투쟁에도 마찬가지로 적용되는 것이다. 거기서도 우리는 동일한 변화와 이동을 발견하게 된다. 역사 발전의 각 단계에 있어 주요 모순의 중심, 그 주된 지리적 여건은 가장 첨예하고 의미가 있으며, 활동적인 지점으로 옮겨간다.

중국에서는 일반적으로 다음과 같이 이해되고 있다. 1830년 차티스트 운동의 시작과 더불어 노동 운동의 중심은 영국에 있었다. 영국에서는 19세기가 시작된 이래로 제어할 수 없는 자본주의의 산업화가 급속하게 전개되고, 노동자와 고용주 사이의 계급 투쟁이 직접적이고 무자비한 대결을 통해 가장 심각하게 나타났다.

19세기 중엽에는 노동 운동의 국제적 중심지와 가장 선진적 형태의 계급 투쟁이 프랑스로 옮겨 갔다. 프랑스에서는 가장 급진적인 정치적 투쟁과 혁명이 빈번하게 일어났고, 노동자의 계급 투쟁이 정치적 차원에서 전개되었다. 1848년의 혁명적 봉기 및 1871년의 파리 코뮌과 더불어 새로운 정치 권력이라는 문제가 거기에서 가장 첨예하게 제기되었다.

제2인터내셔널과 사회민주주의의 영향 하에 '고기압'의 중심은 독일로 이동하게 되었다. 전 세계 노동 운동가들은 경탄하면서 이 나라에 이목을 집중시켰다. 당시 '개혁주의자'라는 이름하에 제2인터내셔널에서 제기된 의회 장악이라는 목표 아래 강력한 사회민주당이 건설되었다. 다수의 노동조합과 사회주의 신문, 가장 인상적인 재정 보유와 파업 기금 및 의회에 진출한 가장 강력한 당원 등을 보여주는 나라는 바로 독일이었다. 하지만 1917년에 독일 사회민주당의 세력이 근거를 두고 있었던 정치적 선택의 자유가 무너짐에 따라 붕괴하고 말았다.

그 후 1919년 코민테른(Comintern)의 태동과 더불어 노동 운동의 중심축은 모스크바로 옮겨졌다. 전후 세계의 모든 긴장은 '중층적 모순'의 결과인 볼셰비키 혁명에 집중되었다. 제2차 세계대전의 여파로 피압박 민족들의 투쟁이 전면에 등장하고, 중국 공산당이 승리함에 따라 베이징은 유리하고 중심적인 위치를 차지하게 되었다. 중화인민공화국이 산업화된 서방 국가와 '폭풍 지대'인 제3세계에 끼친 충격은 대단한 것이었다.

'볼셰비즘'이라는 영웅적 시대의 소련과 해방 후의 중국은 그들이 그 시대의 기본적인 국제적 시대 모순의 초점이었다는 점에서 진정한 '중심지'라고 할 수 있다. 그러나 '모순의 중심지'는 점차로 '결정의 중심지'가 되어 가는 경향이 있다. 소련의 경우에는 스탈린 시대의 코민테른에서 이러한 경향이 나타났다. 중국에서는 소련과 결별한 뒤. 펑전(彭震)과 류사오치가 베이징의 대외 정책을 이끌던 시기에 새로운 인터내셔널을 발기하려는 시도가 일어났었다. 마오쩌둥은 그의 '미간행 저술'에서 그러한 단체화의 위험에 대해서 경고한 바 있다.

20세기 중반에 있어서 세계 혁명의 중심지는 중국이었다. 그러나 미래에는 그 중심지가 이동할 것이다.

똑같은 변화, 순환과 이동은 한 나라에 국한시켜서도 살펴볼 수 있다. 대중적 투쟁의 중심과 최고의 긴장 단계에 따라서, 이러한 투쟁과 사회적·정치적 내용에 포함된 이해관계에 따라서 전국의 관심이 집중되는 지점이 변화한다. 19세기 초반의 영국에 있어서 적극적인 직공들과 윌리엄 블레이크(William Blake)와 같은 투쟁적이며 통찰력 있는 지식인이 살았던 런던은 가장 급진적인 투쟁의 거점이었다.

산업화가 진행됨에 따라 큰 공장들이 즐비한 요크서와 랭카서가 있는 미들랜드(Middleland) 지방이 노사 분쟁에 있어 폭풍의 중심지가 되었다. 20세기 초반에는 그 중심점이 자본가들의 착취가 가장 심했던 스코틀랜드의 로우랜드(Lowland) 북쪽의 공업 지대로 이동했다. 클라이드(Clyde) 지역의 조선소에서 1917년에 일어난 스트라이크는 거의 혁명적인 색채를 띠기도 했다. 오늘날에는 가장 격렬한 투쟁이 국민적 열망과 사회적 억압이 혼재되어 있는 북아일랜드, 웨일즈, 스코틀랜드 같은 지역에서 일어나고 있다.

역사의 발전을 반영하면서 한 지역에서 다른 지역으로 똑같은 변화가 있음을 미국에서도 발견할 수 있다. 19세기 말에서 20세기 초에는 투쟁적인 노동 계급과 일단의 급진적인 농부들이 결합했고, 그 지역에 많이 살았던 독일과 스칸디나비아의 이주민들이 전파한 유럽식 사회주의가 첨가되어 대평원(the Great Plains)의 북부 지방인 미네소타, 위스콘신, 일리노이 등에서 첨예한 투쟁이 발발했다. 그 결과, 하루 8시간 초과 노동에 반대하는 시카고 총파업이 강력하게 일어났고, 라폴레트(Robert LaFollette)* 위스콘신

---

* **로버트 라폴레트**(1855~1925) : 미국의 정치가로서 위스콘신 주지사, 상원의원을 역임했다. 처음에는 공화당 하원의원으로 평범한 의정 생활을 보냈으나, 주지사로 재직하면서 혁

주지사의 영도 하에서 농민·노동자 인민주의가 번성했다.

1930년대에는 대공황의 충격 하에 주로 오하이오, 펜실베이니아 같은 중서부의 제철소와 탄광의 노동자들이 전위에 섰다. 미국 내의 모든 대중 투쟁을 얼어붙게 만들었던 세계대전과 냉전 후에는, 반자본주의 세력이 1960년대 자본주의 사회의 일반적인 위기와 베트남 전쟁 문제를 둘러싸고 다시 고개를 들기 시작했다. 급진적인 지식인들은 흑인, 인디언, 치카노스, 푸에르토리코인 같은 다양한 소수 민족 집단과 함께 적극적인 활동을 전개했다. 캘리포니아, 뉴잉글랜드 그리고 뉴욕 시에서도 급진적 물결이 매우 역동적으로 합류하였다.

신 좌파(New Left)가 등장하기 전 몇 해 동안, 좌익 운동의 중심지는 민권 운동(Civil Rights Movement)이 전개된 남부였다. 억압당하는 흑인의 권리 옹호를 위한 투쟁은 앨라배마와 미시시피 같은 남부의 가장 보수적인 지역에 미국 전역의 민주적 열망을 집중시키는 데 성공하였다.

다른 역사적 지식의 여러 측면들과 마찬가지로, 지정학적 문제들도 역사가에게 동일한 근본적인 재고를 요구한다. 이것은 과거와 현재의 관계를 역전시키고, 전문가들에게서 특권을 박탈하

신주의적 정책을 수행해 나갔다. 그는 미국의 제1차 세계대전 참전을 끝까지 반대하였으며, 징병령 및 전시기본권 제한령을 반대하였다. 그리고 전후 베르사유조약과 국제연맹의 미국 가입을 비판하여 정치가로서 성공하였다. 마침내 그는 1924년 혁신당의 대통령 후보로 출마하였으나 5백만 표를 득표하는데 그쳤다. 특히 그는 독점 기업의 횡포와 정부 기관의 부정부패 및 권력 남용에 대해서 활발한 투쟁을 벌인 정치가로 유명하다.

여 사회적 실천에 의해 제기된 문제들에 입각해서 역사 연구의 방향을 재조정하는 것을 의미한다. 위에서 언급한 지정학적 고찰은 아름다운 과거로의 도피도 아니고, 단순한 사색적인 수사법도 아니다. 그것들은 정치적 전략에 관계된 것이다.

중국의 혁명은 투쟁의 지정학적 유동성을 아주 극명하게 보여주는 사례다. 1924년에서 1927년에 이르는 기간 사이에 혁명의 중심점은 쑨원의 조직 기반인 광둥(廣東)에서 노동 계급 혁명의 중심지인 상하이로, 다시 민주 연합전선을 구성하려는 마지막 시도가 이루어진 중심지인 우한(武漢)으로 이동했다. 차례로 이어진 이들 도시에서의 투쟁은 최고 단계에 도달했고, 가장 선진적인 형태를 띠었다. 세 중심지의 정치적·사회적 조건의 차이에 입각한 기동 전략에 맞추어 핵심 요원과 투사들은 한 도시에서 다른 도시로 이동했다.

1930년 무렵, 남부 지방에서 형성된 '중국 소비에트'에서 1940년 북부의 '해방구'로 지정학적인 전환이 일어난 일은 더욱 근본적인 것이었다. 그것이 바로 '대장정(大長征)'이 갖는 엄밀한 의미였다. 이렇게 3,000km도 더 되는 거리로 중심이 이동한 것은 혁명적 투쟁의 내용에 있어서 근본적인 변화, 즉 우선 과제의 변화를 반영하는 것이다. 남부 지방은 국민당 정부와 그 수도인 난징(南京)에 대한 투쟁에 가장 적합한 지역이었다. 이에 반해 북부 지방은 침략자 일본에 대한 무장 투쟁에 더 적합한 장소였다. 중국 혁명의 지도자들은 끊임없이 그들의 전략을 지정학적 용어를 사용해 평가하고 구체화했다. 마오쩌둥은 '중국은 하나의 거대한 바둑판이다'라고 말한 바 있다.

그러면 프랑스는 어떠한가? 프랑스 대혁명으로 거슬러 올라가지 않더라도 20세기의 투쟁들이 지역적 조건의 차이에 따라, 국내의 다양한 지역에서 각기 다른 방식으로 전개되었음을 관찰할 수 있다. 예를 들어, 나폴레옹 3세에 대한 항쟁이 가장 강력하고 급진적이었던 곳은 남부 지방이었다. 수개월에 걸쳐 이어진 무장 투쟁이 알프스 산맥과 바르(Var) 지방을 휩쓸었는데, 이는 프랑스의 비 의회적 정치 경험의 역사에 있어 잊힌 부분 중의 하나다.

'파리 코뮌'은 옥시타니아, 특히 나르본(Narbonne) 등의 도시에서 일어난 현상이기도 했다. 옥시타니아의 반중앙집권주의 저항에 의해 자극받은 좌익 공화주의의 발현이었던 것이다. 아울러 연방주의 역시 좌익적인 현상이었다. 그러나 최근까지도 그 모든 것은 과거의 일로 간주되어 왔다. 일반적으로 프랑스의 정치 생활은 파리를 중심으로 하는 거미줄 같은 철도망 안내도의 이미지 안에 영원히 응축된 것으로 간주되고 있다. 그러나 반 나치 레지스탕스 운동, 특히 1968년 5월의 투쟁을 보면 그와 반대라는 것이 드러난다.

1942년에서 1944년 사이에는 파리보다 리옹, 툴루즈 같은 남부 지방의 대도시가 활동적인 레지스탕스의 중심지였다. 독일에 대한 지하 무장 투쟁의 지정학은, 소위 '후진 지역'이 전위적 역할을 할 수 있음을 보여준다. 이 말은 아리에주(Ariège), 리무쟁

(Limousin), 쥐라(Jura), 모르방(Morvan) 지역에 해당되며, 이는 '선도 감속의 법칙'의 또 다른 예를 보여주고 있다. 1944년의 해방은 진정한 의미에 있어서, 위로부터의 정치적 게임이 행해졌던 북부 프랑스 지역보다는 리모주(Limoges), 발랑스(Valence), 툴루즈와 알프스 지방의 민중에 의한 권력 장악이다.

1968년 5월 이래로 이러한 변화는 더욱 두드러졌다. 로마가 이제 더 이상 세계의 중심지가 아니듯이, 파리도 더 이상 프랑스의 중심지가 아니다. 파리지앵(Parisians)들은 다른 지방 사람들이 그들에게 '다가오기'를 기다리기보다는 그들의 자리에서 내려와 다른 지방으로 다가가는 법을 배우게 되었다. '지방(province)'이라는 단어는 패자에게 부과된 책임을 수락한다는 의미의 '정복하다(provincere)'라는 라틴어에서 유래한 것이다.

전통적인 '작업 도구에 대한 존중'과 고용주에 대한 배타적 교섭권을 향유하고 있는 노조 '대의원'에 대하여, 수동적으로 복종하지 않는 것이 새로운 노동 계급 투쟁의 지정학이다. 최근에 가장 선진적 투쟁이 일어난 곳은 프랑스의 서부 지방이었다. 그들은 관리자들을 격리시키고 그 지역의 급진적인 농민과 적극적으로 협력하면서 노동자들이 생산 책임을 지기도 했던 것이다.

분쟁의 중심 지역은 생나제르(Saint-Nazaire)였으며, 생브리외(Saint-Brieuc), 푸제르(Fougères), 세리세(Cerisay)에 있는 프랑스 연합 발전소에서는 더욱 극렬한 노사 분쟁이 일어났다. 신흥 산업 지역이었던 그곳들은 상대적으로 전통적인 노동조합주의에 덜

감염되어 있었고, 영향력도 덜 받는 지역이었다. 그곳의 노동 계급에는 뿌리 뽑힌 농민, 청소년, 이민자, 여성 등 뿌리 깊은 '작업 도구에 대한 존중'이 결여된 '미숙련' 노동자들이 상당한 비율을 차지하고 있다.

1968년 5월에도 전국에 산재해 있는 르노 자동차 공장들에서 발생한 파업 투쟁에서 지정학적인 불일치가 뚜렷이 나타났다. 각 공장마다 노동자의 노조 '경력'과 '배경'은 투쟁의 강도와 반비례하고 있었던 것이다. 파업은 중부에 인접한 노르망디의 클레옹(Cléon)에서 시작되었으며, 곧 일드프랑스(Ile-de-France) 지방의 플랭(Flins)으로 확산되었다. 그 운동에 마지막으로 가담한 곳은 일반노동총연맹(CGT : Confédération Générale du Travail)의 '숙련된 간부'들이 자리 잡고 있던 파리 외곽에 있는 비양쿠르(Billancourt) 르노 본사였다. 그들은 마침내 노동자들의 압력에 의해 참가하지 않을 수 없었던 것이다.

그런데 민중 투쟁의 탈 중앙화가 프랑스의 현실이기는 하지만 각각의 투쟁이 서로 다른 곳에서 일어나고 있다는 점, 그리고 전체적인 상황을 고려하지 않고 고립성을 띠고 있다는 문제가 남는다. 통일적이면서도 반중앙집권적인 전략이 앞으로 가능할 것인가?

18장

●

역사의 껍질 깨기
- 범(汎)학문적 접근법

역사의 보조 학문 목록을 확대할 것인가, 아니면 다른 사회과학
을 존중하면서 역사학의 자율성에 도전할 것인가? / 대학 세계나 운
동을 위한 범학문적 접근법 / 인종역사학인가, 제3세계 민중들과
의 능동적인 연대인가? / 베트남 전쟁과 '지하' 범학문적 접근법

자기 분야에서 대대로 내려온 방법론을 교조적으로 신봉하는
것에는 명백한 한계가 있다. 학술적 역사가들은 점점 '범학문적
접근법(interdisciplinary approach)'이라는 개념에 대해 흥미를 느껴
왔으며, 역사학과 다른 분야들과의 사이를 가로막는 장벽들을 제
거할 것을 주장한다. 몇몇 사례를 보면, 단순히 최근의 지적 유
행에 뒤지지 않으려 하면서 '매력적인' 테마와 연구 주제의 범위
를 확장시키려는 차원에 불과한 경우도 있다. 왜냐하면 범학문
적 접근은 전체 학술적 역사가들의 작은 세계가 기반으로 삼고
있는, '아는 것이 힘'이라는 체계에 새로운 활동 영역을 열어 주고
있기 때문이다.

그들 가운데 보다 영리한 사람들은 이전에는 아무도 꿈꾸지 않

았던 연구 분야들을 연계시킬 수 있는 다리를 놓으려고 할 것이다. 그랬을 때 필요한 것은 신속하게 새로운 기술적 용어들을 숙달하는 것이며, 이전에는 대부분의 역사가들에게 낯설었던 분야의 잘 선택된 몇몇 저작들을 읽어 보는 것이다. 예들 들어, 역사 민족음악학(historical ethnomusicology), 경제 인류학(economic anthropology), 혹은 사료의 기호학적 분석(semiotic analysis) 등에 대한 책을 읽음으로써 매우 빠르게 또 하나의 '찬란한 경력'이 그럴 듯하게 전개되는 것이다.

어떤 학자들은 역사학이 새로운 분야를 정복해야 하고, 새로운 시각들을 정립해야 하며, 경제학, 언어학, 사회학, 정신분석학 등 다른 사회과학으로부터 새로운 통찰력을 얻어야 할 필요가 있음을 심각하게 느끼고 있다. 그러나 그러한 보강은 결과적으로 학술적 역사가들의 수사법에 존재하는 법칙과 인습에 대해서 문제를 제기한다기보다는, 그것에 새로운 내용과 권위를 부여하는 것에 지나지 않는다. 범학문적 접근 방식은 심지어 스스로를 전 시간 차원의 합법적인 소유자라고 주장한다. 그러면서 중심 위치에서 모든 인문과학 분야에 대한 영향력을 강화하려고 하는 역사가들의 기도를 촉진시켜 줄지도 모른다.

한편, 실현하기 어려운 인접 학문과의 제휴를 요구하는 것은 하나의 '기성' 원리로서의 역사과학 자체에 대한 성가신 비판이라고 여기는 사람들도 있다. 그래서 대학 세계 안에서는 다른 분야와의 제휴에 의한 접근이 다음과 같은 세 가지의 서로 다른 의미로서 사용된다.

① **역사 '보조 과학' 범위의 확대** : 물론 역사가들은 이들의 협력이 작업의 성공에 필요 불가결한 다른 분야에 있는 '동료들'의 허영심에 상처를 주지 않기 위해서 '보조 과학'이라는 용어의 사용을 피한다. 그런데 그동안 역사학을 보조하는 것으로 간주된 과학들은 전통적으로 역사적 자료들을 다루고 조사 분류하는 데 필요한 기술들에 관련된 것들이다. 거기에는 중세사의 고문서학(古文書學)과 고대사의 금석학(金石學), 고전학(古錢學), 근대사의 기록관리학 등이 있다. 요즘 그 목록에는 역사의 어떤 특정한 모멘트에 관련된 말들의 어군(語群) 목록을 작성하여, 주어진 시기의 언어·구조적 특징을 연구하는 언어학이 포함되고 있다.

수학과 컴퓨터는 역사가의 권위와 형식주의적 추상화를 위한 필수품인 계량적 자료들을 취급하는 데 필수적인 도구들이다. 사회심리학과 정신분석학은 본질적으로 역사가의 지적 장비 목록에 추가되며, 그로 하여금 보다 효과적으로 집단의식과 대중심리에 대한 문제들을 다룰 수 있도록 해준다.

이러한 새로운 공헌들은 그 자체로서는 좋다고도 나쁘다고도 할 수 없다. 이 모든 것들은 현상들의 객관적 실재에 대한 역사가의 통찰력을 심화시켜 준다. 예를 들어, 스탈린주의자들의 수사법에는 전형적으로 그 자체의 독특한 구문법(構文法)과 리듬이 있다. 따라서 우리는 언어학적 방법으로서 스탈린주의라는 정치적 현상을 파악하는 데 도움을 받을 수 있는 것이다. 정신분석학은 우리가 보다 심층적인 충동과 말로 표현할 수 없는 집단적 정신 상태를 밝혀낼 수 있도록 해주며, 단순하고 무의미한 듯이 보이는 행동 양식들 속에 내재한 의미를 명백히 파악할 수 있도록 해준다.

그러나 이러한 새로운 도구들은 역사과학 그 자체보다 더 중요한 것은 될 수 없다. 어떠한 방식으로도 그것들은 기본적인 사회적 역할과 소외 현상을 변경시킬 수 없다. 그런 문제점들이 전적으로 다른 정신 위에서 제기될 때에만 비로소, 그 도구들은 역사가가 제시해야 할 해답의 질을 높이는 데 도움을 줄 수 있는 것이다.

최근 고고학 분야에 동원되고 있는 자연과학의 경우나 '역사 없는 사회들'에 대한 연대기적 연구에 대해서도 같은 말을 할 수 있다. 사례를 들자면 한이 없어서 '보조 과학'이라는 새로운 장치에 의해 최면술에 걸릴 것 같은 위험이 있을 정도다. 수목연대학(dendrochronology, 나무의 줄기 단면에 나타난 나이테를 보고 연대를 측정), 탄소 연대 측정(carbon 14, 시간이 흐를수록 감소하는 옛 금속의 방사능을 측정), 토양의 성층학(stratigraphy od soils, 하상퇴적물, 빙적토, 풍적토), 고자기학(archaemagnetism, 古磁氣學, 오랜 기간에 걸친 자기의 변화), 배설물 암석학(coprolithology, 화석화된 배설물과 그것의 연령, 혼합 성분, 위치에 대한 연구), 화석화된 꽃가루에 대한 분석, 고식물학(palaeo-ethnobotany, 선사 사회에서 재배된 식물들에 대한 연구), 고병리학(palaeopathology, 古病理學, 고대인의 유해에서, 특별히 무덤 속에서 발견된 질병에 대한 연구), 원시 야금술에 쓰인 합금의 정체를 파악하기 위한 화석화된 금속들의 분광학(分光學), 해저 고고학, 항공 사진술에 의한 고고학 등이 그것이다.

이 기다란 목록은 특히 '실재에 접근'하고 싶어 하는, 그래서 자신들의 학문적 동료들만큼 엄밀한 방법을 갖추고 있는 것처럼 보이고 싶어 하는 사회과학자들에게는 몹시 매력적인 것이다. 그밖에도 이들 새로운 '보조 과학'들은 순수한 지적 매력을 가지고 있을 뿐만 아니라, 옥외 생활의 자유로운 분위기와 복잡한 장치를 조작하는 기회를 제공함으로써, 일반 사회과학자의 따분하고 엄격한 생활을 보다 유쾌하고 활기를 띠게 해주는 장점도 있다.

여기서 우리가 비판하고자 하는 것은 기술 그 자체가 아니라, 그 기술들이 사용되는 용도이다. 그 기술은 본질적으로 목적 그 자체로서 탐구된 사소한 지식 정보의 축적이나, 부수적으로 명예나 개인적인 이익의 원천이 되기도 하는가? 아니면 비록 시간상 멀리 떨어져 있는 사실이라 할지라도 우리에게 의미가 있고, 현재적 관심사를 해명해 주는 과거에 대해서 보다 적극적으로 이해할 수 있도록 도움을 주기 위한 것인가?

확실히 고고학도 정치적 목적에 사용될 수 있다. 중국 허난성 정저우(鄭州)* 부근의 신석기 시대 반포(半破) 유적은 신중한 발굴

---

* 장 셰노는 이 부분에서 착각이 있었던 것 같다. 반포 유적은 정저우가 아닌 시안에 있다. 양사오(仰韶) 문화의 유적이다.

을 거쳐 알려졌는데, 매일 수천 명씩 방문객들이 몰려들고 있다. 가이드와 포스터들은 수많은 세월에 걸친 중국 농민들의 끊임없는 노력들, 사회 제도의 역사적 계승, 그렇게 먼 시대에도 널리 퍼져 있던 사회적 역할에 대한 성 차별 등을 강조하고 있다.

② **구체적인 현상 연구를 목적으로 한 개별 방법론들의 병렬** : 이런 식의 범 학문적 접근은 특별히 대학 관료 제도의 메커니즘에 아주 잘 적용된다. 각 전문가들은 지리학, 역사학, 경제학, 언어학 등 자신의 고유한 수사법에 의거하여 계속해서 기능하며, 그 결과들은 학문 분야 서로 간에 폐쇄적이다. 그러한 조건 하에서 연구의 주제가 네팔(Nepal)이든지, 브르타뉴 지방의 플로제베(Plozévet) 마을의 사례처럼 1960년 경 언어학자들, 역사가들, 사회학자들, 인종학자들로 이루어진 팀들의 합동 조사가 이루어지는 경우에 연구 기금은 더욱더 쉽게 얻어질 수 있다. 그러나 각자 연구한 결과물을 함께 모은 것이라서 실망스러울 수밖에 없었다. 이러한 경우에 있어서, 범학문적 접근이란 매력적인 선전 문구에 지나지 않는다.

③ **역사과학과 다른 학문의 관계에 대한 재고** : 이렇게 심도 있는 범학문적 접근 방법을 꾸준하고 철저하게 적용하다 보면, 연구 분야들 간의 격리 현상과 사회과학에서 현재 나타나고 있는 분업의 경향에 대해 비판하지 않을 수 없게 된다. 예를 들어, 경

제적 현상에 대한 연구는 사회 조직에 대한 연구와 마찬가지로 역사적 차원으로부터 확실히 도움을 받을 수 있었다. 왜냐하면 시간이 흐르는 과정 속에서 그들이 연구하는 현상들은 세부 사항뿐만이 아니라, 기본적인 속성까지도 상당히 변화되어 가기 때문이다.

그러나 다른 사회과학들이 역사적 차원을 포용하게 될 때, 역사과학 그 자체의 고유한 기능은 근본적으로 재고되어야 할 것이다. 그리고 이것은 학문적 격리성에 대한 전통적인 장벽들을 분쇄한다는 상호적인 과정을 함축하고 있다. 어떤 역사가들이 진심에서 경제사와 이론경제학 분야의 협력을 제안했을 때, 그들은 이론적인 도구들의 개발을 통해서 단순히 전통적인 역사적 수사법을 풍요롭게 하려는 것이었을까? 아니면 실제로 역사과학 그 자체가 마지막에는 인간 사회들에 대한 전반적 연구에 흡수되도록 바랐던 것일까?

이러한 질문들에 대해서 우리들이 대학 세계 내에만 국한되어 남아 있는 한, 거의 답변할 수 없다. 아마도 범학문적 접근의 전반적인 문제는 결국 틀린 것이 될 것이다. 현명한 개혁자들은 몇 가지 장치들, 오래된 수도원에서 열리면 더욱 좋은 범학문적 세미나들, 먼 곳일수록 더 좋은 장기 연구 프로젝트들, 궂은 일을 해주는 조교 집단들, 완전한 컴퓨터 장치, 몇 가지의 방법론에 숙달되어 있는 지적 선구자들의 '인식론적 탐구' 등이 없이는 움직이려 들지 않아 왔다.

그러나 그 모두는 그 분야에서의 베테랑들이나 초심자들을 위한 몇 가지의 새로운 기술적 공식들과 별로 다를 것이 없다. 그것은 학계의 기성 체제라는 한계 내에 머물러 있으며, 단지 그것의 본질적 가치들인 주지주의, 전문가주의, 생산주의에 활기를 다시 불어넣어 줄 따름이다. 대학의 사무 처리 책임을 떠맡고 있는 학생과 교원 노조의 담당자들이 학문적 세계의 낡은 구조들을 새로운 범학문적 접근에 따라 개조하려는 시도에 특별히 만족을 느끼고 있지 않는 것은 결코 우연한 일이 아니다.

최근에 역사학과 인류학 사이의 전통적인 구별을 없애기 위한 몇 가지 진지한 노력이 진행되었다. 생명력이 없는 구조주의적 접근 방식에 대한 해결책으로서, '역사 없는 사회들'도 그들 자신의 시간 차원을 지니고 있으며, 그들의 과거는 구전으로 내려온 전통, 외국인 여행객들이 남겨 놓은 기록, 혹은 성층학이나 수목연대학 등 전문화된 현대적 기술 등을 통해서 알아낼 수 있다고 주장하는 것은 결코 부적절한 일이 아니다.

더욱이 기록을 남기지 않은 민족들도 자신들의 과거에 대해서 잘 알고 있다. 예를 들어, 체로키 인디언들은 특별한 성격을 지닌 그들의 나라가 어떠한 역사적 과정을 통해 형성되었으며, 2천 년 전 테네시 지역에 정착했었다는 사실을 알고 있다. 이 모든 것은 소위 '인종역사학(ethnohistory)' 또는 '역사인종학(historical ethnology)'이라 불리는 분야에 속해 있다. 동시에 서양인들은 비서구 '원시' 사회들과 그들 자신이 태어난 지역의 고대 사회들 사

이에는 아무런 질적인 차이도 없었다는 사실을 잊어서는 안 된
다. 고대의 그리스인, 켈트족, 튜턴족은 인종학적 견지에서 볼 때
모두가 '야만인'들이었다.

이렇게 과거와 현재의 '국가 없는 사회'들이 지니고 있는 역사적
인 차원을 회복함으로써, 얻으려고 하는 효과는 무엇인가? 이러
한 민족들은 단순히 서구 지식인들 사이의 토론 대상이 되는 수동
적인 대상에 불과한가? 아니면 그들 나름의 역할이 있는 것인가?
이런 식으로 문제를 제기하는 것은 인종역사학이 지적 유희 그 이
상의 것이라는, 구조주의적 인류학의 빈약하고 정치적인 논리 구
조보다도 더 매혹적이라는 사실을 깨닫는 것을 의미한다.

그러한 문제 제기는 이들 민족들의 미래에 초점을 맞추고 있
다. 그것은 '과거 → 현재'의 관계를 역전시킨다. 어떤 민족도 역
사에서 제외될 수 없다고 말하는 것은 어떤 의미인가? 그것은
바로 모든 민족들은 경제적, 문화적 제국주의가 부과한 '저개발
(underdevelopment)'이나 '문화 변용(acculturation)'과 같은 개념적인
함정을 통해서 타인들에 의해 외부로부터 정의된 것이 아닌, 자
신의 미래를 가지고 있다는 것이다. 이러한 미래를 정의하기 위
해서 각 민족들은 자신들의 과거에 대한 권리를 가지고 있을 뿐
만 아니라, 그러한 과거를 필요로 하고 있다.

과거에 있어서나 미래에 있어서, 그러한 권리를 행사하고 필요
성을 주장하는 이들은 누구인가? 예를 들어, 아마존 우림 지역에
서의 인종 학살에 대항해서 용감히 싸워야 할 사람은 로베르 졸

랭(Robert Jaulin)과 같이 인종역사학(ethnohistory)으로 전향한 인류학자인가? 아니면 그 문제와 관련된 민족인가? 아니면 둘의 결합인가? 다시 한 번 말하지만, 그 문제는 아무리 좋은 의도를 가지고 있더라도 지성인의 지식이 대중의 투쟁과 어떤 연결 축을 만들어 낼 것인가를 정의하는 것이다. 만일 이런 문제와 씨름하지 않는다면, 범학문적 접근은 교육 과정 계획자들과 과학연구기관의 기술 관료들을 위한 유희 이상이 될 수 없다.

범학문적 동맹의 실질적인 영향은 대학 세계 바깥에서 나타나고 있다. 다시 한 번 말하지만 우리가 사회적 실천으로 돌아가게 되었을 때, 실천에서 유도되고 내용과 응집력을 주는 통일된 이론적 사고를 할 수 있다. 이민 노동자들이 세계은행(World Bank)에 대항하는 투쟁과 캠페인을, 또는 투쟁적인 옥시타니아 연극 그룹들을 위한 정보 교환 기구를 운영해 본 사람들은 범학문적 접근의 필요성을 깨닫게 될 것이다. 이러한 목적을 위해서 그들은 불가피하게 사실, 기록 및 역사학, 경제학, 사회심리학, 언어학, 의료 사회학 등과 같이 다양한 분야에서 얻어진 아이디어들을 조합하려는 노력을 하는데 있어서 다른 집단들과 연합해야 한다.

그러나 언어학자, 역사학자, 경제학자들로부터 빌려 온 분리된 정보의 조각들을 단순히 병렬시키거나 결합시키는 것은 의미가 없다. 대부분의 경우에 있어서, 다양한 전문가들의 단편적인 지식은 현재 제기되고 있는 문제점들에 대한 해결책을 제시하지 못한다. 사회적 실천은 새로운 호기심을 일깨우며 학문적인 지식의 무력함을 드러낸다. 일단 각성한 사람들은 그들 나름의 해답을 찾아야만 한다.

베트남 전쟁에 반대하는 투쟁에 참가했던 미국인 투사들은 대인 폭탄(anti-personnel bombs)의 생산을 맡았던 미니애폴리스(Minneapolis)의 거대한 공장인 허니웰(Honeywell) 회사에 대한 캠페인에서 얻어진 경험을 통해 이 점을 알게 되었다. 그들의 의도는 이러한 강력한 다국적 기업을 전범으로 비난하고, 베트남에서의 대량 학살에 대한 그 기업의 책임을 폭로하는 것이었다. 그러나 미국 내 여러 대학의 경제학과에서 해마다 쏟아져 나온 방대한 양의 논문들은 그들에게 거의 쓸모가 없었다.

이렇게, 고도로 전문화된 연구들은 모든 행정 명령과 조례 또는 거대한 다국적 기업들을 공개 조사로부터 보호해 주는 재정적 속임수와 정치적 기밀들을 지나치게 존중했던 것이다. 모든 논문들은 엄밀한 기술적인 문제가 남아 있다는 핑계로 그러한 학문적인 권력층을 조종하는 사회적·정치적 집단들의 성격, 그들의 이념, 군부와의 결탁, 준(準) 정부적인 정치적 역할 등과 같은 핵심적 문제점들에 대해서는 교묘하게 회피하고 있다. 이러한 문제점들에 대한 해답은 기업계의 '중요 인명사전(Who's Who?)'을 열심히 뒤지고 있는, 경험이 없고 보수를 받지 않는 투사들에 의해 수행되는 '지하' 연구를 통해서 찾아질 수밖에 없다.

대학들과 무관한 연구 기관들은 베트남 전쟁과 미국 제국주의의 침략들에 대한 고발에 있어서 매우 절대적인 역할을 수행해 왔다. 그런 조직으로는 군산복합체*에 대해 연구하는 NARMIC**, 라틴 아메리카에 관심을 집중하는 NACLA***, 정치 활동에 참가하는 과학자들과 엔지니어들로 구성된 SESPA**** 등이 있다. 미국 내에서 '범학문적 접근'은 목적이라기보다는 투쟁의 필요조건이 되어 왔다.

역사학이 자체의 껍질을 깨기 위해서는, 특권을 부여 받고 있으나 불행하게도 한정된 지식인의 역할에 반드시 다시 한 번 도전해 볼 필요가 있는 일이다. 중국의 문학가이자 사상가 루쉰이 말했듯이 '창문 뒤에 숨어서 세계를 소심하게 바라보는, 재미로 아침에 내린 서리 위에서 멍하게 파리 발자국을 쫓는' 사람이 되지 않기 위해서 말이다.

---

* **군산복합체**(軍産複合體, military-industrial complex) : 1961년 미국의 아이젠하워 대통령이 행한 고별 연설에서 이들의 영향력 침투를 막아야 한다는 말을 한 이래로 일반화되었다. 이미 1930년대에 '죽음의 상인(merchants-of-death)'이라는 용어가 유행한 바 있다. 즉 미국의 금융가, 군수 공업의 경영자들이 자신의 이윤 추구를 위해서 국가를 전쟁으로 몰고 간다는 것이다.
1961년 이후, 이 문제는 미국 내에서 많은 논란을 불러일으켰는데, 그 초점은 주로 미국의 과다한 방위비 지출이 미국 경제와 국내의 사회복지 정책에 악영향을 미치고 있다는 것이었다. 그리고 그 과정에서 무기 제조업자와 정부 사이에 유착 관계가 생긴다는 것이다. 그 후, 이 용어는 막대한 방위 계획으로부터 이익을 얻는 개인 및 기관을 지칭하는 의미로 사용하게 되었다.

** **NARMIC** : National Action Research on the Military Industrial Complex

*** **NACLA** : North American Council on Latin America

**** **SESPA** : Scientists and Engineers for Social and Political Action

19장

혁명을 위한 역사의 탐구

어떤 종류의 '당대사'인가? / 어떤 종류의 역사노동의 기술적 분업인
가? 누구의 요구에 의해서? / '방법론적 적용' : 우물 안의 개구리 / 역사
에 대한 다중적 요구와 집단적 기억 / '과거에 대한 혁명적 숭배'의 함정
: 기념일, 역사적 지도자, 전략적 청사진 / 혁명을 위한 누룩으로서의 과
거 : 어떤 현존하는 투쟁이 역사의 종착지가 되는가? / 모델이 아닌 사
례 / 그람시의 '유기적 지식인'에 의해 퇴마된 즈다노프주의의 유령들 / 역
사의 목적을 전문화된 원리라고 주술을 거는, 역사에 대한 일반적 요약

프랑스 역사학자들 사이에 '당대사(當代史, histoire immédiate)',
즉 '현재 진행 중인 역사'에 대한 연구라는 문제에 대한 논쟁이 진
행되어 왔다. 전통적인 역사학에서는 연구 주제가 현재에 가까
워질수록 점점 더 거북해진다. '현안'을 다루는 경우에는 '객관적'
인 자세를 유지하기 어렵기 때문에 어느 정도의 '거리'가 필요하
다고 본다. 지배 계급에 의한 역사에서 억압의 전형적 형태인 문
서 자료에 대한 비밀주의는 이러한 맥락에서 볼 때, 책임 회피
를 위해서일 뿐만 아니라 지적 조건으로서 요구되는 것이다. 예
를 들어 정부 비밀문서는 30년, 가족사는 50년, 교황청의 자료는
100년 동안의 유예 기간을 거쳐야 비로소 공개된다.

그에 대한 반발로서 일반 대중에게 친숙한 주제를 취급하여 역사의 영역을 확장시키려는 희망을 가지고 '당대사'의 장점을 강조하는 사람들이 있다. 그들은 가까이 할 수 있는 자료의 다양함과 풍부함, 구술에 의한 고증의 이용, 증인에 의한 설명과 여론 조사, 기본 정보가 현재의 자료로 이루어지는 사회과학자들과의 원활한 협력을 통해서 얻는 자신의 주제와는 밀접한 친근성 등을 근거로 주장한다. 동의할 수 있다! 전통적인 역사학의 변호자들과 그 추종자들에 비하면, 그 수가 날로 증가하는 '당대사'의 많은 참여자들이 더 낫다고 할 수 있다.

하지만 '당대사'가 오늘날의 세계의 실재를 진정으로 열어 보여준다 하더라도, 기성 역사학의 통상적인 규칙을 결코 수정하지 않는다. 그들이 다루는 과거가 비록 최근 것이기는 하나, 아직도 우리의 외부에 존재한다. 저명한 대학 교수들이 크리스마스 기념 특집 TV 토론에 등장하여 그해의 국내와 세계의 발전에 대해 분석할 때, 그들이 하는 일이란 역사를 우리들에게 가능한 밀착되도록 자르고 포장하는 기계에 돌리는 것이다. 그러나 그 기계는 옛날과 똑같은 방식으로 기능한다. 우리의 현재에 대해 역사적으로 사고하는 능력은 이러한 당대사 작업에 의해서 강화되는 것이 아니라, 오히려 약화된다. 왜냐하면 가장 최근의 과거조차도 그 역사 기계의 단단한 톱니 안에 잡혀 있기 때문이다.

동시에 '당대사'는 보다 매력적인 형태를 지닌 '역사 상품'의 하나이다. 전통적인 학자들은 이를 '단순한 저널리즘'이라고 부른다. 이러한 책들이 학술적인 연구들보다 더 뛰어난 재능과 좋은 결과를 통해 '살아 있는' 역사를 만들었다는 것은 사실이다. 그런데 그 책에서 그들이 사용하는 언어가 민중에게 밀착되어 있고, 다루고 있는 이야기가 친숙한 것이기는 하지만, 그들 역시 가장 본질적인 관심 분야와는 동떨어진 채로 남아 있다. 그들의 작업은 민중의 일상적 관심사에 기반을 둔 것이 아니라, 즐거움이나 '정보'를 주기 위한 것이기 때문이다.

반면에 '당대사'의 기능은 모든 능력을 발휘하여 개방적인 현재를 가까운 과거와 연결시키는 것이 되어야만 한다. 문제가 되는 것은 사용된 테크닉과 방법, 여론 조사와 관찰, 산더미처럼 쌓인 오려낸 기사들, 열심히 수집한 팸플릿이나 문서들이 아니기 때문이다. 다시 말해서, 작업에 있어 사회적 실천과 정치적 투쟁의 요구에 기반을 두는 것이 중요하다.

O.R.S.T.O.M*의 연구원들이 1947년 마다가스카르의 민족주의 봉기를 연구하기 위해 작성된 설문지, 최신형 녹음기와 '가장 잘 훈련된' 조수들과 함께 마다가스카르의 촌락에 들어갔다고 하자. 그들이 할 수 있는 일이란 내부적인 밀도를 지니지 못한, 서로 유리된 정보의 항목들을 모으는 일이 전부다. 오직 마다가스카르 혁명 운동에 관련된 사람들만이 정치적 전략을 발전시키기 위해 자신들 섬의 정치, 사회적 현실들을 이해할 필요성을 느낀

---

* Office de la recherche scientifique et technique d'outremer : 파리에 본부를 둔 '해외 과학 기술 조사국'

다. 그렇기 때문에 그들만이 1947년 봉기의 역사적 중요성과 성격 및 원인과 패배의 의미 등을 파악할 수 있다. 혁명 운동은 손쉬운 신화적 이미지에 만족하기보다는, 최대한도로 엄격하게 사실의 조사를 통해 분석해 낼 것을 명백히 요구한다.

이러한 분석은 의심할 여지도 없이 기술적인 조사방법론, 구두 조사, 반란의 생존 목격자, 공문서 조사, 언제나 쉽게 얻어지는 것이 아닌 출판물과 선전 자료의 조사 등이 포함된다. 그러나 이러한 연구 기술들은 오직 전반적인 정치적 계획의 맥락 하에서만 정당화될 수 있다. 기술적 분업과 역사가의 전문 지식의 사용은 그러한 분업이 역사가 혼자만의 권리로서 주장되기보다는, 관심을 가진 모든 사람에 의해 집단적으로 결성되는 조건 하에서 매우 귀중한 의미를 갖는다.

우리는 현재에 대해서 역사적으로 생각하고, 과거에 대해 정치적으로 생각하려는 집단적인 노력에 기꺼이 참가할 수 있어야만 한다. 물론 책임 있게, 그러나 전문적 '지식'이라는 이름 아래 직업적인 특권을 갖는 지위에서는 아니다. 역사학의 영역에 있어서 우리들이 특수한 역할을 '자유롭게' 선택하는 것은 우리 자신을 위한 것이 아니다.

우리는 어딘가에서 오는 요청에 기꺼이 응해야만 한다. 그 요청은 어디서 오는가? 특권과 계급이 존재하는 이 사회에서 '사회적 요구'는 대부분의 경우에, 대중보다는 조직화된 집단이나 정치적 투사들에 의해서 역사가들에게 전달된다. 인간을 비인간화시키는 기계는 수세기 동안 작동해 왔고, 민중 민주주의를 완성하기 위한 길은 멀고도 험난하다. 우리는 좋든 싫든 간에, 일반적으로 가장 적극적인 요소들이 이끄는 방향으로 투쟁이 벌어질 것이라는 사실을 받아들여야 한다.

역사학에 대한 요구가 직업 세계의 외부에서 일어나야 한다는 생각은, 대학과 공산당이라는 병렬적인 관료제 안에 편안하게 앉아 있는 마르크스주의 역사학자들에게는 달가운 것이 못된다. 그들은 마르크스주의가 그것을 숙달한 사람들이 과학적 엄밀성과 같은 것을 얻을 수 있게 하는 사회 분석을 위한 하나의 도구라고 깊이 확신하고 있다. 그들의 목적은 마르크스주의의 원리에 기반을 둔 '역사 연구'를 진전시키는 데 국한되어 있다. 그들은 부르주아 계급의 학술적 역사학의 행동 원칙인 전문화, 기술주의, 생산주의, 위계질서 등을 수용하고 있기 때문이다. 그들은 과거를 포함하여 사회를 과학적으로 해석할 수 있는 마르크스주의의 능력과 사회를 변화시키려는 그의 본질적인 목적 사이에 뚜렷한 경계선을 그어 놓았다.

그렇게 함으로써 그들은 이론과 실천의 통일이 과학적 지식과 불가분과 관계를 가지고 있다는 마르크스주의의 원리를 무시하고 양자를 구분했다. 학계 내의 마르크스주의 역사가들은 모든 지역의 역사나 과거 사회에 대한 과학적 분석을 할 수 있는 마르크스주의의 능력과, 현실에 있어서의 투쟁에 빛을 던져줄 수 있는 역사적 현상들의 연구에 있어 마르크스주의의 구체적이고 우선적인 적용을 혼동하고 있다.

다른 학문적 역사학자들과 마찬가지로, 그들은 개인적으로 자신의 관심을 끄는 전문 분야를 자유롭게 선택할 수 있다고 느낀다. 어떤 경우에든 그들은 그러한 작업만이 대학 세계에 있어서 마르크스주의의 지적인 영향력을 증대시킬 수 있으며, 그들이 획득한 명성으로 노동자 계급의 운동과 혁명에 도움을 줄 수 있으리라고 생각한다. 지적인 활동은 거기서 정치적 목적 그 자체가 된다.

프랑스의 지도적 위치에 있는 마르크스주의 역사학자 피에르 빌라는 몇 가지 경우에 있어서 이러한 선택, 즉 마르크스주의를 신봉하는 직업적인 역사학자들과 정치 요원들 사이의 분업에 대해서 매우 솔직하게 다음과 같이 정의한 바 있다. 마르크스, 엥겔스, 마오쩌둥과 같은 '천재'들만이 이론과 실천 사이를 직접적으로 연결할 수 있으며, 과거에 대한 분석과 정치적 전략을 가다듬기 위한 과거에의 반추를 통합시킬 수 있다는 것이다.

평범한 학자들은 그의 '시민적 의무', 즉 투표에서 더 나아가 사회에 '영향'을 미치는 것으로 만족해야지, 그의 정치적 견해가 개인적 연구를 방해하게 해서는 안 된다고 말한다. 그는 마르크스주의의 노선에 따라 전문적인 역사 연구의 변변찮은 '날품팔이'가 되는 것에 행복을 느낀다.

그의 연구 결과를 계속적으로 정치에 반영함으로써 통합하는 일은 개별적인 공산주의 역사학자들이 신임해야 하는 중앙집권적인 공산당 지도부의 임무이다. 그리고 마르크스주의의 창시자들이 기본적인 작업을 이미 다 해놓은 것으로 생각한다. 마르크스주의라는 이론적인 정치적 '도구'는 이미 만들어져 있으며, 남은 일은 그 사용법을 숙달하는 일뿐인 것이다.

그러나 이론과 실천의 연계, 역사에 대한 연구와 정치적 사고 사이의 연계는 실제에 있어서 수뇌부에 못지않게 하부 집단에서도 수행되어야 하는 계속적인 창조의 과정이며, 장기적인 전략 못지않게 일상적 투쟁과 관계를 맺고 있는 것이다.

알튀세르와 그의 추종자들이 소중히 여기는 '이론적인 실천 (theoretical practice)'이란, 현재 프랑스 공산당에 널리 퍼져 있는 개념과 실천이 더욱 성문화되고, 더욱 분명하며, 더욱 공공연하게 엘리트주의적인 형태를 띠고 나타난 것에 불과할 뿐이다. 지식인들의 '사회적 실천(social practice)'은 자율적인 이론적 성찰의 형태를 띠는 것으로 여겨진다. 카르티에 라탱(Latin Quarter)*의 대학가 어떤 장소에서 다른 지식인들과 토론하는 것이 '실천'의 한 형태로서 간주되는 것이다. 지식인, 역사가들은 다른 지식인과의 교제나 신문 읽는 것을 기반으로 해서 혼자 사고할 수 있다. 그러나 진행 중인 노동 계급의 투쟁에 개인적으로 참여하는 행위는 이론적인 작업을 창출하는 데 필요한 것으로 간주되지 않는다. 지식인의 역사에 대한 이해는 정치적 활동의 현장으로부터 떨어져 있

* **카르티에 라탱** : 제5구로도 알려진 파리의 학생, 예술가들이 주로 거주하는 지역 이름

어도 발전할 수 있는 것으로 여겨진다.

이러한 견해는 '내용과 형식 사이의 관계'라는 낡은 질문을 우리에게 다시 제기한다. 강단 마르크스주의자에게 있어서는 자신의 수사법이라는 내용이 기성 체제의 기구들과 불가피한 타협이라는 형식보다 훨씬 더 중요하다. 그러나 나는 그 반대가 맞는 것으로 생각한다. 실재하는 것은 결국, 전문 역사학 분야에 있건 전체 사회 속에 있건 역사 지식과 역사 발전의 엘리트주의적인 환경에 영향을 받는 사람들 간의 관계, 즉 사회적 실천인 것이다. 그것이 바로 내용이다. 수사법은 마르크스주의자에게 있어서조차 그것이 엘리트주의적인 학문적 실천의 구조 속에서 고립적으로 기능하는 한 부차적인 것이다. 결국 그것은 형식일 뿐이다.

우리는 극도로 많은 요구를 받고 있음에 틀림없다. 과거에 대한 연구와 역사적 성찰은 대중의 투쟁 및 혁명 전략과 연결되어야만 한다. 그러기 위해서 우리는 학술적 역사가들이 집단으로 자리잡고 있는 대학을 떠나야만 한다. 우리는 노동자들의 경험과 그들의 요청에 귀를 기울여야만 한다. 마오쩌둥은 '우물 안의 개구리에게 있어서 하늘의 넓이는 우물 입구의 넓이 이상으로 보이지 않는다'라는 중국 속담을 인용한 바 있다. 프랑스의 경우에서 우물은 파리 대학이 쥐시외(Jussieu)*에 새로 건설한 캠퍼스 같은 장소가 될 것이다.

---

* 소르본 대학의 메인 캠퍼스가 위치한 지역

하나의 사실만은 부정될 수 없다. 대중의 존재는 역사를 요구하고 있다는 사실 말이다. 소비 사회에 양도되어 왜곡된 모든 상품으로서의 역사가 성공한다는 것은 대중의 진정한 요구의 표현인 것이다. 나는 이미 '사람들 사이에는 역사에 대한 깊은 갈망이 있다'라는 클로드 망스롱의 말을 인용한 바 있다.

최근에 프랑스의 신문에서는 아마추어 '족보 클럽'의 성공을 기사로 실은 적이 있었다. 우리는 누구인가? 우리의 혈통은 어떤 것인가? 예를 들어, 한 개인의 조상이 일드프랑스 지방의 소작농이거나 니제르(Niger) 강의 어부나 뉴욕 동부 저지대의 도살업자였다는 사실을 아는 것은 재미있는 일이다.

프랑스 농민들과 노동자들의 생활을 그려낸 「검은 빵(Pain Noir)」이라는 제목으로 최근에 방영된 TV 영화의 제작자인 세르주 모아티(Serge Moati)는 수많은 감동적인 편지를 받았다. 그가 받은 편지들은 그 프로그램에서 자신들의 문제를 확인한 보통 사람들이 보낸 것이었다. 특히 그들은 가난 때문에 토지에서 밀려난 농부들, 경찰의 총격에 맞서 파업을 벌이는 노동자들, 인민전선(Popular Front) 하에서 얻은 2주간의 유급 휴가 동안 바다를 찾은 노동자들, 반 나치 지하운동 등의 장면에서 감동을 느꼈던 것이다.

E. H. 카는 『역사란 무엇인가?』에서 다음과 같이 쓰고 있다.

역사를 잘 알고 있는 사람들이 역사를 거의 거론하지 않는 이유는, 연극에 등장하는 배우들이 두 번째 공연에서는 첫 번째 공연의 대단원을 잘 알고 있기 때문에 그들의 연기가 영향을 받게 되는 것과 마찬가지이다. 볼세비키들은 프랑스 혁명이 나폴레옹 한 사람에 의해 끝장을 보았다는 사실을 잘 알고 있었기 때문에, 그들의 혁명이 그와 같이 끝장날 것을 두려워했다. 그러므로 그들은 지도자들 중에 나폴레옹과 비슷한 트로츠키를 가장 불신했고, 나폴레옹과 가장 닮지 않은 스탈린을 믿었다.

그러나 집단적인 기억은 중립적이지 않다. 때때로 그것은 함정이나 미끼가 됨으로써 부정적인 역할을 할 수 있다. 과거를 인위적으로 재현하려는 욕망은 반동 세력에게만 국한된 것이 아니고, '혁명적인 과거의 숭배자'들에게도 여러 형태로 나타난다.

1848년 파리의 혁명가들은 1789년에 번창했던 자코뱅 클럽을 다시 열었고, 1871년에는 1차 프랑스 혁명 기간에 영향력이 매우 컸던 자크 에베르(Jacques Hébert)가 발간한 잡지 이름을 따서 「뒤셴 영감(Le Père Duchesne)」이라는 신문을 발행했다.

프랑스의 역사가 장 브뤼아(Jean Bruhat)는 '1789년의 사명을 수행하라', '자코뱅주의의 서약을 실시하라'와 같은 구호로 대표되는 프랑스 노동 운동의 '역사 모방(historical mimicry)' 경향을 명확하게 분석했다. 그러나 그는 이 현상의 계급적 기초와 이데올로기적 내용을 이루는 프티 부르주아(petit-bourgeois)적 사고에 의한 프랑스 프롤레타리아의 오염을 정의하는 것은 삼가고 있다.

국가적 편견과 국수주의와는 거리가 멀었던 마르크스는 제3공화국 선포 이후 1870년 9월에 그것을 보다 예리하게 다음과 같이 언급했다. '노동자들의 비극일 뿐만 아니라, 프랑스 전체의 비극은 그들의 거대한 기억 속에 있다. 이러한 반동적 과거 숭배는 단호하게 끝내 버려야 한다.'*

오늘날 '반동적인 과거 숭배'가 아직도 유행하고 있다. 우리는 프랑스 노동운동에 있어서 '1936년이여 다시 한 번'이라는 말을 얼마나 자주 듣는가! 프랑스에서 가장 큰 노동연맹인 CGT의 지도자들은, 순진하게도 1936년 6월의 '대본'을 가지고 1968년 5월에 '재공연'을 가지려고 하였다. 프랑스 레지스탕스이며 공산당 지도자 브누아 프라숑(Benoît Frachon)이라는 국가적 인물을 똑같은 주연 배우로, 똑같은 이름 있는 무대인 르노 자동차 공장을 마주보고 있는 거대한 비양쿠르 광장에서, 그리고 프랑스에서 가장 큰 공장의 노동자들인 똑같은 선택된 관중들 앞에서 '공연'을 하려고 했던 것이다.

그러나 이번에는 관중들이 야유를 했다. 1968년 5월의 파업 가담자들은 노조 지도자들에게 막후에서 협상할 수 있는 백지 위임장을 주지 않았다. CGT의 사무총장인 조르주 세기(Georges Séguy)는 재협상을 위해 되돌아와야만 했다. 한편, 파리 중심부에서는 똑같은 과거 숭배가 '아름다운 오월'의 학생들 사이에서 맹렬히 일

---

* 마르크스가 1870년 9월 14일 세자르 드 패페(César de Paepe)에게 보낸 편지.

어났다. 그들은 푸리에의 유토피아적인 구호를 내걸고 1832년과 1848년 방식대로 바리케이드를 쳤으며, 그들의 고조된 감정 때문에 자신들이 '카르티에 라탱'이라는 제한된 지역 내에 고립되어 있음을 감추는 데 실패했던 혁명적 인민주의를 내세웠던 것이다.

받들 만한 과거에 대한 혁명적인 참고는 르노 파업의 경우와 같이 대중 투쟁을 일정한 방향으로 이끌고, 독창성을 질식시키는 '시도되고 시험을 거친' 모델로 추락시키는 데 유용한 기술이 되기도 한다. 1931년 마오쩌둥의 무장 투쟁, 제한된 지역의 권력 장악, 장기적 전망에 기반을 둔 농민 전략은 며칠 내에 모든 것을 얻느냐 잃느냐가 결판나는 1917년 볼셰비키의 모델에 비교해 볼 때, 새로운 이정표를 세운 것이었다.

그러나 중국 공산당의 다수파였던 스탈린주의자들, 즉 모스크바로부터 돌아온 '28인의 볼셰비키들'은 이런 독창적인 정치적 창조물에 대해 '중화 소비에트'라는 명칭을 강요했다. 그들은 정통적인 모델을 따르고 있다는 인상을 주고 싶었다. 그들은 자신들이 장악한 지역에서, 11월 7일 러시아 혁명 기념일을 중화 소비에트 공화국의 탄생을 선포하는 날로 정할 것 등 세세한 문제까지 그들의 구체적 관심사를 실천했다.

그람시는 과거와 과거의 모델을 참고하는 것이 미치는 영향에는 한계가 있고 미약하다는 점을 매우 예민하게 느꼈다. 그에게 있어서 러시아의 10월 혁명은 『자본론』에 대한' 혁명이었으며, 게임의 규칙을 무시한 제2인터내셔널 이론가들의 지나치게 단순화된 전략에 순응하기를 거부한 혁명이었다. 마르크스의『자본론』이 그들 이론가들에게 준 기본적 메시지는 가장 선진화되고 산업화된 국가들에 있어서 사회주의 혁명의 불가피성이었다. 그람시는 다음과 같이 말했다.

사적 유물론의 규범에 따라서 러시아의 역사가 전개될 것으로 예상한 것이 위험한 발상이었다는 사실은 이미 판명되었다. 볼셰비키들이 자신들의 성과와 승리에 비추어 사적 유물론의 규범이 사람들이 흔히 생각할지 모르고 실제로 생각했던 것처럼 그렇게 엄격한 것이 아니라고 선언했을 때, 그들은 마르크스를 거부한 것이었다. ……

그러나 볼셰비키들이『자본론』의 특정한 설명을 거부하기는 했지만, 그들이 그 책에 충만해 있는 고무적인 생각조차 거부한 것은 아니었다. 그들은 단순한 '마르크스주의자'들이 아니었다. 그들은 마르크스가 남긴 저작들의 기초 위에서 논의의 대상이 될 수 없다고 간주되는 교조적 주장으로 이루어진 교리의 외형을 장만한 것이 아니었다. 그들은 결코 소멸되지 않을 마르크스주의의 사상을 가지고 살았으며 …… 이 사상은 생경한 경제적 현상이 아니라, 인간과 인류 사회를 역사의 원천이 되는 요소로서 인식하고 있다.*

* 안토니오 그람시, 「정치학 비판(Ecrits Politiques)」1권, 파리, 1975년

혁명적인 운동에 있어서 '역사적 지도자'라는 개념은 역사적 모델과 같이 부정적인 역할을 한다. 독자들은 이미 역사에 있어서 개인의 활동이 전형적으로 덧없으며 불연속적이라는 점에 대해서 어느 정도 알았을 것이다. 그런데 개인들 가운데는 그들의 과거와 대중의 마음에 새겨진 사건들의 이미지에 집착함으로써, 그들의 영광의 날을 더 오래 존속시키고 싶어 하는 사람들도 있다.

그들은 자신의 명예와 영광을 이용하여 민중의 창의성을 질식시키며, 젊은 투사들을 위협하고 지나친 권력을 휘두른다. 제3세계의 민족, 사회 해방 운동에 나타난 '역사적 지도자'라는 현상은 서구의 민중 운동에 해를 끼친다. 부르기바(Bourguiba)와 하일 셀라시에(Haile Selassie), 장제스와 간디, 메살리(Messali)와 수카르노(Soekarno) 같은 이들이 좋은 예이다. 시아누크(Sihanouk)와 같이 자신의 동상을 때려 부술 만큼 영악한 이는 거의 없는 것이다.

마오쩌둥은 또 하나의 그러한 '역사적 지도자'였는가? 그의 풍부한 경험과 더불어 '위대한 지도자'라는 이상화된 이미지는 문화혁명 기간 중 린파오에 의해 대중들에게 널리 알려졌으며, 마오쩌둥 자신도 그 당시에는 적어도 그것에 명백하게 동의하였다. 그러나 같은 문화혁명 기간 중에 정치적 정화(淨化)나 대중 동원을 위해 필요하다고 생각했던 환란의 시대가 개막될 위험을 다른 한편으로 감지하고 있었다. 이러한 절박한 상황 하에서 그는 역사적인 지위가 그에게 수여했던 견고한 절대 권력을 포기했던 것이다.

'역사적인 지도자'들은 대개 그의 으뜸가는 정치적 역할이 그가 죽은 후에도 오래도록 국민들을 '보호'하는 것을 포함하여 '높은 데 계신 아버지'라는 성격을 갖기를 원한다. 그의 앞에서 국민들은 시키는 대로 정중하게 무릎을 꿇는다. 레닌의 시신은 모스크바의 거대한 무덤에 누웠으며, 호치민은 하노이에, 마오쩌둥은 베이징의 거대한 무덤에 누워 있다. 하지만 칼 마르크스는 런던의 눈에 띄지 않는 장소에 묻혀 있다.

역사적인 수사법이라는 것은 사회주의 진영에서도 역시 또 다른 함정이 된다. 중국의 패턴에 입각하여 연속되는 전략 단계들의 결과로서 일어나는 모델들, 즉 민족적인 민주 혁명, 권력의 장악, 과도기, 사회주의로의 이향, 상부 구조에 대한 혁명적인 공격을 주장하는 경우가 있다. 또는 제1차 인도차이나 전쟁 기간(1946~1954) 베트남의 군사 패턴, 즉 방어적인 기동전(機動戰), 힘의 균형, 승리를 위한 반격을 강조하기도 한다.

그러나 이러한 패턴들은 스스로 많은 제약을 안고 있다. 그것을 정형화하여 다른 지역에서 무조건적으로 적용할 수는 없는 것이다. 예를 들어 베트남의 경우, 남쪽에서의 미국을 상대로 한 전쟁은 북쪽에서 프랑스를 대상으로 치렀던 전쟁과 똑같은 과정을 거치지 않았다. 마다가스카르는 중국 혁명과 똑같은 혁명 단계를 되풀이하지 않을 것이며, 아르헨티나는 쿠바 혁명의 발자취를 그대로 따르지 않을 것이다.

그렇다면 이러한 모든 역사에서의 함정들은 우리들을 최근 프랑스의 신 니체주의자(neo-Nietzscheans) 사이에 유행되고 있는 태도인 '망각이 축복'이라는 결론으로 이끌고 갈 것인가? 아니다. 그러한 종류의 지적 유희는 기본적인 사실을 무시하고 있다. 즉 과거는 이미 있었던 사실이기 때문에 종착지이면서 동시에 함정이 될 수도 있다는 것이다. 역사의 모델이나 상징 혹은 역사적인 지도자를 찾아내기 위한 시도에서, 민중의 상식이나 그들의 집단적인 사고를 참조하지 않고 과거로부터 필요한 사실들을 뽑아내어 선택하는 것은 몇몇 지식인들이나 전투적인 소수만을 위한 것이 아니다.

'집단적인 기억'이라는 권리는 과거의 경험 가운데 어떤 측면이 가장 가치가 있으며, 가장 많은 도움을 줄 수 있는가를 정의할 수 있는 권리다. '과거의 전통은 모두 치워 버려라!' 만일 그것이 모든 역사의 모델이나 참고라는 함정을 치워 버리라는 것을 의미하는 것이라면 옳은 말이다. 그러나 현재를 위해 봉사하는 동시에 미래로 가는 길을 열어 주는 과거가 있다면 왜 이용하지 않겠는가?

중국에서도 전통적인 역사적 수사법을 아직 버리지 않았다. 내 경험에 의하면 중국을 방문한 여행자들은 종종 공산당의 역사에 관한 지루한 일화나, 영국 자본가로부터 석탄 광산을 넘겨받았을 때 일어났던 세세한 경영상의 변화에 대한 끝없는 강연에 시달리곤 했다. 다른 많은 지역처럼, 여기서도 '두 노선 사이의 투쟁'이 현실이었다. 중국에 있어서 대중의 경험이 역사적 기준점의 동력이라는 것은 인정된 사실이다.

'5월 7일 학교'라는 것은 하나의 날짜를 학교 이름에 붙인 것이 아니라, 정치적인 구호 이상의 의미가 있다. 문화혁명에서 얻어진 '전리품'을 기념하려고 했기 때문이다. 박물관에서도 예술작품들은 그 자체를 위해서 또는 순수한 미학적인 목적에 의해서 '전시되기만 하는 것'이 아니라, 기술적인 지식과 압제적인 사회질서 모두의 산물로서 그들의 역사적·사회적 맥락을 이해하기 위해서 놓여 있는 것이었다. 노동자들은 '네 가지 역사'를 쓰도록 고무된다. 과거와의 관계는 혁명의 누룩으로 기능하는 것이다.

프랑스에서도 과거는 혁명의 누룩 역할을 담당한다. 그러한 예는 앞에서 계속 언급된 바 있다. 오늘날 지방에서는 급진적인 '농민 노동자' 운동이 민중의 집단적인 기억에 호소함으로써 부의 양극화 현상에 대한 지역적 사례들, 즉 단지 두세 세대 동안에 이루어진 어떤 가문의 부귀와 그와 대비되는 다른 가문들의 빈곤을 검출하려는 노력을 벌이고 있다. 이와 같이 20세기 프랑스 사회에서 운영되고 있는 경제적인 메커니즘 속에 살고 있는 민중이 쉽게 느낄 수 있는 사례들은 너무도 많다. 나치 점령 하에서 암거래에 종사했던 할아버지나 수지를 맞출 수 없어서 땅을 팔아야 했던 아버지에 관해서 말한다는 것은 매우 고통스러운 일이기는 하지만, 결코 잊을 수 없는 사실인 것이다.

이탈리아의 혁명 투사인 다리오 포는 그의 노천 연극을 통해, 과거가 민중 투쟁을 위한 '군수물자'를 공급하는 데 있어 얼마나 유용한가를 명확하게 보여주었다. 그는 현대 자본주의의 현실과는 거리가 먼 것으로 보이는 중세의 음유시인으로 거슬러 올라가서 그들이 부자들을 야유하던 파괴적인 성격을 부활시키고, 정치적 행동 역량에 대한 신뢰를 강화하는 수단으로서 민중의 문화적 창조력을 도출했던 것이다.

다리오 포가 수년간의 연구를 통해 전 유럽으로부터 수집한 다양한 중세 자료를 예술적으로 종합한 목적은 문학적, 연극적 표현 방식의 문헌학적인 재발견이 아니다. 그것들의 전반적인 진정한 가치, 특히 저항할 수 없을 정도로 억압된 사회에 대한 비판적인 반대 세력으로서의 힘과 지배 계급의 가치 기준에 대한 대안으로서의 투쟁적 주장을 회복하고자 하는 관점에서의 재해석이다.

방랑 음유시인의 가장 두드러진 성격이었던 기묘한 익살은 기존 체제에 대항하는 비판적 풍자의 무기, 즉 모든 시대 모든 민중의 공통적인 무기가 되어 왔다. 그것이 바로 『미스테로 부포(Mistero Buffo)』의 연출에서 포의 메시지가 단순히 그것들 본래의 생기를 건드리지 않으면서 고대 자료를 재현하든, 이러한 자료들을 정치적으로 자극적인 방법에 의해 표현하든 간에 역사에 대한 관심에만 머물러 있지 않은 이유이다.

그의 목적은 지배 계급의 입장에서가 아니라, 민중의 입장에서 개발된 민중 문화의 역사를 쓰는 것이다. 그때 거기서 전제가 되는 것은 역사의 원동력인 민중의 과거 경험에 대한 지식이 오늘날 사회주의적 해방 투쟁에 있어서의 행동을 위한 진정한 실마리를 제공해 줄 수 있다는 인식이다.

중국, 다리오 포, 농민의 기억, 혹은 아일랜드 정계 등과 같이 과거에 뿌리박은 실례들은 결코 기계적으로 답습해야 하는 모델들의 명세서가 아니다. 여기서 그것들은 구체적인 창의성의 필요를 강조하기 위해 언급된 것이다.

한편 '자아비판'이 좌익 지식인들 사이에서 유행이다. 많은 이들은 이 책을 통해 전통적 역사학에 대한 권태를 느끼고, 의심할 여지도 없이 동의할지도 모른다. 그러나 반감과 비판만으로는 충분하지 못하다. 역사 연구와 역사 지식을 위해 우리는 어떤 새로운 표현 방법을 개발할 수 있을 것인가? 민중에 대한 개괄적인 조사일까? 정치적 연극일까? 만화일까? 그리고 우리는 어떤 종류의 책을 쓸 것인가? 어떤 책이 요구된다고 생각할 것인가? 어떤 교육 방법이 사용되어야 하는가?

전통적 역사학의 수사법이 가진 수동적이고 상아탑에 갇혀 있는 풍조에, 즉 어떤 형태의 정치적 참여와도 거리를 두고 있음을 의미하는 학문적 '격리'에 대한 반작용으로 여기서 강조하고 싶은 것은 역사 지식과 사회적 실천 사이의 살아 있는 연결고리를 만들자는 것이다.

그러나 이러한 연결고리는 아무 것도 아는 것이 없는 백지 상태에서 만들어질 수는 없다. 그것들은 최소한의 배경적 지식, 즉 17세기 자본주의 시대 역사가들의 용어를 빌린다면 '본원적 축적

(primitive accumulation)'을 필요로 한다. 우리는 어떻게 이 필수불가결한 지식의 기본적 재료를 정의할 것인가? 어떻게 일반 대중이 그것들을 얻을 수 있게 할 수 있을 것인가?

계속되고 있는 대중 투쟁들의 구체적인 요구라는 의미에서, 역사 지식의 사회적 실천에 수렴한다는 것은 즈다노프주의(Zhdanovism)로의 복귀인가? 잘못 씻은 그의 시체가 1950년대의 서구 공산당에 의해 한때나마 영향을 받은 사람들뿐만 아니라, 수많은 민중의 사고까지도 오염시켰다. 아니면 '부르주아' 역사학과 '프롤레타리아' 역사학의 기계적인 양분화로 복귀하는 것인가? 1952년에 즈다노프와 스탈린이 정립한 그 논리는 모든 공산당에 의해 즉각 수용되어 오랫동안 각광을 받았으며, 그로 인해 많은 정치적 위기와 개인적 비극을 초래했다. 그것은 스탈린이 죽은 후 부르주아적 대학 내의 연구기관에서 공존하고 있었던 과학적 자유주의가 대두됨에 따라서 재빨리 사라져 버렸다. 역사학에는 계급적 성격이 전혀 없는가? 좋다. 그렇다면 마르크스주의 역사학자들이여 박사 학위 논문에 착수하라!

이 새로운 '노선'은 단순하며 편리하다는 장점을 지니고 있다. 그것은 오늘날 생명력을 가지고 있는 것으로 간주되는, 즉 부르주아지든 프롤레타리아든 간에 어떠한 형태의 사회 관계가 주어진 과학에 의해 창출되는가 하는 문제들을 회피하고 있다. 그것은 어떤 종류의 사회적 실천에 의해서 규정될 수 있는 것인가? 이런 관점에서 본다면, 즈다노프 시대의 지적 테러리즘과 반(反) 즈다노프주의자들의 자유주의 사이에는 진정으로 큰 차이가 있는가?

양자 모두에게 있어서 과학은 명예로운 고립 속에서 작용하는 개인 두뇌의 지적 산물로 정의된다. 물론 '자유주의자'들은 과학의 지위를 계급 관계와 독립된 것으로 보았던 반면에, 즈다노프주의자의 견해는 그것을 부르주아 계급 또는 프롤레타리아 계급의 산물로 보고 있다는 견해의 대립이 있다. 그러나 양자 모두 지식인들 자신의 사회적 실천과는 전혀 관계없이 지적으로만 개발된 지식이었다는 점에서 공통적이다.

내가 오늘날 서구에서 역사 지식이 자본주의 이데올로기와 부르주아적 사회관계에 수렴되어 있다고 주장한 것은 즈다노프주의로 돌아가자는 이야기가 아니다. 실질적으로 즈다노프가 주장한 것은 지식인들의 충성심이 기계적으로 부르주아지로부터 프롤레타리아로 이동하는 것이기 때문이다. 그는 한 번도 사회에 있어서의 엘리트주의적 지식의 역할에 대해 의문을 제기한 적이 없었다. 그리고 소련의 '사회주의' 과학은 즈다노프 시대에도 브레즈네프(Brezhnev) 시대에 못지않게 학술적이었다. 여기서 '학술적'이란 말은 대중으로부터 격리되어 진정한 정치적 주도권이나 책임이 전혀 없다는 것을 의미한다.

오늘날 우리의 부르주아적 역사학과의 결별은 그와는 아주 다른 비판적 관점에서 수행되어 온 것이다. 그것은 공식적 공산당 기구의 덕택이라기보다는 그람시의 덕택이다. 그는 다음과 같이 주장했다. "전통적인 지식인들은 지배 이데올로기의 대리인이며

'낡은 역사 진영'에 속해 있다. 그러나 그들은 주도권을 거의 누리지 못했다. 낡은 이데올로기와 결별하고 '새로운 역사 진영'에 참가하여 '유기적 지식인'이 되는 것이 그들의 의무이다."

결국 서구에서의 사회주의는 아직 더 개발되어야 한다는 생각이, 그람시의 유기적 지식인들을 1950년대 즈다노프주의 '관료(apparatchnik)'와 근본적으로 구별되었던 지점이었다. 그래서 지식인들은 그들 자신의 특권적 지위만은 포기하지 않고 자신들을 부정하지는 않은 상태에서 평범한 연구 속에 자신들의 위치를 간직해 나갔던 것이다.

1950년대에 마르크스주의 지식인들, 특히 역사학자들은 선택할 수 있는 입장이 두 가지밖에 없었다. 하나는 당의 선전 활동에 굴복하여 보다 엄격한 역사과학을 연구하기 위해 부르주아 역사과학과 손을 끊던가, 아니면 당시에 우리 모두가 그러했던 것처럼 '소심한 안도의 한숨'을 쉬면서 학문적 자유주의에 의지하여 결국에는 역사학의 기존 체제에 대한 모든 정치적 비판을 포기하는 것이었다. 이런 양자택일의 강요를 거절할 수 있는 '자유인'은 극히 드물었다.

오늘날 우리는 좀 더 요구하고 좀 더 겸손해야 하는 위치에 있다. 우리의 역할은 우리 자신을 '유기적'으로 민중의 투쟁에 수렴시키고, 그러한 투쟁을 통하여 착취 받고 있는 모든 사람들과 함께 마르크스주의의 기초 위에서 서구의 사회주의를 창조하는 과업에 참여하는 데 있다.

1장에서 말한 대로, 학문적 원리로서의 역사는 '과거에 대한 집단적 관계'의 극히 한정된 형태일 뿐이다. 다시 말하면 이 집단적인 관계란 보다 일반적인 관계, 즉 시간의 차원 안으로 인간의 진입, 이러한 진입에 대한 인지(認知)의 한 국면일 뿐이다. 과거는 미래와 관련을 가질 때에만 중요한 것이며, 역사학의 역할은 미래로의 문을 활짝 여는 데 있는 것이다.

현재에 있어서 정치적 목표와 전략적 선택을 출발점으로 하면서 파악되어야 할 것은 바로 모든 과거이다. 브레히트는 언젠가 "관료주의가 가진 속성 가운데 가장 밉살스러운 점은 그것이 가진 기억력이다"라고 말한 바 있다. 또한 그람시는 우리에게 이렇게 강조했다. "이 시점까지 발달해 왔고, 우리에게 무한한 발자취를 남긴 역사적 과정의 산물로서 우리의 기억을 간직하라. 우리는 그것들을 평가해야만 한다."

이것은 그람시가 왜 마르크스주의를 생략이나 제한 또는 두려움 없이 과거를 탐구하는 완전한 역사학(istoricismo assoluto)이라고 말했는지를 깨닫게 해주는 말이다. 마오쩌둥은 역사의 근본적 기능에 대해, 인간의 '발견·발명·창조·진보'와 같은 경험을 요약해 주는 것을 통해서 '필요의 영역에서 자유의 영역으로' 인간을 발전할 수 있도록 하는 것이라 정의하여 그람시와 비슷한 접근법을 보이고 있다.

그러나 누가 '사슬의 연결고리'(그람시)를 판정하고 '요약'(마오쩌둥)할 것인가? 다시 말해, 어떤 종류의 역사가 혁명에 유용할 것인가? 우리와 같은 '전문적' 역사학자들은 투쟁하는 측에서의 구체적인 요구에 관하여 자신의 분야를 아주 세밀하게 전문적으로 분업화할 배타적인 특권이 있다는 주장을 할 수 없다. 또한 우리가 하고 싶어도 과거와 미래 사이의 상호 관계에 대한 이론적 종합이라는 불가결한 임무마저도 수행할 수 있는 권위도 없다.

만일 우리가 우리 자신의 지성이나 장서에서 안식처를 찾으려 한다면, 연구하고 창조하는 공동 노력에 참가할 자격을 박탈당하게 될 것이다. 우리는 특권적인 지식의 분배자로서의 역할을 거부해야 하며, 인류학자들과 같은 사회과학 '전문가'들과 같이 더 이상 그러한 역할에 열중하지 않아야 한다.

꼭 같은 옛날이야기! 사회를 바꾸자, 옳소! 지식인의 역할을 바꾸자, 옳소! 그러나 우리는 모두 학생과 연구자로서 남아 있자. 재청이오! 다른 이들은 나무 밑을 보게 하고, 우리는 나뭇가지 위에 앉아 있으리라!*

어떻게 과거가 미래를 준비할 수 있을까? 과거에 대한 전반적인 성찰, 즉 역사적 사고는 현재에 대한 꾸준한 분석에 바탕을 두었을 때에만 일관되고 성과가 있는 것이다. 그것의 존재는 이론적으로 다듬어진 혁명적 전략 안에 수렴되었을 때에만 정당화된

---

* 장 코팡(Jean Copans), 「인류학 비판과 정치(Critiques et politiques de l'anthropologie)」, 파리, 1974년

다. 물론 역사가들은 그러한 노력에 전적으로 참여할 수는 있지만, 혼자 힘으로는 해낼 수 없다. 그런 의미에서 우리는 기꺼이 다른 곳에서 우리의 '영토'를 수용하게 해야 하며, 그런 후에 공동체에서의 부름에 응하여 그들과 힘을 모음으로써 역사적 사고라는 공동 작업에 참가해야 한다.

그러면 어떻게, 또 누구에 의해서 그러한 부름이 오는가? '전문가'는 자기 영역을 다른 사람에게 어떻게 내어 줄 수 있는가? 역사 지식이 과학적 엄밀성을 포기하지 않고 어떻게 사회화될 수 있을까? 이러한 문제들은 모두 절박하고 불가피한 것이지만, 단지 지식인들 혼자서는 대답할 수 없는 것들이다. 루쉰은 '태초에 대지에는 길이 없었다. 사람들이 하나씩 앞 사람을 뒤따르자, 길이 대지 위에 그려졌다'라고 말한 바 있다.

그러면 우리는 역사학을 '끝장내 버려야' 하는가? 만일 역사학이 엘리트주의적이고 전문적이며, 학술적인 원리를 의미하는 것이라면, 다시 말해서 역사학이 과거를 권력 구조와 지배 계급의 명령을 따르면서 그들의 이익에 봉사하도록 하는 이데올로기적 수사법이라면, 그 대답은 '그렇소!'이다.

그런 의미에서, 마르크스는 우리가 재앙이나 환상을 '없애 버리자'라고 말하는 것처럼 '철학을 끝내 버리자'고 했던 것이다. 오늘날 고유한 원리들이 순수성과 단순성을 상실하고 있는 모습을 바라보고 있는 학자들은 역사가들만이 아니다. 인류학자 코팡은 다시 이렇게 말한다.

인류학의 목표를 전문화된 지식 분야로 생각하고, 또 그렇게 되기를 열망하는 것은 인류학을 간접적으로 재생산하는 사회 집단들, 즉 인류학의 대상이 되는 인간들과의 관계를 끊겠다는 것과 같다.

그러나 주택 건축, 여행, 추수를 완성하듯이, 우리는 어떻게 역사를 '완성'할 수 있을까? 「과거를 깨끗이 청산하자!」는 인터내셔널가의 유명한 구절은, 19세기의 소박한 합리주의를 특징짓는 인류의 진보에 대한 단선적 관점을 반영하고 있다. 사회는 언제나 과거를 정의하려고 한다. 그리고 미래를 정의하기 위해 언제나 과거를 필요로 하게 될 것이다.

역사는 누구를 위한 것인가?

2023년 5월 18일 초판 1쇄 발행

지은이 | 장 셰노
옮긴이 | 주진오

펴낸이 | 계명훈
편집 | 손일수
마케팅 | 함송이
경영지원 | 이보혜
디자인 | 디자인올
인쇄 | RHK홀딩스

펴낸 곳 | for book
주소 | 서울시 마포구 만리재로80 예담빌딩 6층
출판 등록 | 2005년 8월 5일 제2-4209호
판매 문의 | 02-753-2700(에디터)

값 18,000원
ISBN 979-11-5900-129-1 (03900)

본 저작물은 for book에서 저작권자와의 계약에 따라 발행한 것이므로 본사의 허락 없이는
어떠한 형태나 수단으로도 이 책의 내용을 이용할 수 없습니다.

※ 잘못된 책은 교환해 드립니다.